Schriftenreihe
der Juristischen Schulung

Band 94

Die Zwischenprüfung im Bürgerlichen Recht

Begründet unter dem Titel
„Die Anfängerübung im Bürgerlichen Recht"

von

Dr. Uwe Diederichsen

Professor em. an der Georg-August-Universität Göttingen

und

Dr. Gerhard Wagner

o. Professor an der Rheinischen Friedrich-Wilhelms-Universität Bonn

Fortgeführt ab der 4. Auflage von

Dr. Christoph Thole

o. Professor an der Eberhard Karls Universität Tübingen

4., vollständig überarbeitete Auflage

Verlag C. H. Beck München 2011

Verlag C. H. Beck im Internet:
beck.de

ISBN 978 3 406 49993 7

Wilhelmstraße 9, 80801 München
Druck und Bindung: Nomos Verlagsgesellschaft
In den Lissen 12, 76547 Sinzheim

Satz: Druckerei C.H. Beck, Nördlingen

Gedruckt auf säurefreiem, alterungsbeständigem Papier
(hergestellt aus chlorfrei gebleichtem Zellstoff)

Vorwort

Ein bekanntes Übungsbuch nach vierzehn Jahren in neuer Auflage fortführen zu dürfen, ist Wagnis, Herausforderung und Ehre zugleich. Nicht nur die Schuldrechtsmodernisierung, sondern die dynamische Entwicklung sowohl des Rechts im Allgemeinen als auch des Ausbildungsbetriebs an den Universitäten haben tiefgreifende Änderungen und eine weitgehende Neubearbeitung erforderlich gemacht. Der Titel musste eine Änderung erfahren, seit die klassische Anfängerübung zunehmend einer „Zwischenprüfung" gewichen ist. Gleichwohl habe ich mich bemüht, das einst von Diederichsen entwickelte und in mehreren Auflagen, zuletzt im Zusammenwirken mit Wagner, erfolgreich erprobte didaktische Grundkonzept des Werkes zu tradieren. Dieses Buch versteht sich weiterhin als Studienbegleiter, nicht als vollwertiger Lehrbuchersatz. Allerdings will es eine Brücke schlagen zwischen der Vermittlung methodischer Grundkenntnisse, der Fallösung und der Vermittlung von „Basics", die häufig Gegenstand einer Zwischenprüfungsklausur sind.

Die ersten beiden Teile versuchen daher ein methodisches Rüstzeug an die Hand zu geben. Insbesondere werden im 2. Teil erstmals typische Klausurfehler in formaler und stilistischer Hinsicht zusammengestellt, weil die Erfahrung lehrt, dass insoweit vielfach unnötig Punkte verschenkt werden. Gerade in den Anfangssemestern werden häufig nicht die richtigen Grundlagen gelegt und die Technik des Klausurschreibens, das den wesentlichen Teil des späteren Studienerfolgs ausmacht, nicht hinreichend erprobt. Daher ist hier ein Schwerpunkt gelegt.

Im 3. Teil sind acht Klausuren fallmäßig und gutachterlich zu Übungszwecken aufbereitet und mit Musterlösungen versehen; in dieser Auflage sind die Fälle nunmehr verblockt worden, um an die methodischen Grundlagen anzuknüpfen und dem an der Fallübung interessierten Leser einen raschen Zugriff zu ermöglichen. Es folgt der 4. Teil, in dem typische Klausurkonstellationen anhand von kleinen Grundfällen aufbereitet werden. Dieser Teil hat gegenüber der Vorauflage eine Erweiterung erfahren. Die dortige Darstellung von Grundfragen und Klausurklassikern eignet sich auch für fortgeschrittene Studenten, die Examensprobleme in kompakter Weise wiederholen und vertiefen wollen.

Die Inhalte wechseln bewusst zwischen leichteren und schweren Passagen, um den unterschiedlichen Lernfortschritten Rechnung zu tragen. Der Umgang mit diesem Buch wird auf den folgenden Seiten noch näher erläutert.

Dieses Buch hätte in dieser Form nicht erscheinen können ohne die tatkräftige und vielfältige Unterstützung meiner Mitarbeiter. Für die Bewältigung von Korrektur-, Recherche- und weiteren begleitenden Arbeiten danke ich herzlich meinen wissenschaftlichen Mitarbeitern Jasmin Bornmann, Nicolai Breutner und Nina Schmitz. Meine studentischen Hilfskräfte Anna Spannagel, Friederike Stoecker und Julius Vocke haben sich insbesondere beim Probelösen der Klausurfälle des 3. Teils verdient gemacht. Auch dafür ein herzlicher Dank.

Der Autor freut sich über Anregungen und Verbesserungsvorschläge, Lob und Kritik, gerne an thole@jura.uni-tuebingen.de.

Tübingen, im Januar 2011 *Christoph Thole*

Zum Umgang mit diesem Buch

Ziel dieses Buches ist es, dem Studienanfänger und den „unteren Semestern“ das notwendige Rüstzeug zu vermitteln, um die Zwischenprüfung im Bürgerlichen Recht erfolgreich absolvieren zu können. Es soll die lehrbuchartige Darstellung des materiellen Rechts in den einschlägigen Bereichen des Allgemeinen Teils, Schuldrechts und des Sachenrechts nicht ersetzen, sondern eine Ergänzung mit speziellem Blick auf die Erfordernisse der Klausurtechnik bieten. Der Schwerpunkt des Buches liegt in einer anwendungsbezogenen Darstellung. Die meisten Klausurbearbeiter scheitern nicht an mangelndem Wissen oder fehlendem Fleiß. Es fehlt häufig an einem grundlegenden Verständnis von der Art und Weise, wie das erworbene Wissen in einer Fallbearbeitung anzuwenden und dem Korrektor zu präsentieren ist. Der Korrektor als „imaginärer Gegner“ wird nicht wahrgenommen, sondern stattdessen munter darauf „losgeschrieben“. Diesen Fehler will das Buch zu vermeiden helfen. Es beschränkt sich allerdings nicht auf eine reine Fallanleitung. Vielmehr sollen zunächst das notwendige methodische Verständnis und die Technik der Fallbearbeitung in den Vordergrund gestellt werden. Erst nachdem die methodische Vorarbeit in den beiden ersten Teilen gelegt ist, sollen die Fälle in Teil 3 und die Synopse typischer Fallkonstellationen in Teil 4 notwendiges Grundwissen vermitteln und Probleme aufzeigen, die in der Zwischenprüfung regelmäßig eine Rolle spielen. Dabei muss es das erste Ziel sein, zu lernen, eine Problematik überhaupt erst einmal zu erfassen, und in einer Klausur zu erkennen. Gelingt dies, so ist der Weg zu einer sachgerechten Lösung häufig schon gefunden, wenn man seinen gesunden, juristisch vorgeprägten Menschenverstand befragt und sich die Interessenlage der Beteiligten verdeutlicht. Die eigentliche Schwierigkeit liegt dann nur noch im Umgang mit dem Gesetz und der Begründung der Lösung anhand der einschlägigen Vorschriften.

Der Aufbau des Buches folgt diesen Erfordernissen, die an den Teilnehmer der Zwischenprüfung gestellt werden. In Teil 1 und 2 sollen notwendige Hilfestellungen für die Herangehensweise und das prüfungsbezogene Lernen gegeben werden. Zugleich wird in die Methodik der juristischen Arbeitsweise eingeführt. Dabei geht es speziell um die Anforderungen, die an die Präsentation des gesammelten Wissens in der Begutachtung eines Klausurfalls gestellt werden. Wichtig ist dabei die „Korrektorsicht“, die sich jeder Klausurschreiber vor Augen führen muss: Will der Korrektor das lesen, was ich gerade schreiben möchte? Kann es Teil der Aufgabenstellung sein? Zu diesem Zweck werden typische Klausurfehler vorgestellt und Klausurtipps gegeben. Anhand von Fällen mit ausführlicher Musterlösung wird in Teil 3 dargelegt, welche Klippen bei der Klausurbearbeitung zu nehmen sind.

In Teil 4, der einen Schwerpunkt des Buches bildet, werden typische Fallkonstellationen, wie sie in Anfängerübungen und -klausuren vorkommen können, näher vorgestellt und damit ein Grundstock an Wissen und Problembewusstsein geschaffen, das für das erfolgreiche Bestehen der Zwischenprüfung erforderlich ist.

Inhaltsverzeichnis

Abkürzungsverzeichnis

a.A.	andere/r Ansicht
ABl.EG	Amtsblatt der Europäischen Gemeinschaft
Abs.	Absatz
AcP	Archiv für die civilistische Praxis
a.E.	am Ende
a.F.	alte Fassung
AG	Aktiengesellschaft
AGB	Allgemeinen Geschäfts- und Lieferbedingungen
Alt.	Alternative
Anm.	Anmerkung
Art.	Artikel
Aufl.	Auflage
BAG	Bundesarbeitsgericht
BayObLG	Bayerisches Oberstes Landesgericht
BB	Betriebs-Berater
Bd.	Band
Bea.	Beachte
Bespr.	Besprechung
BGB	Bürgerliches Gesetzbuch
BGBl.	Bundesgesetzblatt
BGH	Bundesgerichtshof
BGHZ	Entscheidungen des Bundesgerichtshofs in Zivilsachen
Bsp.	Beispiele
BT-Drs.	Bundestagsdrucksache
BVerfG	Bundesverfassungsgericht
BWL	Betriebswirtschaftslehre
BWNotZ	Zeitschrift für das Notariat in Baden-Württemberg
bzw.	beziehungsweise
cic	culpa in contrahendo
ders.	derselbe
d.h.	das heißt
EBV	Eigentümer-Besitzer-Verhältnis
Einf.	Einführung
etc.	et cetera
EU	Europäische Union
EuGH	Europäischer Gerichtshof
evtl.	eventuell
f.	folgende (Seite)
ff.	folgende (Seiten)
Fn.	Fußnote
frz.	französisch
gem.	gemäß
GG	Grundgesetz
ggf.	gegebenenfalls
ggü.	gegenüber
GmbH	Gesellschaft mit beschränkter Haftung
GoA	Geschäftsführung ohne Auftrag
grds.	grundsätzlich
HGB	Handelsgesetzbuch

HK-BGB	Bürgerliches Gesetzbuch – Handkommentar (Schulze/Dörner/u.a.)
h.L.	herrschende Lehre
h.M.	herrschende Meinung
HS	Halbsatz
i.E.	im Einzelnen
i.e.S.	im engeren Sinn
insbes.	insbesondere
i.R.d.	im Rahmen des/der
i.S.d.	im Sinne der/des
i.S.v.	im Sinne von
i.V.m.	in Verbindung mit
i.w.S.	im weiteren Sinne
JA	Juristische Arbeitsblätter
Jura	Juristische Ausbildung
JuS	Juristische Schulung
JW	Juristische Wochenschrift
JZ	Juristische Zeitschrift
LK	Leipziger Kommentar zum Strafgesetzbuch
LMK	Kommentierte BGH-Rechtsprechung Lindenmaier-Möhring
m. Anm.	mit Anmerkung
m.a.W.	mit anderen Worten
MDR	Monatsschrift für Deutsches Recht
MMR	Multimedia und Recht
MünchKomm	Münchener Kommentar zum Bürgerlichen Gesetzbuch
m.w.N.	mit weiteren Nachweisen
n.F.	neue Fassung
Nr.	Nummer
NJOZ	Neue Juristische Online-Zeitschrift
NJW	Neue Juristische Wochenschrift
NJW-RR	NJW-Rechtsprechungs-Report Zivilrecht
o.ä.	oder ähnliche/s
o.g.	oben genannt/en
OLG	Oberlandesgericht
OHG	Offene Handelsgesellschaft
ProdHG	Produkthaftungsgesetz
pVV	positive Vertragsverletzung
PWW	Prütting/Wegen/Weinreich, Bürgerliches Gesetzbuch
RGZ	Entscheidungen des Reichsgerichts in Zivilsachen
Rn.	Randnummer
s.	siehe
S.	Satz/Seite
s.o.	siehe Oben
sog.	sogennante/n
str.	strittig
st. Rspr.	ständige Rechtsprechung
Tz.	Teilziffer
u.a.	unter anderem
u.a.m.	und andere/s mehr
usw.	und so weiter
u.U.	unter Umständen
v.a.	vor allem
Var.	Variante
VersR	Zeitschrift für Versicherungsrecht, Haftungs- und Schadensrecht
vgl.	vergleiche
Vorb.	Vorbemerkung
vs.	versus
VuR	Verbraucher und Recht
VWL	Volkswirtschaftslehre

WM .... Wertpapier-Mitteilungen
z.B. .... zum Beispiel
ZIP .... Zeitschrift für Wirtschaftsrecht
ZGS .... Zeitschrift für das Gesamte Schuldrecht
ZPO .... Zivilprozessordnung

Literaturverzeichnis und Literaturempfehlungen

Bähr, Peter, Grundzüge des Bürgerlichen Rechts, 11. Aufl., München, 2008
Bamberger, Heinz Georg/Roth, Herbert, Kommentar zum Bürgerlichen Gesetzbuch, 2. Aufl., München, 2008
Baur, Jürgen F./Stürner, Rolf, Sachenrecht, 18. Aufl., München, 2009
Brehm, Wolfgang, Allgemeiner Teil des BGB, 6. Aufl., Stuttgart, 2008
Bringewat, Peter, Methodik der juristischen Fallbearbeitung, Stuttgart, 2007
Brox, Hans/Walker, Wolf-Dietrich, Allgemeiner Teil des BGB, 34. Aufl., München, 2010
Brox, Hans/Walker, Wolf-Dietrich, Allgemeines Schuldrecht, 34. Aufl., München, 2010
Brox, Hans/Walker, Wolf-Dietrich, Besonderes Schuldrecht, 34. Aufl., München, 2010
Diederichsen, Uwe/Wagner, Gerhard, Die BGB-Klausur, 9. Aufl., München, 1998
Emmerich, Volker, BGB-Schuldrecht Besonderer Teil, 12. Aufl., Heidelberg, 2009
Emmerich, Volker, Das Recht der Leistungsstörungen, 6. Aufl., München, 2005
Erman, Walter/Westermann, Harm Peter, Bürgerliches Gesetzbuch, Bd. 1, 12. Aufl., Köln, 2008
Esser, Josef/Schmidt, Eike, Schuldrecht, Bd. 1, Allgemeiner Teil, Teilbd. 1, 8. Aufl., Heidelberg, 1995; Teilbd. 2, 8. Aufl., Heidelberg, 2000
Esser, Josef/Weyers, Hans-Leo, Schuldrecht, Bd. 2, Besonderer Teil, Teilbd. 1, 8. Aufl., Heidelberg, 1998; Teilbd. 2, 8. Aufl., Heidelberg, 2000
Fezer, Karl-Heinz, Klausurenkurs zum BGB Allgemeiner Teil, 7. Aufl., Köln, 2008
Fezer, Karl-Heinz, Klausurenkurs zum Schuldrecht Allgemeiner Teil, 6. Aufl., Köln, 2008
Fezer, Karl-Heinz, Klausurenkurs zum Schuldrecht Besonderer Teil, 7. Aufl., Köln, 2009
Fikentscher, Wolfgang/Heinemann, Andreas, Schuldrecht, 10. Aufl., Berlin, 2006
Flume, Werner, Allgemeiner Teil des Bürgerlichen Rechts, 1. Bd., 2. Teil: Die juristische Person, Berlin, 1983; 2. Bd.: Das Rechtsgeschäft, 4. Aufl., Berlin, 1992
Fritzsche, Jörg, Fälle zum BGB, Allgemeiner Teil, 3. Aufl., München, 2009
Gerhardt, Walter, Immobiliarsachenrecht: Grundeigentum und Grundpfandrechte, 5. Aufl., München, 2001
Gerhardt, Walter, Mobiliarsachenrecht: Besitz, Eigentum, Pfandrecht, 5. Aufl., München, 2000
Gottwald, Peter, Sachenrecht (Prüfe dein Wissen), 14. Aufl., München, 2005
Grunewald, Barbara, Bürgerliches Recht: Ein systematisches Repetitorium, 8. Aufl., München, 2009
Gursky, Karl-Heinz, Klausurenkurs im Sachenrecht: Fälle und Lösungen nach höchstrichterlichen Entscheidungen, 12. Aufl., Heidelberg, 2008
Gursky, Karl-Heinz, Schuldrecht Besonderer Teil, 5. Aufl., Heidelberg, 2005
Gursky, Karl-Heinz, 20 Probleme aus dem Bereicherungsrecht, 6. Aufl., Köln, 2008
Gursky, Karl-Heinz, 20 Probleme aus dem Eigentümer-Besitzer-Verhältnis, 8. Aufl., Köln, 2009
Lindacher, Walter F./Hau, Wolfgang, Fälle zum Allgemeinen Teil des BGB, 5. Aufl., München, 2010
Jauernig, Othmar, Bürgerliches Gesetzbuch, 13. Aufl., München, 2009
Kaiser, Gisbert, Bürgerliches Recht. Basiswissen und Fallschulung für Anfangssemester, 12. Aufl., Stuttgart, 2009
Köhler, Helmut, BGB, Allgemeiner Teil: Ein Studienbuch, 34. Aufl., München, 2010
Köhler, Helmut, BGB, Allgemeiner Teil (Prüfe dein Wissen), 25. Aufl., München, 2009
Köhler, Helmut/Lorenz, Stephan, Schuldrecht I, Allgemeiner Teil (Prüfe dein Wissen), 21. Aufl., München, 2010
Köhler, Helmut/Lorenz, Stephan, Schuldrecht II: Besonderer Teil (Prüfe dein Wissen), 18. Aufl., München, 2007

Kötz, Hein/Wagner, Gerhard, Deliktsrecht, 10. Aufl., München, 2006
Kornblum, Udo, Fälle zum Allgemeinen Schuldrecht, 6. Aufl., München, 2005
Kropholler, Jan/Jacoby, Florian/Hinden, Michael v., Studienkommentar BGB, 12. Aufl., München, 2010
Lange, Hermann/Schiemann, Gottfried, Fälle zum Sachenrecht, 6. Aufl., München, 2008
Larenz, Karl/Wolf, Manfred, Allgemeiner Teil des Bürgerlichen Rechts, 9. Aufl., München, 2004
Larenz, Karl, Lehrbuch des Schuldrechts, Bd. I: Allgemeiner Teil, 14. Aufl., München, 1987; Bd. II: Besonderer Teil, Halbbd. 1, 13. Aufl., München, 1986
Larenz, Karl /Canaris, Claus-Wilhelm, Lehrbuch des Schuldrechts, Bd. II: Besonderer Teil, Halbbd. 2, 13. Aufl., München, 1994
Lorenz, Stephan /Riehm, Thomas, Lehrbuch zum neuen Schuldrecht, München, 2002
Löwisch, Manfred/Neumann, Daniela, Allgemeiner Teil des BGB, 7. Aufl., München, 2004
Looschelders, Dirk, Schuldrecht, Allgemeiner Teil, 7. Aufl., Köln, 2009
Looschelders, Dirk, Schuldrecht, Besonderer Teil, 5. Aufl., München, 2010
Marburger, Peter, Klausurenkurs BGB – Allgemeiner Teil: Fälle und Lösungen nach höchstrichterlichen Entscheidungen, 8. Aufl., Heidelberg, 2004
Marburger, Peter/Sutschet, Holger, 20 Probleme aus dem Schuldrecht – Allgemeiner Teil, 7. Aufl., Neuwied, 2006
Marburger, Peter/Sutschet, Holger, 20 Probleme aus dem Schuldrecht, Besonderer Teil I, 6. Aufl., Neuwied, 2006; Teil II, Neuwied, 2008
Medicus, Dieter, Allgemeiner Teil des BGB, 9. Aufl., Heidelberg, 2006
Medicus, Dieter/Petersen, Jens, Bürgerliches Recht, 22. Aufl., Köln, 2009
Medicus, Dieter, Gesetzliche Schuldverhältnisse, 5. Aufl., München, 2007
Medicus, Dieter, Grundwissen zum Bürgerlichen Recht, 8. Aufl., Köln, 2008
Medicus, Dieter/Lorenz, Stephan, Schuldrecht I: Allgemeiner Teil, 18. Aufl., München, 2008; Schuldrecht II: Besonderer Teil, 15. Aufl., München, 2010
Musielak, Hans-Joachim, Grundkurs BGB, 11. Aufl., München, 2009
Olzen, Dirk/Wank, Rolf, Zivilrechtliche Klausurenlehre mit Fallrepetitorium, 6. Aufl., München, 2010
Palandt, Otto, Bürgerliches Gesetzbuch (Kommentar), 69. Aufl., München, 2010
Pawlowski, Hans-Martin, Allgemeiner Teil des BGB, 7. Aufl., Heidelberg, 2003
Prütting, Hanns, Sachenrecht: Ein Studienbuch, 33. Aufl., München, 2008
Prütting, Hanns/Wegen, Gerhard/Weinreich, Gerd, BGB: Kommentar, 5. Aufl., Köln, 2010
Rüthers, Bernd/Stadler, Astrid, Allgemeiner Teil des BGB, 16. Aufl., München, 2009
Säcker, Franz Jürgen /Rixecker, Roland, Münchener Kommentar zum Bürgerlichen Gesetzbuch, 5. Aufl., München, 2006 ff.
Schack, Haimo/Ackmann, Hans-Peter, Höchstrichterliche Rechtsprechung zum Bürgerlichen Recht, 5. Aufl., München, 2004
Schack, Heimo, BGB – Allgemeiner Teil, 12. Aufl., Heidelberg, 2008
Schulze, Reiner/Dörner, Heinrich/Ebert, Ina/Hoeren, Thomas/u.a., Bürgerliches Gesetzbuch – Handkommentar, 6. Aufl., Baden-Baden, 2009
Schwab, Dieter/Löhnig, Martin, Einführung in das Zivilrecht, 17. Aufl., Heidelberg, 2007
Soergel, Hans Theodor/Siebert, Wolfgang, Bürgerliches Gesetzbuch (Kommentar), 13. Aufl., Stuttgart, 1999 ff.
Staudinger, Julius v., Kommentar zum Bürgerlichen Gesetzbuch, 13. Aufl., Berlin, 1993 ff.
Tettinger, Peter J./Mann, Thomas, Einführung in die juristische Arbeitstechnik, 4. Aufl., München, 2009
Werner, Olaf, Fälle mit Lösungen für Anfänger im Bürgerlichen Recht, Bd. 1: Grundlagen, 12. Aufl., Köln, 2008
Werner, Olaf/Saenger, Ingo, Fälle mit Lösungen für Anfänger im Bürgerlichen Recht, Bd. 2: Vertiefung, 3. Aufl., Köln, 2008
Werner, Olaf/Saenger, Ingo, Fälle mit Lösungen für Fortgeschrittene im Bürgerlichen Recht, 2. Aufl., Neuwied, 2004
Werner, Olaf/Neureither, Georg, 22 Probleme aus dem BGB - Allgemeiner Teil, 7. Aufl., Neuwied, 2005
Westermann, Harm Peter, Grundbegriffe des BGB, 16. Aufl., Stuttgart, 2004

Westermann, Harm Peter, BGB-Sachenrecht, 11. Aufl., Heidelberg, 2005

Westermann, Harm Peter/Bydlinski, Peter/Weber, Ralph, BGB-Schuldrecht Allgemeiner Teil, 6. Aufl., Heidelberg, 2007

Wieling, Hans Josef/Finkenauer, Thomas, Fälle zum Besonderen Schuldrecht, 6. Aufl., München, 2007

1. Teil. Methodische Grundlagen der Klausurbearbeitung im Zivilrecht

§ 1. Einige Tipps für erfolgreiches Lernen

Ohne effizientes Lernen kann sich in der Prüfung kein Erfolg einstellen. Das Jura-Studium ist ein Fleißstudium. Der Umgang mit dem Gesetz reicht in aller Regel nicht aus, um unter dem Zeitdruck einer Klausur die relevanten Sachfragen zu identifizieren. Umgekehrt ist es ein Irrtum zu glauben, die Aufgabe Klausur in der Anfängerübung bestehe darin, möglichst viele „Probleme" oder „Theorienstreite" in dem zur Begutachtung gestellten Fall zu entdecken. Im Gegenteil: Zweck der Zwischenprüfung ist es in erster Linie festzustellen, ob der Prüfling systematisches Verständnis und Problembewusstsein beweist und dieses Bewusstsein im Umgang mit dem Gesetz demonstriert. Die Kombination aus prüfungsbezogenem Lernen und einem guten Judiz ist der Grundstock für die gelungene Klausur.

Im Folgenden sollen keine umfangreichen lernpsychologischen Tipps gegeben werden, die andernorts umfangreich – auch mit Blick auf die Bedürfnisse des Jura-Studiums – besser aufgearbeitet sind,[1] sondern es sind nur einige wenige Hinweise notwendig. Diese Tipps sind selbstverständlich ohne Universalanspruch. Jeder lernt anders. Im Ergebnis ist jeder Student aufgerufen, seinen persönlichen Lernstil zu entwickeln, der den eigenen Neigungen entspricht.

Den Lernerfolg kann man anhand verschiedener Techniken beeinflussen.

Die **1. Technik** für ein wirksames Gedächtnistraining ist eine ausreichende Eigenmotivation. Auf die amerikanische Gedächtnistrainerin *Joyce Brothers* geht der Satz zurück: „Das Gedächtnis wächst im Verhältnis zur Stärke des Motivs". Setzen Sie sich Anreize, gerade jetzt zu lernen, stellen Sie sich eine Belohnung in Aussicht. Betrachten Sie das Ganze mehr als ein sportliches Ereignis, bei dem Sie als Sieger vom Platz gehen wollen. Eine Klausur ist wie eine knifflige Matheaufgabe, die gelöst werden will.

Derweil rücken wir zur 2. **Technik** vor: Programmieren Sie erst einmal den Stoff, den Sie Ihrem Gedächtnis einverleiben wollen. Am folgsamsten erweist sich das Gedächtnis in der Aufnahme wie in der Reproduktion, wenn man ihm den Stoff geordnet verabreicht. Versuchen Sie, das Erlernte zu unterteilen und in einzelne Abschnitte herunterzubrechen. Gehen Sie vom Allgemeinen zum Besonderen. Es kann auch helfen, sich „Module" zu schaffen, die dann bei Bedarf abrufbar sind.

Ein solches modularisiertes Lernen kann anhand eines Beispiels illustriert werden:

Beispiel einer Information im Klausursachverhalt: A ist 15 Jahre alt. Er kauft von seinem Taschengeld ein Comic-Heft und gibt dem Verkäufer daher einen 10-Euro-Schein.

Um diese Sachverhaltsinformation rechtlich erfassen zu können, müssen sofort zwei Module in Ihrem Kopf aktiviert werden.

[1] Vgl. z.B. *Lange*, Jurastudium erfolgreich, S. 361 ff. m.w.N.

Modul 1: Minderjährigkeit

Dieses Modul kann man zunächst mit der Hauptinformation füllen, dass die Minderjährigkeit eines Beteiligten im rechtsgeschäftlichen Verkehr besonderer rechtlicher Würdigung bedarf, weil sich die Frage der Geschäftsfähigkeit stellt.

Sodann sind Untermodule zu bilden.

Untermodul 1: fehlende Geschäftsfähigkeit.

Untermodul 2: beschränkte Geschäftsfähigkeit.

Das Untermodul 2 können Sie jetzt weiter auffüllen:

- Grundsatz der §§ 107, 108 BGB: Einwilligung des gesetzlichen Vertreters erforderlich
- Ausnahmen:
  - Lediglich rechtlicher Vorteil
  - Taschengeldparagraph § 110 BGB
  - Sonderfälle der Geschäftsfähigkeit in §§ 112, 113 BGB.

Im Beispiel ist außerdem ein zweites Modul zu aktivieren. Die Sachverhaltsinformation, dass der Minderjährige einen 10-Euro-Schein übergeben hat, muss das „Übereignungsmodul" auslösen.

Modul 2: Übereignung

Hauptinformation: Die Übereignung beweglicher Sachen richtet sich nach §§ 929 ff. BGB, die Übereignung unbeweglicher Sachen nach §§ 873, 925 BGB.

Bilden Sie Untermodule für die beiden Arten von Übereignung.

Geht es dann z.B. bei § 929 S. 1 BGB um die Übergabe, kann jetzt ein weiteres Modul „angedockt" werden, das Modul „Besitzverschaffung". Besitzverschaffung richtet sich nach §§ 854 ff. BGB. Auch diese Frage kann wieder unterteilt werden in die Verschaffung unmittelbaren Besitzes, mitttelbaren Besitzes, die Einschaltung eines Besitzdieners etc.

Sie sehen das grundlegende Prinzip: Denken Sie in Strukturen. Haben Sie sich gedankliche Module erarbeitet, so wird es leicht fallen, einen Sachverhalt mit dem notwendigen Problembewusstsein „durchzuscrollen", weil vor Ihrem geistigen Auge eine Struktur vorhanden ist.

Parallel zur Informationsprogrammierung programmieren Sie auch Ihr Lernverhalten. Mit der Zusammenstellung der Hauptinformationen und der Untermodule ist z.B. bereits geplant, in welcher Reihenfolge Sie die einzelnen Informationen in Ihrem Gedächtnis speichern wollen – vom Allgemeinen zum Besonderen. Sie können die gedächtnismäßige Aneignung jetzt auch weiter programmieren, indem Sie z.B. Lern- und Wiederholungszeiten festlegen. Man sollte nicht zuviel auf einmal lernen oder wiederholen. Wenn Sie sich eine Kartei mit den wichtigsten Informationen anlegen, können Sie sie nach Ihrem Wiederholungsbedürfnis anordnen, z.B. in ein Kurzzeitfach und in ein Langzeitfach. Programmieren bedeutet also beides, sachlich: die Informationen ordnen und didaktisch: das eigene Lernverhalten strukturieren.

Eine weitere Lerntechnik besteht im Kürzen des Ausgangstextes zum Zwecke der Konzentration der Information. Niemand kann sich ein Lehrbuch als Ganzes merken. Die Informationen sind soweit wie möglich zusammenzustreichen. Manchmal hilft es dem Gedächtnis, die Information auf eine einfache Formel zu bringen. Ein gutes Beispiel bieten die Anfechtungsgründe nach § 119 Abs. 1 BGB. Was das Gesetz mit Inhalts- und Erklärungsirrtum sehr ausschweifend und kaum verständlich aussagt, lässt sich in den bekannten Merksprüchen widerspiegeln:

Inhaltsirrtum: Er weiß, was er sagt, aber nicht, was er damit sagt.

Erklärungsirrtum: Er weiß schon nicht, was er sagt.

Wenn Sie in ähnlicher Weise andere Probleme herunterbrechen, dann gelingt es ggf. leichter, die Information abzuspeichern.

Eine **3. Technik** besteht in der Visualisierung. Für das Gedächtnis der meisten Menschen haben Bilder einen höheren Merkwert als Zahlen oder Worte. Daher sollten Sie das, was Sie Ihrem Gedächtnis einprägen wollen, illustrieren. Verknüpfen Sie Lerninhalte mit Assoziationen und „Eselsbrücken". Es gibt einige bekannte Eselsbrücken in der juristischen Ausbildung. Hier eine Auswahl:

Eselsbrücken und Merksätze in der juristischen Ausbildung

- Zur Prüfung von Ansprüchen:

  WER will WAS von WEM WORAUS?
- Zu den Voraussetzungen eines Vertrags mit Schutzwirkung zugunsten Dritter:

  aus Segel wird Segl (bayerisch) und dies ergibt rückwärts: **L**eistungsnähe, **G**läubigernähe, **E**rkennbarkeit, **S**chutzbedürfnis.
- Zur Haftung bei einer Kommanditgesellschaft:

  Ganz leicht vergisst man den Kommanditist, doch der Komplementär haftet ganz schwer.
- Zur Botenstellung Minderjähriger:

  Ist das Kindlein noch so klein, kann es doch schon Bote sein.
- Zu den Beweismitteln im Zivilprozess:

  SAPUZ: **S**achverständige, **A**ugenschein, **P**arteivernehmung, **U**rkunden, **Z**eugen.
- Zu den Grundsätzen des Sachenrechts:

  PASTA: **P**ublizitätsprinzip, **A**bsolutheitsprinzip, **S**pezialitätsprinzip, **T**ypenzwang, **A**bstraktionsprinzip.
- Zur Akzessorietät im Zivilrecht:

  Mit der Forderung Hand in Hand gehen Bürgschaft, Vormerkung, Hypothek und Pfand.

Eine **4. Technik** ist das Wiederholen, das man als „Intervalltraining" bezeichnen kann. Dabei scheint es ein guter Rat zu sein, die Formen der Wiederholung und das Pausengebaren zu variieren. Allgemein gilt, lieber öfter zu wiederholen, als auf einmal zu viel.

Für das Gedächtnis eines Juristen am wirksamsten, erfreulichsten und wertvollsten ist schließlich die **5. Technik**, die der Anwendung. Üben Sie Ihr Erlerntes an Fällen! Nichts ist so wertvoll wie der Umgang mit Fallbearbeitungen. Nehmen Sie sich die Zeit und lösen Klausuren aus Fallbüchern unter Echtheitsbedingungen, ohne Blick in Lehrbücher und Kommentare. Wenn Ihnen die Niederschrift der Klausur zu lästig ist, weil niemand die Klausur korrigiert, so machen Sie zumindest eine detaillierte Lösungsskizze und lernen Sie sodann nach dem Abgleich mit der Lösung aus Ihren Fehlern.

§ 2. Der Anspruchsaufbau

I. Wer will Was von Wem Woraus?

Eine Klausur erfordert von dem Bearbeiter, einen Sachverhalt rechtlich zu bewerten. Dies geschieht *regelmäßig* in der Prüfung, ob A von B etwas beanspruchen und verlangen kann. Meist lautet die Fallfrage: Was kann A von B verlangen? Wie ist die Rechtslage? (dazu noch näher unten § 2 II).

Ziel einer Klausurbegutachtung ist es daher in der Regel herauszufinden, ob eine Person gegen eine andere einen Anspruch hat. An dieser Stelle ist es opportun, sich des grundlegenden Anspruchsaufbaus zu vergewissern. Die gedankliche Vorüberlegung, die jeder gutachterlichen Prüfung der jeweiligen Ansprüche vorauszugehen hat, ist die schlagwortartige Frage mit den vier„W“: **W**er will **W**as von **W**em **W**oraus?

Das „Wer“ bezeichnet den Anspruchsteller, das „Von wem“ den Anspruchsgegner. Je nach Sachlage können Anspruchsteller und Anspruchsgegner auch wechselseitig Ansprüche haben. Dann stellt sich die Frage der Verknüpfung der Ansprüche. Dies geschieht durch die Möglichkeit einer Aufrechnung (§§ 387 ff. BGB), durch ein Zurückbehaltungsrecht i.S.d. § 273 BGB oder die Zug-um-Zug-Einrede, wie sie in § 320 und § 348 BGB angesprochen ist. Der Fall kann auch so liegen, dass eine Person Anspruchsgegner in Bezug auf eine andere Person ist, aber zugleich Anspruchsteller gegenüber einer weiteren, dritten Person. Machen Sie sich die Beteiligtenbeziehungen klar!

Das „Was“ ist ein zentraler Prüfungspunkt bei den gedanklichen Vorüberlegungen. Geht es um z.B. Herausgabe oder um Zahlung? Nur wenn Klarheit über das Begehren des Anspruchstellers besteht, kann dieses Begehren anhand der relevanten Normen durchgeprüft werden (dazu noch unten § 2 II). Diese Normen spiegeln sich in dem „Woraus“ wider. Der Anspruch muss an eine Anspruchsgrundlage angeknüpft werden.

II. Die Eignung als Anspruchsgrundlage

Hat man identifiziert, wer überhaupt als Anspruchssteller und Anspruchsgegner in Frage kommt, so sollte man sich klarmachen, dass sich diese Frage in aller Regel gerade am „Woraus“ entscheidet. Lautet die Fragestellung, ob A von B Schadensersatz verlangen kann, so muss man die Reihe von **Anspruchsgrundlagen** durchmustern. Geht es beispielsweise um einen Anspruch auf Unterlassung, so kommt man mit § 823 Abs. 1 BGB für sich genommen nicht weiter, weil dieser Tatbestand nur einen Anspruch auf Schadensersatz gewährt. Hier kann nur § 1004 BGB helfen, der allerdings nach allgemeiner Auffassung nicht nur die Verletzung des Eigentums, sondern als quasi-negatorischer Anspruch auch die sonstigen von § 823 Abs. 1 BGB geschützten Rechtsgüter umfasst.[2] Will der Anspruchsteller Herausgabe, so sind zuvörderst die Herausgabeansprüche wie z.B. §§ 861, 985, 1007 Abs. 1 und Abs. 2 BGB, zu prüfen. Darüber hinaus sind aber ggf. auch Schadensersatzansprüche zu prüfen, soweit der durch Naturalrestitution zu leistende Schadensersatz (§ 249 S. 1 BGB) auf die Rück- oder Herausgabe eines Gegenstands hinausläuft. Daraus folgt, dass die Rechtsfolge immer im Blick zu behalten ist. Die angewendete Vorschrift muss überhaupt einen Anspruch begründen, und dieser Anspruch muss das Begehren erfüllen können. Ist Herausgabe das Ziel des Begehrens, so kann nur eine Norm, die einen solchen Anspruch überhaupt zu begründen geeignet ist, in die Begutachtung einbezogen werden.

---

[2] Palandt/*Bassenge*, § 1004 Rn. 4; MünchKomm/*Baldus*, § 1004 Rn. 6.

Wichtig: Nicht jede Norm begründet einen Anspruch.

§ 249 BGB ist z.B. keine Anspruchsgrundlage, wie sich aus dem Wortlaut unschwer entnehmen lässt („Wer [nach anderen Vorschriften] zum Schadensersatz verpflichtet ist, ...").

Auch § 241 Abs. 2 BGB beschreibt nur ein Pflichtenprogramm, aber gerade keine Folge einer Verletzung dieser Pflichten; die relevante Schadensersatznorm findet sich in § 280 Abs. 1 BGB.

Darüber hinaus gibt es auch andere, schwierigere Beispiele. § 903 BGB lautet: „Der Eigentümer einer Sache kann ... mit der Sache nach Belieben verfahren und andere von jeder Einwirkung ausschließen". Diese Vorschrift enthält keine Anspruchsgrundlage, sondern ist anerkanntermaßen nur eine Beschreibung der Eigentümerbefugnisse.[3] Sie bietet dem Eigentümer keinen Schadensersatzanspruch. Sie enthält aber trotz der Formulierung „kann ausschließen" auch keinen Anspruch auf Unterlassung, denn dieser Anspruch auf Unterlassung einer Einwirkung ist speziell in § 1004 Abs. 1 BGB geregelt. Soweit die Sache vorenthalten oder entzogen worden ist, hat der Eigentümer den Herausgabeanspruch nach § 985 BGB.

Wie diese Beispiele exemplarisch belegen, sollte man es sich zur **goldenen Regel** machen, beim Umgang mit dem Gesetz immer von der **Rechtsfolge** her zu denken. Wer das beherzigt, kann auch in der Fallbearbeitung wesentlich leichter die richtigen Schritte vollziehen. Das wird im zweiten Teil noch genauer illustriert. Vorweg nur ein Beispiel: Die Rechtsfolge der erfolgreichen Anfechtung einer Willenserklärung ergibt sich aus § 142 Abs. 1 BGB. Eine Prüfung der Anfechtung hat mit dieser Vorschrift zu beginnen. Bei der Lektüre des Gesetzeswortlauts wird schnell deutlich, warum dies die Sicht auf die Dinge erleichtert. § 142 Abs. 1 BGB lautet: „Wird ein anfechtbares Rechtsgeschäft angefochten, so ist es als von Anfang nichtig anzusehen". Hier sind alle Voraussetzungen bereits genannt: Es muss sich um ein Rechtsgeschäft handeln. Unter Rechtsgeschäften versteht man sowohl einseitige Rechtsgeschäfte, d.h. Willenserklärungen, als auch zweiseitige Rechtsgeschäfte, d.h. namentlich Verträge, die also aus mindestens zwei Willenserklärungen bestehen. Das Rechtsgeschäft muss ferner auch „angefochten" sein. Die Anfechtung ist ein Gestaltungsrecht, weil es die Willenserklärung „vernichtet" und damit die Rechtslage umgestaltet. Daraus ergibt sich schon das Erfordernis einer irgendwie gearteten Betätigung des Anfechtungswillens. § 143 Abs. 1 BGB ergänzt insoweit nur, wem gegenüber die Anfechtungserklärung abzugeben ist, nämlich gegenüber dem Anfechtungsgegner.[4] Das Rechtsgeschäft muss endlich auch anfechtbar sein, sonst läuft die Erklärung der Anfechtung naturgemäß ins Leere. Schon ist man mitten drin in der Prüfung der Anfechtungsgründe, §§ 119, 123 BGB.

III. Der Dreischritt beim Anspruchsaufbau

Die einzelnen Ansprüche können immer nach einem bestimmten Muster geprüft werden, und zwar in dem Dreischritt **Anspruch entstanden, Anspruch nicht untergegangen, Anspruch durchsetzbar**. Gedanklich müssen Sie jeden einzelnen Anspruch, der in die Begutachtung einbezogen werden soll, nach diesem Muster durchgehen. Eine andere Frage ist, ob Sie in der Klausurbegutachtung gesondert auf

---

[3] Jauernig/*Jauernig*, § 903 Rn. 2 f.
[4] Beachte auch § 143 Abs. 2–4 BGB.

die einzelnen Punkte eingehen. Geht es im Sachverhalt ausschließlich darum, ob der Anspruch entstanden ist, weil z.B. die Frage des Vertragsschlusses schwierig ist, so sollten Sie zum möglichen Untergang oder zur Durchsetzbarkeit des Anspruchs kein Wort verlieren. In einem solchen Fall wäre ein Satz „Der Anspruch ist auch nicht untergegangen und er ist auch durchsetzbar" zwar nicht falsch, aber überflüssig. Sie sollten darauf verzichten.

Bei der Prüfung der Anspruchsentstehung können rechtshindernde Einwendungen zu prüfen sein, wenn der Anspruchsgegner beispielsweise geltend macht, dem Vertrag mangele es an der erforderlichen Form. Bei der Prüfung des „Anspruchs untergegangen" sind rechtsvernichtende Einwendungen zu prüfen, während es bei „Anspruch durchsetzbar" um die rechtshemmenden Einwendungen geht, vor allem häufig um die Verjährungseinrede nach § 214 BGB.

Im Einzelnen ergeben sich folgende Baustellen:[5]

I. Anspruch entstanden
1. Gesetzlicher Entstehungstatbestand, z.B. bei § 433 BGB ein Vertragsschluss über einen Kauf
   - ggf. Fragen der Stellvertretung oder z.B. der Zugang der Willenserklärung
2. Rechtshindernde Einwendungen
   - Geschäftsunfähigkeit gemäß § 105 Abs. 1 BGB und bei beschränkter Geschäftsfähigkeit nach §§ 107, 108 BGB
     (*Hinweis:* Denken Sie an die Rechtsfolge. Schreiben Sie nicht: „A müsste geschäftsfähig gewesen sein." Besser: „Die Willenserklärung des A könnte gemäß § 105 Abs. 1 BGB nichtig sein, wenn A bei Abgabe der Erklärung geschäftsunfähig war.")
   - Scheingeschäft, § 117 BGB
     - Scherzerklärung, § 118 BGB
     - Anfechtung, § 142 BGB i.V.m. § 119, 123 BGB
     - Verstoß gegen eine gesetzliche Form, § 125 S. 1 BGB (Achtung: Denken Sie an die Heilungsmöglichkeit in § 311 b S. 2 BGB bei Grundstücksgeschäften)
     - Verstoß gegen ein gesetzliches Verbot, § 134 BGB
     - Sittenwidrigkeit und Wucher, § 138 Abs. 1 und Abs. 2 BGB

II. Anspruch nicht untergegangen
(*Hinweis:* Diese Prüfung umfasst sowohl Erlöschensgründe als auch Gründe, die den Anspruch inhaltlich verändern, so dass der ursprüngliche Anspruchsinhalt nicht mehr aktuell ist oder der Gläubiger oder der Schuldner gewechselt hat.)
- Erfüllung, § 362 Abs. 1 BGB
- Annahme an Erfüllung statt
- Hinterlegung mit Verzicht auf die Rücknahme, § 378 BGB
- Aufrechnung, § 389 BGB i.V.m. § 387 BGB
  (*Hinweis:* Bei der Aufrechnung schreiben viele Kandidaten häufig ungenau wie folgt: „A könnte aber gemäß §§ 387 ff. BGB wirksam aufgerechnet haben; oder „Die Forderung könnte nach §§ 387 ff. BGB erloschen sein." Richtig und präzise ist allein: „Die Forderung ... könnte nach § 389 BGB erloschen sein." § 389 BGB enthält die maßgebliche Rechtsfolge, nicht § 387 BGB. Gehen Sie auch insoweit von der Rechtsfolge aus!).
- Erlassvertrag, § 397 Abs. 1 BGB
- negative Schuldanerkenntnis, § 397 Abs. 2 BGB
- auflösende Bedingung, § 158 Abs. 2 BGB
- Kündigung
- Unmöglichkeit, § 275 BGB, oder nach § 326 Abs. 1 S. 1 BGB

[5] Vgl. auch die Übersicht bei *Bringewat*, Methodik, Rn. 396.

(*Hinweis:* Achtung häufiger Fehler: Der Anspruch auf die Gegenleistung, z.B. die Kaufpreiszahlung, erlischt bei Geldzahlungspflichten nicht nach § 275 BGB, sondern nach § 326 Abs. 1 BGB, wenn die Leistung wegen Unmöglichkeit nicht erbracht werden kann.)

- Geltendmachung eines Anspruchs auf Schadensersatz statt der Leistung wegen § 281 Abs. 4 BGB
- Rücktritt, § 323 BGB, § 326 Abs. 5, ggf. i.V.m. § 437 Nr. 2 BGB, § 634 Nr. 3 BGB
- Geltendmachung von Nacherfüllungs- und Minderungsrechten
  (*Hinweis:* Der Nacherfüllungsanspruch gemäß §§ 437 Nr. 1, 439 BGB ist zwar Teil des ursprünglichen Erfüllungsanspruchs nach § 433 Abs. 1 S. 1 BGB i.V.m. § 433 Abs. 1 S. 2 BGB, da der Käufer die Übergabe und Übereignung der Sache in mangelfreiem Zustand verlangen kann. Gleichwohl ist nach Gefahrübergang nicht mehr auf § 433 Abs. 1 S. 2 BGB abzustellen, sondern auf §§ 437 Nr. 1, 439 BGB. Das liegt begründet in der speziellen Verjährungsvorschrift des § 438 BGB [Unterschied zu §§ 195, 199 BGB] und den Sonderregeln bzw. zusätzlichen Voraussetzungen des § 439 BGB.)
- Störung der Geschäftsgrundlage, § 313 BGB
  (*Hinweis:* Rechtsfolgen der Störung der Geschäftsgrundlage sind die Vertragsanpassung, § 313 Abs. 1 BGB, sowie das Kündigungs- oder Rücktrittsrecht, §§ 313 Abs. 3, 314)
- Abtretung, § 398 BGB (so dass der Zedent nicht mehr Anspruchsinhaber ist)
  (*Hinweis:* In Klausuren wird die Frage der Abtretung regelmäßig nicht bei den rechtsvernichtenden Einwendungen aktuell, sondern bei der Entstehung des Anspruchs zugunsten des Zessionars = Abtretungsempfängers.)
- Schuldübernahme, § 414 BGB (Wechsel in der Person des Schuldners)
  (*Hinweis:* Die Schuldübernahme ist nicht zu verwechseln mit dem gesetzlich nicht eigens geregelten Schuldbeitritt[6].)
- Vertragsübernahme, § 311 Abs. 1 BGB
- Gesetzlicher Forderungsübergang

III. Anspruch durchsetzbar

Hier geht es um peremptorische Einreden, d.h. solche Einreden, die der Durchsetzung des Anspruchs auf Dauer entgegenstehen, und dilatorische Einreden, d.h. solche Einreden, die der Durchsetzung des Anspruchs nur vorübergehend entgegenstehen.

- Verjährungseinrede nach § 214 BGB i.V.m §§ 194 ff. BGB (peremptorisch)
- allgemeine Mängeleinrede/Einrede des nicht erfüllten Vertrags, § 320 BGB
- Mängeleinrede auch nach Verjährung des Nacherfüllungsanspruchs, §§ 438 Abs. 4 S. 2, § 438 Abs. 5, 634 a Abs. 4 S. 2, Abs. 5 BGB
  (*Hinweis:* Ein spezielles Leistungsverweigerungsrecht, das den Käufer/Besteller bei Mangelhaftigkeit der Kaufsache/des Werks zur Verweigerung der Zahlung berechtigt, ist im Gesetz nicht geregelt. Da aber die mangelfreie Erfüllung Teil der Primärerfüllungspflicht des Verkäufers ist [§ 433 Abs. 1 S. 2 BGB, § 633 Abs. 1 S. 2 BGB], begründet die Schlechterfüllung wie die Nichtleistung die Einrede des nicht erfüllten Vertrags.)
- Einrede des nicht erfüllten Vertrags beim Rücktritt, §§ 348, 320 BGB
- Zurückbehaltungsrecht nach § 273 Abs. 1 oder nach § 273 Abs. 2 BGB
  (*Hinweis:* § 273 BGB ist subsidiär gegenüber § 320 BGB, der bei gegenseitigen Verträgen für die im Gegenseitigkeitsverhältnis stehenden Pflichten gilt.)
- Stundung
- spezielle Einreden bei der Bürgschaft:
  - § 771 Einrede der Vorausklage (regelmäßig ausgeschlossen nach § 773 Abs. 1 Nr. 1)

---

[6] Bei der privativen, befreienden Schuldübernahme tritt ein neuer Schuldner an die Stelle des alten Schuldners, der aus seiner Verbindlichkeit entlassen wird. Beim Schuldbeitritt tritt ein weiterer Schuldner neben den ursprünglichen Schuldner.

- § 770 Abs. 1 BGB
- § 770 Abs. 2 BGB

Die vorstehende Übersicht zeigt die relevanten Baustellen bei der Prüfung eines einzelnen Anspruchs an. Selbstverständlich sind Einwendungen und Einreden nur dann zu prüfen, wenn der Sachverhalt ihre Prüfung nahelegt. Der Klausursachverhalt ist aber zumindest gedanklich darauf durchzumustern, ob einer der jeweiligen Punkte einschlägig ist oder sein kann.

IV. Das Anspruchsgrundlagensystem

1. Prüfungsreihenfolge

Nicht nur die Frage, wie ein einzelner Anspruch zu prüfen ist, ist für die richtige Herangehensweise an die Fallbearbeitung entscheidend, sondern gerade auch, welcher von mehreren denkbaren Ansprüchen in welcher Reihenfolge zu prüfen ist.

Hierfür ist eine bestimmte **Prüfungsreihenfolge** maßgeblich. Wer sie missachtet, kann fehlendes systematisches Verständnis demonstrieren und deshalb mit seiner Fallbearbeitung scheitern.

a) Vertragliche Ansprüche (z.B. § 433 Abs. 1 BGB)

Da der Vertrag, der die Grundlage für diese Ansprüche bildet, die speziellste und privatautonom geschaffene Regelung darstellt und auf alle anderen Anspruchsnormen einwirken kann, sind solche Ansprüche stets zuerst zu prüfen. Wer aufgrund eines Vertrages handelt,

- handelt nicht „ohne Auftrag" im Sinne der GoA
- hat ein Recht zum Besitz im Sinne des § 986 BGB (relevant für den Herausgabeanspruch aus § 985 BGB)
- ist möglicherweise im Hinblick auf deliktisches Verhalten gerechtfertigt
- vollzieht eine Vermögensverschiebung nicht „ohne rechtlichen Grund", wie es das Bereicherungsrecht erfordert.

Beispiel: § 433 Abs. 1, 2 BGB (Kaufvertrag); § 631 Abs. 1, 2 BGB (Werkvertrag); § 611 Abs. 1, 2 BGB (Dienstvertrag); § 535 Abs. 1, 2 BGB (Mietvertrag); §§ 311 Abs. 1, 241 BGB (atypischer Vertrag); §§ 280 ff. BGB (Schadensersatz)

Auch Ansprüche aus einem Vertrag mit Schutzwirkung für Dritte oder aus einem Vertrag zugunsten Dritter sind hier zu prüfen. Wohlgemerkt: Einen Anspruch aus „Vertrag mit Schutzwirkung" oder „Vertrag zugunsten Dritter" als solchen gibt es nicht. Anspruchsgrundlage ist der jeweilige Vertrag, also z.B. § 433 Abs. 1 S. 1 BGB oder §§ 280, 241 Abs. 2 BGB (in diesem Fall würde die Schutzwirkung bei der Prüfung des Schuldverhältnisses und der Pflichtverletzung relevant).

b) Vertragsähnliche Ansprüche

Zu den vertragsähnlichen Ansprüchen gehören namentlich Ansprüche aus culpa in contrahendo, §§ 280 Abs. 1, 311 Abs. 2 Nr. 1, 241 Abs. 2 BGB, oder – selten – ein Anspruch aus Sachwalterhaftung nach §§ 311 Abs. 3, 280, 241 Abs. 2 BGB. Ein Klassiker, den man dieser Kategorie zuordnen kann, ist darüber hinaus die Haftung des Vertreters ohne Vertretungsmacht (sog. falsus procurator). Hat der vermeintlich

Vertretene den Vertragsschluss durch den Vertreter nicht genehmigt, so haftet der Vertreter ohne Vertretungsmacht gemäß § 179 Abs. 1 BGB entweder auf Erfüllung oder auf Schadensersatz. Der Erfüllungsanspruch macht den Vertreter nicht zur Vertragspartei; gleichwohl entspricht die Abwicklung derjenigen Rechtslage, die eingetreten wäre, wenn der Vertreter den Vertrag im eigenen Namen abgeschlossen hätte.

c) Ansprüche aus Geschäftsführung ohne Auftrag (§§ 677 ff. BGB)

Die „GoA“ kann sich auf dingliche, deliktische und Bereicherungsansprüche ähnlich auswirken wie ein Vertrag (Recht zum Besitz, Rechtfertigungsgrund, Rechtsgrund für Vermögensverschiebung) und ist daher vor diesen Ansprüchen zu prüfen.

Bei der GoA ist zu unterscheiden zwischen der echten GoA, die entweder berechtigt (§ 683 BGB) oder unberechtigt (§ 684 BGB) sein kann, und der unechten GoA. Für letztere gelten die Regelungen in § 687 Abs. 1 und Abs. 2 BGB. § 687 Abs. 1 BGB betont, dass für die GoA der Fremdgeschäftsführungswille charakteristisch ist. Fehlt es daran, so liegt keine echte GoA vor. Folgerichtig handelt es sich bei § 687 Abs. 2 BGB, der sog. Geschäftsanmaßung, nicht um eine echte Geschäftsführung ohne Auftrag, weil § 687 Abs. 2 BGB voraussetzt, dass der Geschäftsführer das Geschäft als eigenes führt. Es fehlt damit definitionsgemäß gerade an dem Fremdgeschäftsführungswillen. Konsequenterweise ordnet § 687 Abs. 2 BGB nur eine partielle Anwendbarkeit der für die echte GoA geltenden Regeln an.

Bei Ansprüchen aus GoA geht es regelmäßig um die Folgenden:

§§ 667, 681 S. 2 BGB (Herausgabe), ggf. auch über § 687 Abs. 2 BGB; §§ 670, 683 S. 1 BGB (Aufwendungsersatz „wie ein Beauftragter“), ggf. über § 687 Abs. 2 S. 2 BGB; §§ 684 S. 1, 812, 818 BGB (Herausgabeanspruch, Rechtsfolgenverweisung nach h.M.); § 678 BGB (Schadensersatz).

Häufige Fehlerquelle: Kommen Sie bei GoA-Ansprüchen nicht durcheinander und trennen Sie sorgfältig zwischen Ansprüchen des Geschäftsherrn und denen des Geschäftsführers.

d) Dingliche Ansprüche und Ansprüche aus Besitz

Als Herausgabeansprüche kommen § 985, § 861, § 1007 Abs. 1 und Abs. 2 BGB in Betracht. Daneben ist hier der Beseitigungs- und Unterlassungsanspruch aus § 1004 BGB zu prüfen.

Die §§ 987 ff. BGB enthalten für das Eigentümer-Besitzer-Verhältnis für Schadensersatz und Nutzungen einige Spezialregelungen, (§§ 989, 990 BGB [Schadensersatz] und §§ 987, 990 BGB [Nutzungen]) die die allgemeinen Regeln in §§ 823 Abs. 1, 812 BGB weitgehend ausschließen;[7] sie sind daher an dieser Stelle bevorzugt zu erörtern.

Bei den possessorischen Ansprüchen wegen verbotener Eigenmacht ist zu berücksichtigen, dass § 861 BGB nur einen Herausgabeanspruch normiert. Will der Besitzer Schadensersatz geltend machen, so kann er dies (nur) auf der Grundlage von § 823 Abs. 2 BGB i.V.m. § 858 BGB – aktuelles Fallbeispiel *BGH* NJW 2009, 2530: Abschleppen eines verbotswidrig auf Privatgrundstück geparkten PKW.

Innerhalb dieser Gruppe sind die Ansprüche aus § 861 BGB vor § 985 BGB und § 1007 BGB zu prüfen.

---

[7] Zur Vertiefung *Vieweg/Werner*, Sachenrecht, § 8 Rn. 49 ff.; Palandt/*Bassenge*, Vor §§ 987-993 Rn. 10 ff.

e) Deliktische Ansprüche (z.B. §§ 823 Abs. 1, Abs. 2, 826 BGB und Sondertatbestände wie z.B. § 1 ProdHG, § 7 und § 18 StVG)

Bei den deliktischen Ansprüchen sind insbesondere die Sondertatbestände nicht zu vergessen, wie z.B. § 1 ProdHG. Diese Tatbestände verdrängen aber die allgemeinen deliktischen Anspruchsgrundlagen nicht. Daher ist stets auch § 823 und ggf. § 826 BGB zu prüfen. § 823 Abs. 2 BGB hat eine „Scharnierfunktion", weil über das „Schutzgesetz" auch Verhaltensnormen aus anderen Rechtsgebieten eine zivilrechtliche Haftung begründen können.

f) Bereicherungsrechtliche Ansprüche (z.B. § 812 Abs. 1 S. 1 Alt. 1 BGB)

Die deliktischen und bereicherungsrechtlichen Anspruchsgruppen beeinflussen sich i.d.R. gegenseitig nicht, so dass zwischen ihnen auch kein Vorrang besteht. In Fallanleitungen findet sich teils eine vorrangige Prüfung der Bereicherungsansprüche, teils wird mit deliktischen Ansprüchen begonnen. In der Regel wird es sich empfehlen, mit deliktischen Ansprüchen anzufangen, weil sie auf Schadensersatz gerichtet und gewissermaßen „stärker" als Bereicherungsansprüche sind, die nur zur Herausgabe des Erlangten bzw. gemäß § 818 Abs. 2 BGB zum Wertersatz verpflichten.

Innerhalb der Bereicherungsansprüche ist zu beachten, dass § 816 BGB eine spezielle Form der Eingriffskondiktion darstellt und daher vor dem allgemeineren Anspruch des § 812 Abs. 1 S. 1 Alt. 2 BGB zu prüfen ist.

2. Zum Vorgehen bei der Prüfung

Häufig gibt es mehrere Anspruchsgrundlagen, die dem Anspruchsteller zu dem von ihm verfolgten Ziel verhelfen; oder der Anspruchsteller verfolgt mehrere Ziele alternativ oder kumulativ, zu deren Durchsetzung er sich auf verschiedene Anspruchsgrundlagen berufen kann. In solchen Fällen sind *alle* in Betracht kommenden Anspruchsgrundlagen gutachterlich zu erörtern. Keinesfalls darf die Prüfung abgebrochen werden, weil die Voraussetzungen einer Anspruchsgrundlage, die zu dem gewünschten Ziel führt, bejaht wurden. Es ist weiter zu prüfen, ob der fragliche Anspruch ggf. auch auf anderer Grundlage noch gegeben ist. Eine zweite Anspruchsgrundlage mit der gleichen Rechtsfolge kann für den Gläubiger z.B. dann interessant sein, wenn sein sich bereits aus einer anderen Anspruchsgrundlage gegebener Anspruch einer relativ kurzen Verjährung unterliegt.

Es ist wichtig, nicht nur die eben gezeigte Prüfungsreihenfolge einzustudieren, sondern auch ihren Sinn zu verstehen. Vertragliche Ansprüche sind vorrangig zu prüfen, weil sie Ergebnis privatautonomer Gestaltung zwischen den Parteien sind. Sie können auf den Inhalt konkurrierender Ansprüche ausstrahlen, sie ergänzen oder modifizieren. So können zum Beispiel vertragliche Haftungsmilderungen auf den Inhalt deliktischer Schadensersatzansprüche übergreifen. Vereinbaren die Parteien, dass eine Partei zum Beispiel nur bei grober Fahrlässigkeit für Schäden haften soll, dann muss sich dies i.d.R. auch auf Ersatzansprüche aus Delikt auswirken, wenn und weil vertragliche und deliktische Schadensersatzansprüche meist konkurrieren. Noch deutlicher ist der Vorrang des Vertragsrechts im Hinblick auf Ansprüche aus GoA, die in der Regel nicht in Betracht kommen, wenn die Parteien vertraglich verbunden sind, weil es dann an dem Merkmal „ohne Berechtigung" fehlt.

Darüber sollten Sie sich typische „Vernetzungen" und Module ins Gedächtnis bringen:

Machen Sie sich das Anspruchsziel klar!

Es reicht nicht, sich nur das eben skizzierte Schema zu merken. Die Ansprüche der verschiedenen Kategorien müssen auch mit der Rechtsfolge verknüpft werden, nach der gefragt ist. Sie können unterscheiden zwischen:

- Erfüllungsansprüchen (aus Vertrag)
- Ansprüchen auf Schadensersatz
- Herausgabeansprüchen
- Ausgleichs- und Aufwendungsersatz-, Rückgriffsansprüchen.

Wenn Sie jeden dieser Oberbegriffe gedanklich mit einzelnen Anspruchsgrundlagen verknüpfen, werden Sie in der Klausur weniger häufig die Prüfung einzelner Ansprüche vergessen.

Bei Herausgabeansprüchen muss beispielsweise gedanklich sofort ein Modul mehrerer Anspruchsgrundlagen aufgerufen werden, namentlich §§ 985, 812, 861, 1007 Abs. 1 und Abs. 2 BGB. Hinzu kommen Herausgabeansprüche kraft des durch Naturalrestitution, also Wiederherstellung des ursprünglichen Zustands, zu bewirkenden Schadensersatzes aus z.B. § 280 BGB i.V.m. § 249 BGB, § 823 BGB oder vertragliche Rückgabeansprüche z.B. aus § 546 BGB und 604 BGB. Außerdem kann je nach Sachlage ein Rückgewähranspruch wegen Rücktritts nach § 346 BGB in Betracht kommen (Hinweis: Bejahen Sie niemals neben § 346 BGB auch einen Anspruch nach § 812 BGB - durch den Rücktritt fällt der Rechtsgrund der Leistung nicht weg).

Bei Schadensersatzansprüchen ist insbesondere an §§ 280 ff., 823 ff. BGB zu denken, aber auch an §§ 823 Abs. 2 BGB, 826 BGB und Ansprüche aus §§ 990, 989 BGB und § 678 BGB. Zu denken ist außerdem in Produkthaftungsfällen an das ProdHG.

Geht es um Aufwendungsersatz, so kann je nach Fall in den getätigten Aufwendungen zugleich ein Schaden liegen; dann greifen auch die Schadensersatzansprüche. Selbstständig können relevant werden: § 670 BGB bei Aufträgen, §§ 677, 681 S. 2, 670 bei der GoA (auch über § 687 Abs. 2 BGB bei der angemaßten GoA).

V. Das Problem der Rechtsgrund- und Rechtsfolgenverweisung

In diesem Zusammenhang ist das Problem der Rechtsgrund- und Rechtsfolgenverweisung anzusprechen. Eine Rechtsgrundverweisung zeichnet sich dadurch aus, dass eine Norm ihrerseits auf eine Anspruchsnorm verweist, deren tatbestandliche Voraussetzungen vorliegen müssen, um einen Anspruch zu begründen. Die Rechtsfolgenverweisung verweist dagegen allein auf die Rechtsfolgen einer weiteren Anspruchsgrundlage; es ist erforderlich, die tatbestandlichen Voraussetzungen der Verweisungsnorm, nicht aber diejenigen der Norm zu prüfen, auf die verwiesen wird.

Konkret: Häufig hat es der Student mit Anspruchsnormen zu tun, die ihrerseits auf andere Normen oder Normenkomplexe verweisen. Ein Beispiel ist § 684 BGB: Liegen die Voraussetzungen des § 683 BGB, also der berechtigten Geschäftsführung ohne Auftrag, nicht vor, so ist der Geschäftsherr verpflichtet, dem Geschäftsführer alles, was er durch die Geschäftsführung erlangt, nach den Vorschriften über die Herausgabe einer ungerechtfertigten Bereicherung herauszugeben. Anders gewendet: Der Geschäftsherr hat einen Anspruch auf Herausgabe des Erlangten nach den Vorschriften über die Herausgabe einer ungerechtfertigten Bereicherung. Doch was bedeutet das jetzt für die Anspruchsprüfung? Ist zusätzlich zu den Voraussetzungen des § 684 S. 1 BGB, also (1) Nicht-Vorliegen der Voraussetzungen des § 683 BGB und (2) dem Erlangen eines Vorteils des Geschäftsführers („alles herauszugeben, was er erlangt"), noch zu prüfen, ob die Voraussetzungen eines Bereicherungsanspruchs gegeben sind, ob also z.B. § 812 Abs. 1 S. 1 Alt. 1 oder Alt. 2 BGB erfüllt ist? Man sieht schnell, dass eine solche Prüfung hier weitgehend überflüssig wäre. Für einen Anspruch aus § 812 BGB wäre erforderlich, dass der Geschäftsführer etwas erlangt hat, davon geht aber § 684 BGB bereits selbst aus. Die Prüfung einer Leistung macht keinen Sinn, denn es geht ja gerade um eine unberechtigte, nicht dem Willen des Geschäftsherrn entsprechende Erlangung von Vermögensvorteilen durch den Geschäftsführer. Es bliebe nur die Prüfung der Alternative „in sonstiger Weise", die aber in der unberechtigten GoA und § 684 BGB schon typisiert ist. Darüber hinaus wäre auch die Prüfung des Merkmals „ohne Rechtsgrund" redundant, denn gegenüber dem Geschäftsherrn hat der unberechtigte Geschäftsführer mangels Auftrag oder sonstiger Berechtigung eben keinen Rechtsgrund zum Behaltendürfen der erlangten Vorteile. Daher handelt es sich bei § 684 BGB um eine Rechtsfolgenverweisung. Allerdings ist die Frage umstritten;[8] siehe dazu auch Fall Nr. 7.

Wenn Unsicherheiten bestehen, kann es sich im Sinne einer Faustformel anbieten zu fragen, ob es überhaupt einen Sinn macht, die tatbestandlichen Voraussetzungen der Norm, auf die verwiesen wird, mitzuprüfen (wenn ja, dann eher Rechtsgrundverweisung), oder ob das Gesetz in der Verweisungsnorm bereits hinreichend die Voraussetzungen beschreibt oder zugrundelegt, die für die jeweilige Rechtsfolge erforderlich sind (dann eher Rechtsfolgenverweisung).

Das ist nicht immer einfach. Schwierig ist es zum Beispiel bei § 951 BGB. Diese Vorschrift enthält anerkanntermaßen eine Rechtsgrundverweisung auf das Bereicherungsrecht und damit auf § 812 BGB. Umstritten ist allerdings, ob § 951 BGB nur auf die Nichtleistungskondiktion (§ 812 Abs. 1 S. 1 Alt. 2 BGB) oder – wie der BGH meint – auch auf die Leistungskondiktion (§ 812 Abs. 1 S. 1 Alt. 1, Abs. 1 S. 2 BGB) verweist.[9] Die erste Auffassung geht davon aus, wer gegenüber seinem (vermeintlichen) Vertragspartner Verarbeitungs- und Einbauleistungen erbringe und damit seinen Vertragspartner einen Vorteil verschaffe, verschaffe ihm diesen Vorteil kraft willentlicher Betätigung. Obwohl der gesetzliche Eigentumserwerb nach den §§ 946 ff. BGB eintrete, habe dies mit §§ 946 ff. BGB an sich nichts zu tun; § 812 Abs. 1 S. 1 BGB sei daher unmittelbar anwendbar. Nach der Auffassung des BGH differenziert die Verweisung in § 951 BGB demgegenüber gerade nicht. Wenn der Bauunternehmer aufgrund eines unwirksamen Vertrags die Bauleistungen erbringt, so dass der Eigentumserwerb kraft §§ 946 ff. BGB eintritt, so gibt es danach eben keinen Grund, warum dieser Vorgang kein Fall des § 951 BGB sein soll.

Im Ergebnis ist der Streit folgenlos. Für die Klausur ist zu empfehlen, ohne große Umschweife sowohl die Leistungs- als auch die Eingriffskondiktion über § 951 BGB einzuleiten. Praktisch macht dies regelmäßig keinen Unterschied. In den typischen Fällen wie etwa dem berühmten Idealheim-Fall (BGHZ 40, 272 – *lesen*!) fehlt es an einer Leistung an den Erwerber, wenn ein Subunternehmer Material in das Haus des Bauherrn einbaut. Der Subunternehmer leistet dann an seinen Vertragspartner, den Generalunternehmer, und nicht an den Bauherrn. Die Nichtleistungskondiktion scheitert dann an der Subsidiarität gegenüber der Leistungskondiktion (in sonstiger Weise erlangt = nicht

---

[8] Dazu Staudinger/*Gursky*, § 951 Rn. 2.

[9] BGHZ 40, 272, 276; *BGH* NJW 1989, 2745, 2746; weitere Nachweise bei MünchKomm/*Füller*, § 951 Rn. 3.

durch Leistung), weil der Bauherrn das Eigentum an dem eingebauten Material typischerweise durch Leistung des Generalunternehmers erlangt.[10]

Hinweis: Der Umstand, dass eine Rechtsgrundverweisung vorliegt, bedeutet nicht, dass es entbehrlich wäre, die Voraussetzungen der Verweisungsnorm zu prüfen. Bevor verwiesen wird, ist zu prüfen, ob die Voraussetzungen der Verweisungsnorm gegeben sind.

Die folgende Tabelle zeigt einige Beispiele. In der linken Spalte findet sich das Ziel der Verweisungsnorm. Die beiden anderen Spalten zeigen jeweils, ob die dort genannten Verweisungsnormen auf den Rechtsgrund des Verweisungsziels oder nur auf die Rechtsfolgen der Zielvorschriften verweisen.

Ziel der Verweisung	Rechtsfolgenverweisung	Rechtsgrundverweisung
Allgemeines Leistungsstörungsrecht, §§ 280 ff. BGB und Rücktrittsrecht, §§ 323 ff. BGB		§ 634 BGB § 437 BGB
Geschäftsführung ohne Auftrag, §§ 677 ff. BGB	§ 994 Abs. 2 BGB (in Bezug auf § 677 BGB, aber Rechtsgrundverweisung auf §§ 683 f. BGB; i.E. str.)	§ 539 Abs. 1 BGB
Bereicherungsrecht, §§ 812 ff. BGB	§ 516 Abs. 2 S. 3 BGB, § 993 Abs. 1 BGB, § 2021 BGB	§ 951 Abs. 1 S. 1 BGB (str.), § 682 BGB (str.)
Deliktsrecht, §§ 823 ff. BGB		§ 992 BGB, § 682 BGB (str.)
Eigentümer-Besitzer-Verhältnis, §§ 985 ff. BGB		§ 292 BGB (in Bezug auf §§ 987 ff. BGB)

VI. Konkurrenzen

In einem juristischen Gutachten sind in der Regel – wenn nach Ansprüchen gefragt ist und sich nicht aus dem Bearbeitervermerk etwas anderes ergibt – sämtliche für die Fallfrage relevanten Anspruchsgrundlagen durchzumustern. Kommt die Prüfung z.B. bei einem Schadensersatzanspruch zu dem Ergebnis, dass der Anspruchsteller wegen desselben Schadensfalles einen Anspruch sowohl aus §§ 280, 241 Abs. 2 BGB als auch aus § 823 Abs. 1 BGB hat, so versteht sich von selbst, dass der Anspruchsteller seinen Schaden von dem Schädiger nicht doppelt ersetzt erhält. In der Praxis des Zivilprozesses stellen diese mehreren materiell-rechtlichen Ansprüche einen einzigen prozessualen Streitgegenstand dar, weil sie auf demselben Lebenssachverhalt beruhen.[11] Gewinnt der Kläger seinen Prozess, weil das Gericht z.B. den Vertragsanspruch für begründet erachtet, ohne den Deliktsanspruch zu prüfen, so hindert ihn die Rechtskraft des Urteils daran, auf der Grundlage desselben Sachverhalts jetzt erneut Zahlung nach Maßgabe des Deliktsanspruchs zu verlangen.

Der Klausurschreiber muss sich darum nicht kümmern. Die Begutachtung soll allein die materiell-rechtliche Rechtslage und alle denkbaren Ansprüche prüfen, auch soweit sie auf dasselbe Ziel gerichtet sind.

---

[10] Im Einzelnen ist hier vieles umstritten. Zur Vertiefung *Giesen*, Jura 1995, 234 ff.; *Schildt*, JuS 1995, 953 ff.

[11] Zur Vertiefung *Schilken*, Zivilprozessrecht, 6. Aufl. 2010, Rn. 224 ff.; *Musielak*, Grundkurs ZPO, Rn. 139 ff.

Aber Achtung: Bestimmte Anspruchsgrundlagen oder Ansprüche genießen Vorrang vor anderen, so dass schon der Anwendungsbereich der verdrängten Norm nicht eröffnet ist oder jedenfalls der vorrangige Anspruch auf die Tatbestandsmerkmale des nachrangigen Anspruchs ausstrahlt.[12]

Der Vorrang kann entweder im Gesetz selbst angeordnet sein oder sich aus systematischen Überlegungen ergeben. Damit nicht gemeint sind Fälle, in denen schon die sorgfältige Subsumtion unter die Tatbestandsvoraussetzungen einen eindeutigen „Vorrang“ ergibt. So wäre es schlicht verfehlt, neben einem Rückgewähranspruch aus § 346 BGB noch einen Anspruch aus § 812 BGB zu bejahen, weil der Rücktritt nichts daran ändert, dass die Vermögensverschiebung mit rechtlichem Grund erfolgte; der Rücktritt lässt den Rechtsgrund auch nicht entfallen, sondern gestaltet das Schuldverhältnis nur in ein Rückgewährschuldverhältnis um.

Gemeint sind vielmehr Fälle, in denen eigentlich mehrere Ansprüche in Betracht kämen, aber aus bestimmten Gründen einzelne Anspruchsgrundlagen nicht anwendbar sind. Am Beispiel:

1. Vorrang kraft gesetzlicher Anordnung

Brisant und für den Anfänger schwierig ist das Konkurrenzverhältnis zwischen den Ansprüchen aus „EBV“ (Eigentümer-Besitzer-Verhältnis) und den weiteren Anspruchsgrundlagen. Hierfür gilt zunächst Folgendes: Der Herausgabeanspruch aus § 985 BGB steht neben sonstigen Herausgabeansprüchen wie z.B. § 604 BGB, § 812 Abs. 1 S. 1 Alt. 1 BGB. Die eigentlich schwierigen Sachfragen des Anwendungsbereichs des EBV liegen dann in den Nutzungs- und Schadensersatzansprüchen der §§ 987 ff. BGB und deren Konkurrenz zu den deliktischen Schadensersatzansprüchen sowie den bereicherungsrechtlichen Nutzungsherausgabeansprüchen. Hier entsteht immer wieder Verwirrung. Zunächst muss man sich klarmachen, dass es beim EBV um Fälle geht, in denen jemand eine Sache als unrechtmäßiger Besitzer besitzt und nunmehr, während der Dauer seiner Besitzzeit, die Sache verschlechtert wird oder der Besitzer aus ihr Nutzungen generiert. Dabei soll der unverklagte und redliche Besitzer vor einer weitreichenden Inanspruchnahme auf Nutzungsherausgabe oder auf Schadensersatz geschützt werden. Es gelten folgende Leitlinien:[13] Was Nutzungen der Sache (§ 100 BGB) angeht, so sagt § 993 BGB a.E., dass ein redlicher Besitzer Früchte, die nicht als Ertrag anzusehen sind, allein nach Bereicherungsrecht herauszugeben hat. Das ist eine Rechtsfolgenverweisung, die insbesondere auch § 818 Abs. 3 BGB umfasst.[14] Ansonsten ist der redliche Besitzer gar nicht zur Herausgabe von Nutzungen verpflichtet, auch nicht nach § 812 BGB. Der redliche Besitzer steht auch durch § 987, ggf. i.V.m. § 990 BGB, besser: Erst nach Rechtshängigkeit oder dem Zeitpunkt des Kennens oder Kennenmüssens von der fehlenden Besitzberechtigung hat der Besitzer Nutzungen herausgeben, und das heißt: vorher nicht. Bereicherungsansprüche, die ggf. unabhängig von der Bösgläubigkeit und der Rechtshängigkeit wären, sind also gesperrt.

---

12 Zur Unterscheidung zwischen Anspruchskonkurrenz und Anspruchsnormenkonkurrenz *Medicus/Lorenz*, Schuldrecht I, Rn. 407 ff.

13 Palandt/*Bassenge*, § 993 Rn. 2 f.; *BGH* NJW 1952, 257.

14 Vgl. Staudinger/*Gursky*, § 993 Rn. 5; a.A. MünchKomm/*Baldus*, § 993 Rn. 7.

Neben §§ 987, 990 BGB können nur Ansprüche aus angemaßter Eigengeschäftsführung, namentlich nach §§ 687 Abs. 2, 681 S. 1, 677, 667 BGB auf Herausgabe des durch die unrechtmäßige Nutzung Erlangten sowie nach §§ 687 Abs. 2, 678 BGB auf Nutzungsersatz kraft Schadensersatzes[15] bestehen.

Bei Schadensersatzansprüchen ist § 992 BGB zu beachten. Er enthält eine Rechtsgrundverweisung, keine Rechtsfolgenverweisung. Aus der Vorschrift ergibt sich, dass Schadensersatzansprüche deliktischer Natur dann, und zwar nur dann eingreifen, wenn der Besitzer sich den Besitz durch verbotene Eigenmacht, und zwar eine schuldhafte[16] verbotene Eigenmacht, oder durch eine Straftat (z.B. Diebstahl, § 242 StGB) verschafft hat. In diesen Fällen greifen die §§ 823 ff. neben dem Schadensersatzanspruch aus §§ 990, 989 BGB. Beachten Sie die zeitliche Struktur: Für die Verweisung auf die §§ 823 ff. BGB ist zunächst zu prüfen, dass die Besitzverschaffung[17] entweder verbotene Eigenmacht war oder eine Straftat. Was sodann die Haftung nach der unerlaubten Handlung betrifft, so ist der Bezugspunkt ein anderer: Geht es um die Verschlechterung der Sache während der Besitzzeit, so betrifft die Verletzungshandlung bei § 823 BGB die Verschlechterung und nicht die Erlangung der Sache als solche.

Umgekehrt bedeutet dies, dass in anderen Fällen, wenn die tatbestandlichen Voraussetzungen des § 992 BGB nicht vorliegen, Schadensersatzansprüche nach den §§ 823 ff. BGB und dem Recht der unerlaubten Handlungen nicht bestehen, weil §§ 990, 987 BGB und §§ 989, 990 BGB insoweit die Haftung abschließend normieren. Der redliche Besitzer soll geschützt werden, selbst wenn er die Sache schuldhaft verschlechtert hat. Auch dies wird in § 993 BGB a.E. deutlich ausgesprochen, denn danach ist auch eine weitergehende Haftung des redlichen Besitzers auf Schadensersatz ausgeschlossen.

2. Vorrang aus systematischen Gründen

In manchen Fällen kann sich ein Konkurrenzverhältnis zwischen verschiedenen Ansprüchen auch aus systematischen Gründen aufdrängen.

a) Verhältnis zwischen § 119 Abs. 2 BGB und Mängelgewährleistung nach § 437 BGB

Gerne übersehen wird beispielsweise das Konkurrenzverhältnis zwischen der Anfechtung nach § 119 Abs. 2 BGB wegen Irrtums über eine verkehrswesentliche Eigenschaft und der Sachmängelgewährleistung: Hier gilt Folgendes:

Wäre die Irrtumsanfechtung auch nach Gefahrübergang (i.S.d. §§ 446, 447 BGB) möglich, so bestünde die Gefahr, dass ein Käufer sich von dem Vertrag lösen und dann Rückgewähr des gezahlten Kaufpreises nach § 812 Abs. 1 S. 1 Alt. 1 BGB verlangen könnte mit dem Argument, er habe sich über die Mangelfreiheit der Sache und damit über eine Eigenschaft der Sache im Sinne des § 119 Abs. 2 BGB geirrt. Könnte er dies, so wären die Vorschriften der §§ 437 Nr. 1, 439 BGB entwertet. Das System der kaufrechtlichen Gewährleistung folgt dem Grundsatz des Vorrangs der Nacherfüllung, so dass dem Verkäufer Gelegenheit gegeben wird und gegeben werden muss, seine Leistungsverpflichtung noch mangelfrei zu erfüllen.

---

15 Beachte: Nutzungen können dem Rechtsinhaber entgangen sein, wenn er sie selbst erwirtschaftet hätte. Daher kann in den entgangenen Nutzungen zugleich ein Schaden für den Rechtsinhaber liegen.

16 Dazu MunchKomm/*Baldus*, § 992 Rn. 5.

17 Die Umwandlung von Fremd- in Eigenbesitz kann genügen; dazu MünchKomm/*Baldus*, § 992 Rn. 7; Staudinger/*Gursky*, § 992 Rn. 5.

Ist der Gefahrübergang erfolgt, also namentlich dem Käufer die Kaufsache übergeben worden (§ 446 BGB), so muss daher das Recht der Sachmängelgewährleistung Vorrang vor der Irrtumsanfechtung haben. Eine Anfechtung, die auf die Mangelhaftigkeit der Sache gestützt wird, scheidet dann aus. Das gilt indessen nur für § 119 Abs. 2 BGB in Bezug auf die Eigenschaften der verkauften Sache. Die Anfechtung nach § 119 Abs. 2 BGB in Bezug auf Eigenschaften des Vertragspartners und die Anfechtung nach § 119 Abs. 1 BGB bleiben möglich; erst recht die Anfechtung nach § 123 BGB.

Ob auch der Verkäufer, dessen Schutz der kaufrechtliche Vorrang der Nacherfüllung dient, an einer Anfechtung in Bezug auf einen Irrtum über die Kaufsache gehindert ist, ist umstritten (siehe dazu Fall Nr. 1).[18]

Ist der Gefahrübergang noch nicht erfolgt, so tritt die Konkurrenzfrage von vornherein nicht auf. Der Käufer darf anfechten.[19]

b) Verhältnis zwischen c.i.c. und Mängelgewährleistung nach § 437 BGB

Ein weiteres wichtiges Konkurrenzverhältnis betrifft das Verhältnis der Haftung wegen vorvertraglichen Verschuldens gemäß §§ 280 Abs. 1, 241 Abs. 2, 311 Abs. 2 BGB (culpa in contrahendo) zur Mängelgewährleistung nach § 437 BGB. Dabei geht es um die Frage, ob die Nicht- bzw. Fehlaufklärung über die Beschaffenheit und/oder einen Mangel der Kaufsache einen Anspruch aus vorvertraglichen Verschulden begründet. Im Kaufrecht legt die h.M. seit langem einen Vorrang des § 437 BGB vor der culpa in contrahendo zugrunde.[20] Daran hat auch die Schuldrechtsmodernisierung nichts geändert[21]. Nach der noch zum früheren Recht entwickelten Auffassung der Rechtsprechung greift der Vorrang des § 437 BGB nicht erst, wenn die Parteien eine konkrete Erwartung über den Zustand der Sache im Vertrag tatsächlich formuliert haben,[22] sondern schon dann, wenn die Fehl- oder Nichtaufklärung einen Umstand betrifft, der (theoretisch) zum Gegenstand einer Beschaffenheitsvereinbarung hätte gemacht werden können.[23] Wäre jede Nichtaufklärung über einen Mangel der Sache zugleich schadensersatzbegründend, so wäre wiederum der Vorrang der Nacherfüllung gefährdet, wenn sich der Käufer im Wege der Naturalrestitution von dem Vertrag lösen könnte. Demnach sind Ansprüche aus „c.i.c." wegen Nichtaufklärung über einen Mangel grundsätzlich durch § 437 BGB gesperrt.

Ausnahmen von der grundsätzlichen Sperrwirkung gelten in drei Fällen[24]:

1. wenn der Verkäufer vorsätzlich trotz entsprechender Aufklärungspflicht einen Mangel nicht kundgetan oder vorsätzlich falsche Angaben gemacht hat, weil er dann nicht schutzwürdig ist,[25]

---

[18] *Looschelders*, Schuldrecht BT, Rn. 175 f.; MünchKomm/*Westermann*, § 437 Rn. 53 ff.

[19] Zum Anfechtungsrecht des Verkäufers siehe unten Fall Nr. 1.

[20] St. Rspr., u.a. BGHZ 60, 319, 321 ff.; 114, 263, 266; Zurückhaltender jetzt *BGH* NJW 2009, 2120, 2122; a.A. *Häublein*, NJW 2003, 388, 391 ff.

[21] *Canaris*, Karlsruher Forum 2002, 87; Palandt/*Grüneberg*, § 311 Rn. 25.

[22] So aber *Grigoleit/Herresthal*, JZ 2003, 118, 126; MünchKomm/*Westermann*, § 437 Rn. 59.

[23] BGHZ 114, 263, 266; *BGH* NJW 1992, 2564, 2565 (zur Zusicherungsfähigkeit nach altem Recht); Staudinger/*Matusche-Beckmann*, § 437 Rn. 66.

[24] Vgl. *Looschelders*, Schuldrecht BT, Rn. 178 f.; *Medicus/Lorenz*, Schuldrecht II, Rn. 273 ff.

[25] *BGH* NJW 1992, 2564, 2565; 1995, 2159, 2160; 2009, 2120, 2122; MünchKomm/*Westermann*, § 437 Rn. 58.

2. wenn es sich um einen Rechtsmangel handelt,
3. wenn der Verkäufer eine eigenständige Beratungspflicht übernommen und diese verletzt hat.

c) Verhältnis zwischen c.i.c. und Anfechtung gem. § 123 BGB

Keinen Vorrang erkennt die h.M. demgegenüber für das Verhältnis von culpa in contrahendo zur Anfechtung wegen arglistiger Täuschung nach § 123 BGB an. Es geht regelmäßig um Fälle, in denen der Getäuschte entweder wegen Versäumung der Anfechtungsfrist des § 124 BGB nicht mehr anfechten kann oder aber keine Arglist im Spiel war, so dass es sich nur um eine fahrlässige Täuschung handelte. Sperrt das Arglist-Erfordernis des § 123 BGB und die Frist des § 124 BGB eine Schadensersatzhaftung wegen der vorvertraglichen Täuschung nach §§ 280 Abs. 1, 241 Abs. 2, 311 Abs. 2 BGB? Typisch sind also Fälle, in denen der Getäuschte nicht anfechten, sodann aber mittels des c.i.c.-Anspruchs als maßgebliche Rechtsfolge Schadensersatz in Gestalt der Vertragsaufhebung begehrt, weil er – so sein Vorbringen – den Vertrag ohne die Täuschung nicht geschlossen hätte.

Hierzu hat sich folgende Linie eingebürgert: Nach h.L. ist die Haftung nach §§ 280, 241 Abs. 2, 311 Abs. 2 BGB durch die Möglichkeit einer Anfechtung nicht ausgeschlossen. Das Arglist-Erfordernis in § 123 BGB schließt eine Haftung auf Schadensersatz auch bei lediglich fahrlässiger Täuschung nicht aus. Diese Haftung aus culpa in contrahendo wegen Aufklärungspflichtverletzung ermöglicht es dem Geschädigten, Schadensersatz in Gestalt einer Vertragsaufhebung zu wählen.[26] Allerdings macht die Rechtsprechung eine Einschränkung: Die Vertragsaushebung soll davon abhängig sein, dass dem Geschädigten ein Vermögensschaden entstanden ist, d.h. der Vertrag sich für ihn als wirtschaftlich ungünstig erweist. Die Bindung an dem Vertrag als solche reiche insoweit als Schadensposten nicht aus.

VII. Mehrpersonenbeziehungen und Selbständigkeit mehrerer Rechtsbeziehungen

Eines der wichtigsten Techniken muss es sein, sich das Beziehungsgerüst zu verdeutlichen, das einer Klausurfallgestaltung zugrunde liegt. Ist nach der Rechtslage gefragt und sind mehrere Beteiligte genannt, sollte sich der Prüfling am besten anhand einer Skizze die wechselseitigen Anspruchs- und ggf. Vertragsbeziehungen verdeutlichen.

---

[26] *BGH* NJW 1962, 1196, 1198; 1968, 986, 987; 1969, 1625, 1626; 1974, 849, 851 f.; 1998, 302, 305.

Die folgende Skizze zeigt dies am Beispiel der Bürgschaft.

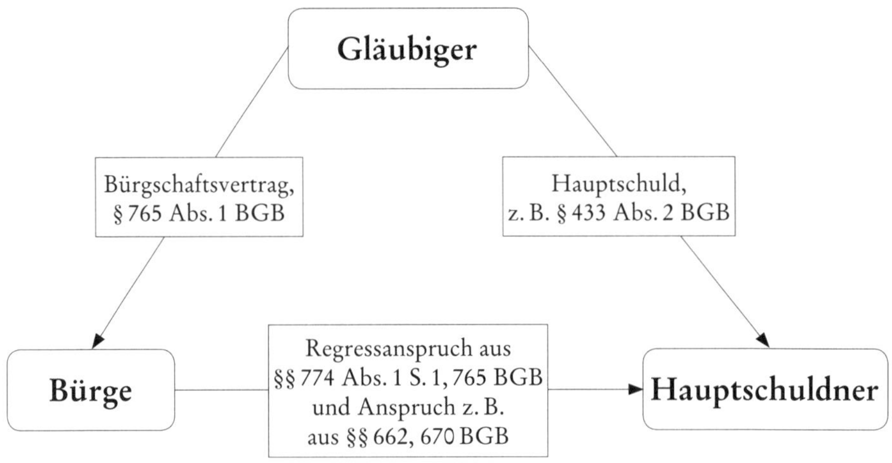

Die gedankliche Vorarbeit, die Anspruchsbeziehungen zu strukturieren, ist nicht nur dann zu leisten, wenn der Klausursachverhalt mehr als zwei Beteiligte aufführt und allseitig nach der Rechtslage fragt, sondern (gerade) auch dann, wenn nur nach den Ansprüchen eines einzigen Anspruchstellers gegen einen einzigen Anspruchsgegner gefragt ist, denn in diesem Fall können die Parteien ebenfalls durch mehrere rechtlich voneinander getrennt zu beurteilende Beziehungen miteinander verbunden sein.

Beispiel 1: Ist im Sachverhalt angegeben, dass A und B zwei Verträge (z.B. Kaufverträge) abgeschlossen haben, so ist in aller Regel davon auszugehen, dass die Verträge jeweils unterschiedliche rechtliche Fragen und Gesichtspunkte aufwerfen. Warum hätte der Klausurersteller sonst bewusst zwei Verträge in den Sachverhalt aufgenommen?
Umgekehrt kann es sein, dass sich die Verträge nur vordergründig selbständig gegenüber stehen, es sich aber in Wahrheit um einen verbundenen Vertrag i.S.d. § 357 BGB handelt, so dass der Widerruf oder etwaige Einwendungen bezogen auf einen Vertrag ggf. auf den anderen durchschlägt, vgl. §§ 358 Abs. 1, 2, 359 BGB.

Beispiel 2: Abtretung oder gesetzlicher Forderungsübergang: Gelegentlich ist in Klausuren zu trennen zwischen der Geltendmachung eines Anspruchs aus eigenem und aus fremdem Recht. Hat Z einen Anspruch gegen B an A abgetreten und hat A ggf. eigene Ansprüche gegen B, so ist im Gutachten sorgfältig zwischen den Ansprüchen aus eigenem und aus fremden Recht zu unterscheiden Warum? Es ist z.B. denkbar, dass B dem Anspruch des Z eine Einwendung entgegenhalten konnte, die er jetzt auch dem A entgegenhalten kann, § 404 BGB. Wohlgemerkt gilt das dann nur für den abgetretenen Anspruch und nicht für eigenen Anspruch des A gegen den B. Daraus wird ersichtlich, wie wichtig es ist, die jeweiligen Rechtsbeziehungen auseinanderzuhalten.

§ 3. Grundelemente der juristischen Methodenlehre

Bevor im zweiten Teil die Technik des Klausurschreibens näher erläutert wird, gilt es, sich zunächst einiger grundlegender methodischer Fragen zu vergewissern, die in jeder Zwischenprüfungsklausur bedeutsam werden können.

I. Gesetzesauslegung

Zu den Grundwerkzeugen des Juristen gehört die Auslegung. Die Bedeutung der Auslegung darf nicht unterschätzt werden. Wer sie gut meistert, kann in der Klausur punkten. Häufig liegt hier in der Anfängerklausur ein Schwerpunkt.

Es ist zu unterscheiden zwischen der Gesetzesauslegung und der Auslegung rechtsgeschäftlicher Handlungen. Die Auslegung reagiert auf eine Unsicherheit im Umgang mit einer Gesetzesvorschrift oder einem Rechtsgeschäft, d.h. einer Willenserklärung oder einem Vertrag.[27] Es ist unklar, wie etwas gemeint war oder verstanden wurde, und/oder ob die Vorschrift den jeweiligen Fall erfasst oder nicht.

Bei der Gesetzesauslegung geht es um die Frage, wie ein gesetzliches Merkmal oder eine Vorschrift insgesamt zu verstehen ist. Am Beispiel: In § 312d Abs. 4 BGB heißt es, dass das Widerrufsrecht bei Fernabsatzgeschäften nicht besteht, wenn der Vertrag im Rahmen einer Versteigerung (§ 156 BGB) zustande gekommen ist. Gilt diese Ausnahme auch für Versteigerung, bei denen der Vertragsschluss nicht durch Zuschlag eines klassischen Auktionators, sondern auf einer Internet-Plattform automatisch an den Höchstbietenden durch Zeitablauf erfolgt (eBay etc.)?[28]

Wenn Sie sich derartigen Zweifelsfällen gegenüber sehen, müssen sie nach den Regeln der juristischen Methodenlehre mehrere Ebenen auseinanderhalten, die im Folgenden jeweils knapp erläutert werden:[29]

Bei der **Gesetzesauslegung** sind zu berücksichtigen:
1. der Wortlaut des Gesetzes (grammatikalische Auslegung)
2. der systematische Zusammenhang, in dem die Norm steht (systematische Auslegung)
3. die Regelungsabsicht des historischen Gesetzgebers (historische/genetische Auslegung)
4. der objektive Gesetzeszweck (objektiv-teleologische Auslegung)
5. die Konformität mit höherrangigem Recht (verfassungs- bzw. europarechtskonforme Auslegung)

Zu 1. Die grammatikalische Auslegung geht vom Wortlaut des Gesetzes aus. Es geht darum, den allgemeinsprachlichen Bedeutungsgehalt des Wortlauts zu ermitteln. Wenn § 130 Abs. 1 S. 1 BGB festlegt, dass die empfangsbedürftige Willenserklärung erst in dem Zeitpunkt wirksam wird, in dem sie dem anderen „zugeht“, dann kann offenbar Zugang nicht schon dann vorliegen, wenn sich die Erklärung noch beim Absender befindet.[30] Ist der Wortlaut sehr eindeutig, so sollten Sie in einer Anfängerklausur vorsichtig sein, wenn Sie sich über den Wortlaut hinwegsetzen wollen.

In dem eben geschilderten Beispiel spräche der Wortlaut dafür, § 312d Abs. 4 BGB nicht auf Internet-Versteigerungen anzuwenden, da § 156 BGB, auf den in der Vorschrift verwiesen wird, vom „Zuschlag“ spricht.

Zu 2. Bei der systematischen Auslegung wird der Normkontext berücksichtigt. In welchem Abschnitt steht die Vorschrift? Wie verhält sie sich zu anderen, insbesondere „umliegenden“ Vorschriften? Bei einer Klausurbearbeitung ist es gerade deshalb

---

[27] Beachte: Einseitige Rechtsgeschäfte bestehen aus einer Willenserklärung. Zwei- oder mehrseitige Rechtsgeschäfte sind Verträge.

[28] *BGH* NJW 2005, 53 ff.

[29] *Zippelius*, Juristische Methodenlehre, S. 42 ff.; *Wank*, Die Auslegung von Gesetzen, §§ 5 ff.

[30] *Bitter/Rauhut*, JuS 2009, 289, 293.

wichtig, sich auch mit den nicht unmittelbar einschlägigen, aber im Umfeld der relevanten Norm befindlichen Normen zu beschäftigen. Oft finden sich dort Ausnahmen etc., die, sofern sie nicht unmittelbar einschlägig sind, zumindest doch Hinweise auf das Verständnis der anzuwendenden Vorschrift liefern. Im Beispiel des § 312d Abs. 4 BGB kann der Ausnahmecharakter der Vorschrift dafür sprechen, das Widerrufsrecht in den dort nur klar und eng definierten Fällen auszuschließen. Bei § 823 Abs. 1 BGB wäre es schlicht systematisch verfehlt, das „Vermögen" als sonstiges Recht anzuerkennen. Damit würde das systematische Gefüge von § 823 Abs. 1 und Abs. 2 sowie § 826 BGB durcheinandergeworfen. Schutz für reine Vermögensschäden soll es nur unter den Voraussetzungen des § 823 Abs. 2 BGB (Schutzgesetzverletzung) und des § 826 BGB (vorsätzlich-sittenwidrige Schädigung) geben, und nicht schon unter der allgemeinen Fahrlässigkeitshaftung des § 823 Abs. 1 BGB.

Zu 3. Selbstverständlich können auch die in den Gesetzgebungsmaterialien (parlamentarische Ausschüsse, Begründung des Gesetzentwurfs) zum Ausdruck gebrachten Regelungsabsichten des historischen Gesetzgebers darüber Aufschluss geben, wie die Norm im Zweifelsfall anzuwenden ist. In einer Zwischenprüfungsklausur können dazu in der Regel keine Ausführungen erwartet werden, weil die Materialien schlechterdings nicht abrufbereit sind. Bloße Spekulationen darüber, was sich der historische Gesetzgeber bei Inkraftsetzung des Gesetzes gedacht hat, wären eher schädlich. Soweit die Vorschrift erahnen lässt, welchen Zweck sie verfolgt oder ihr zugeschrieben werden kann, ist dies Teil der objektiv-teleologischen Auslegung.

Zu 4. Die objektiv-teleologische Auslegung ist die wichtigste und in Klausuren in aller Regel auch allein entscheidende Auslegungsmethode. Es ist danach zu fragen, welchem **Zweck** die Regelung dient. Wessen Interessen dient sie? Soll sie einer bestimmten Situation vorbeugen? Ist der Schutzzweck identifiziert, kann man sich fragen, ob dieser Zweck auch die Anwendung der Norm auf den jeweils zu beurteilenden Sachverhalt trägt.

Beispiel für die teleologische Auslegung: Gegen die Anwendbarkeit des Ausschlussgrundes in § 312d Abs. 4 Nr. 5 BGB in Bezug auf das Widerrufsrecht bei Internet-Versteigerungen hat der BGH u.a. teleologische Argumente angeführt. Er argumentiert wie folgt:

„Der Schutzzweck des in § 312 d Abs. 1 BGB geregelten Widerrufsrechts und die Interessenlage sprechen ebenfalls nicht für, sondern gegen eine erweiternde Auslegung des § 312 d Abs. 4 Nr. 5 BGB. Das gesetzliche Widerrufsrecht soll, wie oben ausgeführt, den Verbraucher vor den Risiken von Fernabsatzgeschäften schützen, bei denen er die Ware vor Vertragsschluss in der Regel nicht hat in Augenschein nehmen können. Ein solches Schutzbedürfnis besteht auch bei Internet-Auktionen der vorliegenden Art. Der Bieter kann sich regelmäßig nur mittels der im Internet zur Verfügung gestellten Informationen über die angebotene Ware unterrichten. Der Verbraucher, der einen Gegenstand bei einer Internet-Auktion von einem Unternehmer erwirbt, ist somit den gleichen Risiken ausgesetzt und in gleicher Weise schutzbedürftig wie bei anderen Vertriebsformen des Fernabsatzgeschäfts. Mithin erfordert es auch der Zweck des gesetzlichen Widerrufsrechts, den Ausnahmetatbestand des § 312 d Abs. 4 Nr. 5 BGB, wie es seinem Wortlaut entspricht, auf Verträge zu beschränken, die in der Form von Versteigerungen gem. § 156 BGB, das heißt durch Gebot und Zuschlag, geschlossen werden."[31]

Zu 5. Aus der Notwendigkeit, Anforderungen des höherrangigem Rechts erfüllen zu müssen, kann sich das Erfordernis ergeben, die Auslegung eines bestimmten Merkmals an das höherrangige Recht anzupassen. Diese Fälle haben in der Zwischenprüfung insbesondere bei der Europarechtskonformität eine gewisse Bedeutung erlangt. Das eindringlichste Beispiel liefert der mittlerweile durch § 474 Abs. 2 BGB gesetz-

---

[31] *BGH* NJW 2005, 53, 56.

geberisch gelöste Quelle-Fall, der als Problem in § 2 V. im 4. Teil erläutert wird. Dort geht es um die richtlinienkonforme Auslegung und die Interpretation des Kaufrechts im Einklang mit der Verbrauchsgüterkauf-Richtlinie.

Denkbar ist auch, dass bestimmte Vorschriften im Lichte des Verfassungsrechts und namentlich der Grundrechte zu interpretieren sind. Bekannte Beispiele sind Fälle der sogenannten mittelbaren Drittwirkung der Grundrechte, etwa die strenge Rechtsprechung zur Sittenwidrigkeit bei Angehörigenbürgschaften[32] oder ein etwaiger Ausschluss eines arbeitsvertraglichen Kündigungsrechts, wenn sich ein Arbeitnehmer aus religiösen Gründen weigert, bestimmte Tätigkeiten auszuführen.[33]

Doch Vorsicht: Wenn es der Sachverhalt nicht nahelegt oder ein klassisches Problem wie z.B. die Angehörigenbürgschaft den Gegenstand der Klausur bildet, so sollten Sie mit eigenen Überlegungen zur Grundrechtsrelevanz vorsichtig sein. In einer Zivilrechtsklausur werden Ihnen grundsätzlich keine grundrechtlichen Prüfungen abverlangt, weil die Grundrechte bereits im einfachen Recht konkretisiert sind. Grundfalsch wäre es z.B., dem Anspruchsteller einen an sich bestehenden Anspruch zu versagen mit dem Argument, dann würde in die Eigentumsfreiheit (Art. 14 GG) oder die allgemeine Handlungsfreiheit (Art. 2 Abs. 1, 1 Abs. 1 GG) des Anspruchsgegners eingegriffen.

II. Legaldefinitionen

Gleichsam ein Gegenstück zur Auslegung bilden Legaldefinitionen. Hier definiert das Gesetz selbst, wie bestimmte Merkmale oder Umstände zu definieren sind.

Beispiele:

- Definition von „unverzüglich“ in § 121 BGB: ohne schuldhaftes Zögern
- Definition der Vollmacht in § 166 Abs. 2 S. 1 BGB: eine durch Rechtsgeschäft erteilte Vertretungsmacht
- Definition des Anspruchs in § 194 Abs. 1 BGB: Das Recht, von einem anderen ein Tun oder Unterlassen zu verlangen
- Definition von Erbfall, Erbschaft und Erbe in § 1922 Abs. 1 BGB: Mit dem Tode einer Person (Erbfall) geht deren Vermögen (Erbschaft) als Ganzes auf eine oder mehrere andere Personen (Erben) über.

Eine häufig übersehene Legaldefinition ist z.B. § 194 BGB. Das Recht, von einem anderen ein Tun oder Unterlassen verlangen zu können, ist ein Anspruch.

In allen Fällen kann freilich die gesetzliche Definition ihrerseits wieder Auslegungs- oder Anwendungsschwierigkeiten bereitet. Ein Beispiel dafür liefert das „unverzüglich“ in § 121 BGB. Es ist als schuldhaftes Zögern definiert. Was das ist, muss noch konkretisiert werden. Die Rechtsprechung geht davon aus, maßgebend sei die nach Lage der Dinge angemessene Prüfungs- *und* Überlegungsfrist für den Anfechtungsberechtigten; in der Regel liege die Obergrenze bei zwei Wochen.[34]

III. Die Auslegung von Rechtsgeschäften

Noch gewichtiger in der Zwischenprüfung ist der sachgerechte Umgang mit Fragen der Vertragsauslegung und der Auslegung von Willenserklärungen. Hier liegt regel-

[32] *BGH* ZIP 2010, 21 ff.; NJW 2002, 2228 ff.
[33] *BVerfG* NJW 2003, 2815 f.
[34] *OLG Hamm* NJW-RR 1990, 523.

mäßig ein Schwerpunkt der Bearbeitung. Auslegungsfragen sind zu lösen, wenn eine Erklärung nicht eindeutig oder mehrdeutig ist oder wenn die Parteien einen bestimmten Fall bei der Abfassung Ihres Vertrags nicht bedacht haben.

1. Die Auslegung von Willenserklärungen

Geht es um die Auslegung von Willenserklärungen, so ist zunächst § 133 BGB einschlägig. Aus dieser Vorschrift ergibt sich das Postulat der **natürlichen Auslegung.**[35] Es soll erforscht werden, wie der Erklärende die Erklärung tatsächlich meinte, nicht so wie sie verstanden wurde oder verstanden werden durfte. Diese Grundregel kann selbstverständlich nur dann gelten, wenn die Interessen derjenigen, an die eine Willenserklärung zu richten ist, nicht berücksichtigt werden müssen. Nur dann ist es vertretbar, allein darauf abzustellen, was der Erklärende tatsächlich erklären wollte.

Daher ist zu unterscheiden: Geht es um die Auslegung *empfangsbedürftiger* rechtsgeschäftlicher Handlungen, so ist § 133 BGB nicht allein einschlägig. Vielmehr liefern § 133 BGB *und* § 157 BGB die gesetzlichen Anknüpfungspunkte. Danach kommt es für die Auslegung empfangsbedürftiger Willenserklärungen auf den *Willen des Erklärenden* an, so wie er *vom Empfängerhorizont her* nach Treu und Glauben mit Rücksicht auf die Verkehrssitte verstanden werden konnte (**normative Auslegung**) oder auch tatsächlich verstanden worden ist. Die natürliche Auslegung steht unter dem Primat des Schutzes des Verkehrsinteressen. Dieser wird dadurch bewältigt, dass zu fragen ist, ob und wie der Wille des Erklärenden vom Empfänger der Erklärung verstanden werden konnte. Selbstverständlich ist dafür die jeweilige Situation maßgeblich; gleichwohl wird objektiviert. Anknüpfungspunkt ist ein objektiver, vernünftiger Empfänger, und nicht der Erklärungsempfänger, soweit dieser ohne erkennbare Veranlassung den Erklärungsinhalt (vermeintlich) anders verstanden hat, weil er z.B. schlecht zugehört hat.

Daher gilt: Steht der wirkliche Wille nicht fest oder hat ihn der Empfänger anders aufgefasst, so ist für den Inhalt der Erklärung der aus **objektiver Empfängersicht** erklärte Wille zu ermitteln. Maßgeblich ist nicht allein der *Wortlaut der Erklärung*; heranzuziehen sind auch die *Umstände außerhalb der Erklärung* (z.B. Vorverhandlungen; Begleitumstände; besondere Beziehungen der Parteien; Verkehrssitten).

Steht demgegenüber der wirkliche Wille des Erklärenden fest und hat der Empfänger ihn so verstanden, so ist das Gewollte Erklärungsinhalt, selbst wenn die Erklärung aus objektiver Sicht nicht so zu verstehen war („*falsa demonstratio non nocet*"; Haakjöringsköd-Fall).[36] Steht der wirkliche Wille des Erklärenden fest, musste der Empfänger ihn aber verständigerweise aus objektiver Empfängersicht nicht so verstehen, dann gilt die Erklärung mit dem Inhalt, den ein objektiver Empfänger verstehen durfte. Die Erklärung ist aber ggf. wegen Irrtums anfechtbar.

2. Die Ergänzung des Vertragsinhalts durch ergänzende Vertragsauslegung

Ein anderer Teilbereich der Auslegung betrifft die **ergänzende Auslegung**. Sie ist von dem, was eben vorgestellt wurde, klar zu unterscheiden. Die eben gemachten Ausführungen betrafen die erläuternde Auslegung; also die Auslegung einer Erklä-

---

[35] Palandt/*Ellenberger*, § 133 Rn. 10.

[36] Zur zu bejahenden Wahrung einer etwaigen Formbedürftigkeit unter dem Gesichtspunkt der Andeutungstheorie, *BGH* NJW 1996, 2792 f.; Staudinger/*Singer*, § 133 Rn. 31 ff. m.w.N.

rung. Bei der ergänzenden Auslegung geht es um die Hinzufügung von Inhalten eines Vertrags sozusagen im Geiste des Vertrags, d.h. um eine Lückenfüllung nach dem **hypothetischen Parteiwillen**. Zu prüfen ist, welche Regelung die Parteien nach Treu und Glauben mit Rücksicht auf die Verkehrssitte getroffen hätten (§ 157 BGB), hätten sie den nicht geregelten Fall bedacht.

Beispiel: Die Zahnärzte A aus Tübingen und B aus Stuttgart vereinbaren einen Praxistausch mit Übernahme des jeweiligen Mandantenstamms. Nach kurzer Zeit will A aus Stuttgart nach Tübingen zurückkehren und lässt sich in unmittelbarer Nähe seiner früheren, jetzt von B geführten Praxis nieder. Die früheren Patienten „laufen“ wieder zu A „über“. Ein Konkurrenzverbot ist im Vertrag nicht geregelt. In einem solchen Fall kann die ergänzende Auslegung zu dem Ergebnis führen, dass die Parteien vernünftigerweise ein solches (befristetes) Konkurrenzverbot für beide Parteien vereinbart hätten, wenn sie den Fall einer kurzfristigen Rückkehr bedacht hätten.

Für die Klausur gilt es indessen Folgendes zu beherzigen: Mit einer ergänzenden Auslegung ist vorsichtig umzugehen! Für sie besteht tatsächlich nur dann Anlass, wenn die Parteien ersichtlich einen klärungsbedürftigen Punkt, der nun aufgrund bestimmter Umstände akut und aktuell geworden ist, nicht geregelt haben. Regelmäßig steht aber in der Klausur im Vordergrund, überhaupt erst einmal den nicht eindeutig artikulierten Willen der Parteien bzw. des Erklärungen zu ermitteln, und zwar im Wege der erläuternden Auslegung.

Die vorstehenden Grundlagen dienen nur als erste Einführung in die Methodenfragen. Sie sind bewusst knapp gehalten. Fragestellungen der Analogiebildung, des argumentum a maiore ad minus oder des argumentum a fortiori und anderer methodischer Hilfsmittel sind andernorts umfassend aufbereitet. Doch beachten Sie: Bevor Sie in einer Anfängerklausur zu einer Analogie greifen, sollten Sie sich vergewissern, dass Sie auf dem richtigen Lösungsweg sind. Regelmäßig geht es allein um die saubere Subsumtion unter das Gesetz. Im 2. Teil werden nunmehr die Technik der Fallbearbeitung und der Weg zu einer ansprechenden Klausurbegutachtung näher erläutert.

2. Teil. Technik der Fallbearbeitung

§ 1. Vorbemerkungen

In der Fallbearbeitung geht es darum, die im BGB oder in den relevanten Nebengesetzen niedergelegte „Rechtsordnung“ auf den gestellten Fall anzuwenden. Diese Rechtsanwendung geschieht durch „Subsumtion“. Soweit eine Vorschrift eine Rechtsfolge anordnet, so tut sie dies nur unter bestimmten Voraussetzungen, dem jeweiligen Tatbestand. Rechtsquelle für etwaige Rechtsfolgen ist einmal das positive Gesetz, z.B. das BGB oder – ergänzend für Kaufleute – das HGB. Gelegentlich ergeben sich zum anderen aber auch bestimmte Rechtsfolgen aus dem „Gewohnheitsrecht“, das genauso als positives Recht „gilt“ und nur anders zustande gekommen ist, nämlich durch richterliche Rechtsfortbildung oder durch allgemein überzeugende Ausführungen von Rechtslehrern.[1] Das Gewohnheitsrecht wird also nicht durch ein Gesetz der Legislative in Kraft gesetzt. Vor der Schuldrechtsreform gehörte zu den wichtigsten gewohnheitsrechtlichen Institute, die dem Studenten bekannt sein mussten, die sog. positive Vertragsverletzung (pVV). Sie ist heute ebenso wie ihr vorvertragliches Äquivalent, die culpa in contrahendo, über §§ 280, 241 Abs. 2 BGB gesetzlich verankert. Auf Gewohnheitsrecht kommt es in der Zwischenprüfungsklausur daher regelmäßig nicht mehr an. Allenfalls der bekannte Grundsatz „Geld hat man zu haben“, der für das Vertretenmüssen bei einer Nichtzahlung oder für die Frage der Unmöglichkeit eine Bedeutung erlangen kann, ist beispielsweise noch als gewohnheitsrechtliches Gedankengut heranzuziehen. Doch selbst dieser Grundsatz lässt sich bereits damit hinreichend begründen, dass Geld eine Gattungsschuld ist, so dass die Unmöglichkeit einer Zahlung i.S.d. § 275 Abs. 1 BGB nur bei einem Verbrauch der gesamten Gattung eintreten könnte.

Um die in der Zwischenprüfung gestellten Fälle lösen zu können, benötigt man neben einem grundlegenden Verständnis von der Aufgabe und Funktion des juristischen Gutachtens auch ein erhebliches Rechtswissen, das man sich vorweg durch Vorlesungen und Lektüre von Lehrbüchern aneignen muss. Auf einzelne Fragestellungen wird im 4. Teil eingegangen. Aber auch der gut präparierte Student macht in den Übungen häufig die Erfahrung, dass die Anwendung des Rechts bei der Lösung eines konkreten Falles doch auf Schwierigkeiten eigener Art stößt. Das hängt eng mit der Beobachtung zusammen, dass der Gesetzgeber die Lebenssachverhalte nicht geschlossen regelt, sondern gleichsam immer nur Bruchstücke davon; man muss häufig zwischen verschiedenen Vorschriften wechseln.

Beispiel: Wird einem Verkäufer die Lieferung einer Sache durch einen in seinem Betrieb ausgebrochenen Brand unmöglich, so ist für die Unmöglichkeit § 275 Abs. 1 BGB einschlägig. § 275 BGB sagt, dass bei einer unmöglichen Leistung die Leistungspflicht entfällt, sagt aber nicht, wann etwas unmöglich ist. Für die Frage, ob die Lieferung im Beispiel tatsächlich unmöglich ist, muss man daher auch auf die Frage zurückkommen, ob eine Stück- oder eine Gattungsschuld vorliegt. Liegt eine Gattungsschuld vor, kann sich die Schuld freilich längst auf das eine Stück konkretisiert haben. Die Konkretisierung ist aber nicht in § 275 BGB normiert,

---

[1] Zum Gewohnheitsrecht als Rechtsquelle vgl. *Larenz,* Methodenlehre der Rechtswissenschaft, 6. Aufl. 1991, S. 356 und 433.

sondern in § 243 Abs. 2 BGB. § 275 BGB regelt auch nicht die Schadensersatzhaftung des Verkäufers. Für die Schadensersatzhaftung des Verkäufers wegen der Unmöglichkeit muss man zunächst prüfen, ob eine anfängliche Unmöglichkeit (§ 311a Abs. 2 BGB) oder eine nachträgliche Unmöglichkeit (§ 280 Abs. 1, 3, 283 BGB) vorliegt. Mit dem dort weiterhin geforderten „Vertretenmüssen" beschäftigen sich eine ganze Reihe anderer Normen, wodurch der Gesetzgeber die Möglichkeit gewinnt, gleich mehrere Fallgestaltungen zu regeln: War der Geschäftsinhaber selbst der schuldige Teil, hat er sein eigenes Verschulden nach § 276 BGB zu vertreten; für sein Personal haftet er dagegen innerhalb des Schuldverhältnisses über die Zurechnungsnorm des § 278 BGB. War der „Verkäufer" eine juristische Person, also beispielsweise eine GmbH, so haftet diese für ihren Geschäftsführer, da die GmbH ihrer Struktur nach wie der rechtsfähige Verein juristische Person ist, nach § 31 BGB analog.

Wir sehen also, dass ein Übungsfall sich nicht durch eine einzige „Subsumtion" lösen lässt. Vielmehr sind meistens eine ganze Kette von Subsumtionen zu erledigen. Auf dieses Prinzip wird im Folgenden noch näher eingegangen (unten § 2 V. 2). Es kommt darauf an, die „Kettenbildung" vollständig und in der richtigen Reihenfolge zu tun und alles für die Falllösung Überflüssige zu vermeiden.

Hinzu kommt nun noch, dass die im Gesetz verwendeten Begriffe von den Lebenssachverhalten nicht ohne weiteres „erfüllt" werden. Dies zu erkennen, ist häufig schon ein Schlüssel zu einer gelungenen Klausur. Dazu ein einprägsames Beispiel mit amüsanten Begrifflichkeiten: Rotz ist eine durch Bakterien hervorgerufene Infektionskrankheit der Einhufer. Beschnüffelt ein erkranktes Pferd das Tier eines Nachbarn und überträgt dabei die Krankheit, so entsteht für dessen Eigentümer die Frage, ob er Schadensersatz verlangen kann. In Betracht kommt dafür die Bestimmung des § 833 S. 1 BGB – freilich nicht als Haftung des Nachbarn für die Rotzbakterien. Über deren Eigenschaft als „Tiere" könnte man zwar noch streiten, aber es ist eindeutig, dass der Besitzer des erkrankten Pferdes jedenfalls nicht „Halter" der Bakterien war. Seine Haftung kommt allenfalls als Halter des erkrankten Pferdes in Betracht, das die anderen Tiere angesteckt hat; aber hierbei ist wiederum problematisch, ob der Schaden an dem Pferd des Nachbarn im Sinne der Vorschrift „durch ein Tier" verursacht wurde. Erforderlich ist dann eine teleologische Auslegung dieses Merkmals. Die Tierhalterhaftung wurde gerade wegen der durch die Unberechenbarkeit tierischen Verhaltens hervorgerufenen Gefährdungen (z.B. durch Scheuen, Durchgehen, Ausschlagen und Beißen von Pferden) geschaffen, aber nicht für Folgen, die sich aus dem „natürlichen" Tierverhalten ergeben. Beschnüffeln anderer Tiere ist nicht Ausdruck der Unberechenbarkeit tierischen Verhaltens. Die Übertragung von Krankheitserregern durch Beschnüffeln ist deshalb zu Recht nicht als ein „durch ein Tier" verursachter Schaden gewertet worden.[2]

Sie erkennen damit also schon zwei Gedankenmechanismen, die wir bei der Lösung des Falles immer wieder anwenden müssen. Der erste Mechanismus besteht darin, den Sachverhalt unter die gesetzlichen Tatbestandsmerkmale subsumieren. Unsere Aufgabe ist dabei, die verschiedenen Vorschriften und deren Tatbestandsmerkmale vollständig zu erfassen, sie in der richtigen Reihenfolge zu behandeln, ihre rechtliche Bedeutung zutreffend herauszuarbeiten und alles für die Falllösung Überflüssige zu vermeiden.

Ein zweiter Mechanismus besteht darin, bei dem Subsumtionsvorgang die richtige Bedeutung eines im Gesetz verwendeten Ausdrucks zu erfassen. Sie geschieht, wenn das im Gesetz verwendete Tatbestandsmerkmal nicht eindeutig ist, durch Auslegung.

---

2 Vgl. RGZ 80, 237, 239 f.

Vorab noch ein Wort zu der notwendigen Einstellung, mit der Sie an die Zwischenprüfung herangehen sollten. Verlangen Sie nicht zu früh zu viel von sich. Wenn Sie noch Schwierigkeiten mit der Klausurbearbeitung haben, sollten Sie nicht zu einem „Misserfolgsmeider" werden. Schreiben Sie die Klausur zu Ende, auch wenn Ihnen nicht viel einfällt. Gute Kandidaten lernen aus ihren Fehlern und nehmen Rückschläge als Ansporn und Anlass, zu überprüfen, wo noch Lücken bestehen und wie sich diese schließen lassen.

§ 2. Die sieben Grundschritte von der Aushändigung der Aufgabe bis zur Abgabe der fertigen Arbeit

Die „Technik" für die Fallbearbeitung, d.h. die Arbeitsweise, das Verfahren zur Herstellung der Lösung des Falles, lässt sich in einzelne Teilabschnitte zerlegen. Es empfiehlt sich, diese Grundschritte tatsächlich genau einzuhalten. Im Übrigen muss es natürlich auf jeder der im Folgenden diskutierten Stufen wiederum eine Fülle von Einzelheiten beachtet werden. Die folgenden Hinweise können nur als Leitgedanken dienen. Jeder Kandidat ist verschieden, und genauso unterschiedlich sind die Herangehensweisen an den Fall. Das zeigt sich schon bei dem Umgang mit dem ausgeteilten Klausurbogen. Einer neigt zum Unterstreichen, der andere zum farbigen Markieren usw. Insoweit muss jeder seine eigenen Vorlieben entwickeln. Gleichwohl hilft es, einige Grundüberlegungen zur Methodik zu verinnerlichen.

I. Das exakte Verständnis des Sachverhalts

Sobald man den Fall ausgehändigt erhalten hat, liest man den Text sorgfältig durch. Man sollte sich im Wege eines Brainstormings Notizen und Einfälle an den Rand machen. Je mehr Übung man hat, umso schneller merkt man, dass einzelne Hinweise im Sachverhalt auf ein bestimmtes Rechtsproblem hindeuten *könnten*. Wohlgemerkt muss man im Laufe der gesamten Bearbeitung immer wieder überprüfen, ob der erste Einfall tatsächlich fallrelevant war oder nicht.

Manche Kandidaten beginnen beim Lesen des Sachverhalts mit der Fallfrage. Das hat 1. den Vorteil, dass man die Fallfrage überhaupt zur Kenntnis nimmt (sie wird häufig nicht gründlich genug beachtet und sodann Überflüssiges geprüft) und 2. Sie den Sachverhalt bereits mit Blick auf die zu lösenden Fragen durchsehen können. Ist etwa ein Mehrparteienverhältnis aufgezeigt und geht es nur um Ansprüche zwischen A und B und nicht auch zwischen A und C, dann verirrt man sich nicht in Überlegungen zur Anspruchsbeziehung A und C. Aber Achtung: Mitunter können die Beziehungen A und B und A und C miteinander verknüpft sein. Muss beispielsweise A dem C Ersatz leisten oder eine Ware zurücknehmen, weil Hersteller B einen vermeintlichen Defekt verursacht hatte, so kann A ggf. gegen B Regress nehmen. Selbst wenn also nur nach A gegen B gefragt ist, kann es sein, dass im Merkmal „Schaden" zu prüfen ist, ob A dem C mit Recht Ersatz geleistet hatte, denn nur dann ist er durch die Ersatzleistung im Sinne eines Haftungsschadens geschädigt.

Wie bereits in § 1 dieses Teils angesprochen, muss es eine der wichtigsten Techniken sein, sich das Beziehungsgerüst zu verdeutlichen, das einer Klausurfallgestaltung zugrunde liegt. Bei komplizierten Vorgängen, insbesondere wenn mehr als zwei Beteiligte vorhanden sind oder zwischen diesen mehrere rechtlich erhebliche Vorgänge (Tausch, Rückgabe, Bezahlung usw.) stattgefunden haben, hilft man sich mit kleinen Zeichnungen und Skizzen, aus der vor allem hervorgehen sollte, welche Personen- und Rechtsbeziehungen es gibt. Vgl. dazu das Beispiel oben 1. Teil, § 2 VII.

Es kommt darauf an, den geschilderten Sachverhalt genau zu verstehen. Diese Einsicht ist nicht trivial. Viele Kandidaten scheitern daran, dass sie im Eifer des Gefechts schlicht den Sachverhalt nicht vollständig auswerten. **Üblicherweise steht in der Klausur kein überflüssiges Wort**. Das gilt insbesondere für Zeitangaben. Sie können (aber natürlich nicht müssen) ein Indiz für Verjährungs- und Fristprobleme oder jedenfalls dafür sein, dass es auf den chronologischen Gang eines Geschehens oder auf einen Fristenlauf ankommt, beispielsweise wenn es um den genauen Eintritt des Verzugs geht.

Enthält der Fall Zeitangaben, kann man sich ggf. die Geschehnisse dem zeitlichen Ablauf gemäß untereinander notieren, um einen genauen Überblick zu bekommen.

Das Wichtigste ist, sich von Anfang an klarzumachen, um welchen Interessengegensatz es eigentlich geht, was lebensmäßig passiert ist und gleichsam juristisch wieder ausgeglichen werden soll. Denken Sie an die W-Fragen zurück: Wer will was? Auf das Woraus können Sie in einem weiteren Arbeitsschritt zurückkommen. Sie sind jedoch schon auf dem besten Weg, wenn Sie sich zunächst das Begehren der jeweiligen Parteien deutlich machen. Wenn Sie dann noch vor Augen führen, warum die Partei dieses Begehren hat, sind Sie der Lösung des Falles schon näher.

Beispiel: A will den Kaufpreis zurück, weil er einen defekten Kühlschrank geliefert bekommen hat – hier geht es um Ansprüche wegen Mängeln der Kaufsache und damit um § 437 BGB.
A will von einem Vertrag wieder losgekommen. Er hätte den Vertrag nicht abgeschlossen, wenn er gewusst hätte, was er da unterschrieben hat. Außerdem macht er geltend, der Vertragspartner hätte ihn doch informieren müssen. – Hier geht es also um das Recht, einen Vertrag zu beseitigen oder von ihm loszukommen. Wie schafft man das? In Betracht kommen ggf. Rücktritt, Anfechtung, ein Recht zur Vertragsaufhebung als Schadensersatz, oder z.B. auch Störung der Geschäftsgrundlage. Ist das Begehren identifiziert, gehen Sie ihr Modul „Vertragsbeseitigung" gedanklich durch. Im Beispiel geht es offensichtlich um einen Irrtum, der möglicherweise zur Anfechtung berechtigt. Daneben könnten vielleicht auch Ansprüche aus culpa in contrahendo (§§ 280, 241 Abs. 2, 311 Abs. 2 BGB) gegeben sein.[3]

Dabei muss man im Bewusstsein behalten, dass es sich insoweit im ersten Schritt noch gar nicht um eine juristische Betrachtung handelt. Es geht zunächst nur um das rein tatsächliche Verständnis. Juristische Begriffe sind an dieser Stelle noch gar nicht zwingend im juristisch-technischen Sinne gemeint, weil der Fall ja quasi von einem Laien vorgetragen wird – eben zur Rechtsbegutachtung. So wird die Frage nach der „Schuld" an einem Unfall, um welche sich die Parteien des Sachverhalts streiten, im Gutachten nachher vielleicht unversehens zum Kernproblem der „Rechtswidrigkeit". Wenn ein Kaufmann, dem unbestellte Waren zugeschickt worden sind, diese – wie der Sachverhalt sich ausdrückt – „einbehält", so steht juristisch dahinter später die Frage nach der Herausgabepflicht (vgl. § 985 BGB) und eventuell einem „Zurückbehaltungsrecht" (§ 273 BGB, oder auch § 320 BGB). Der Sachverhalt, den der Klausurbearbeiter zur Lösung gestellt bekommt, enthält also sehr häufig juristisch-technische Ausdrücke wie eben „Schuld", „Kauf", „Vertrag", „Eigentum" usw. Schließen laut Sachverhalt A und B einen (in Anführungsstrichen angeführten) „Mietvertrag", so kann es sich durchaus um einen Pacht- oder Leasingvertrag handeln u.a.m. Wird also nur wiedergegeben, was eine der im Sachverhalt

---

[3] Dazu siehe oben 1. Teil, § 2 VI. 2 b.

vorkommenden Personen sagt, so lässt sich daraus nicht unbedingt entnehmen, dass der Ausdruck auch juristisch-technisch richtig verwendet wird. Anders ist es, wenn der Aufgabensteller quasi im eigenen Namen einen juristischen Ausdruck verwendet. Dann kann und muss man sich auch auf die richtige Verwendung des Rechtsausdrucks verlassen. Das gilt etwa dann, wenn gesagt wird: Der „Eigentümer" *E* habe ... oder: *G* habe dem *S* ein „Darlehen" gegeben usw.

II. Das Herausarbeiten der Fallfrage

Ob man den Sachverhalt richtig verstanden hat, stellt sich spätestens dann heraus, wenn man die Fallfrage formuliert. Oft hat das bereits der Aufgabensteller getan, etwa wenn er fragt: „Kann X von Y Zahlung von € 100 verlangen?" oder: „Muss B dem A die Vase herausgeben?". Diese Fragen sind so genau formuliert, dass wir Rechtsnormen finden können, die uns unmittelbar darauf eine Antwort geben. In vielen anderen Fällen lautet die Frage am Schluss des Sachverhaltes aber viel dunkler: „Wer hat Recht?" oder: „Wie ist die Rechtslage?" oder: „Was ist dem X zu raten?" Hier muss man überhaupt erstmal eine für die juristische Arbeit brauchbare Fragestellung entwickeln. Ist im Sachverhalt z.B. dargestellt worden, dass bei einem Unfall der X Kopfverletzungen erlitten hat und sein Fahrrad zertrümmert wurde. Ist dann nach der Rechtslage gefragt, so ist klar, dass damit im Grunde zwei Fragen gestellt werden sollten:

(1) „Kann X von dem Schädiger Ersatz der Heilungskosten (und ggf. Schmerzensgeld) verlangen?" und

(2) „Ist der Schädiger auch zum Schadensersatz für das zerstörte Fahrrad verpflichtet?"

Beides sind Fragen, auf die uns das Gesetz unter der Voraussetzung, dass der Tatbestand erfüllt ist, in § 823 Abs. 1 BGB oder in § 823 Abs. 2 BGB i.V.m. § 229 StGB (fahrlässige Körperverletzung) oder § 303 StGB (Sachbeschädigung) als „Schutzgesetzen" eine Antwort gibt. Daneben kommen ggf. die § 7 StVG und § 18 StVG in Betracht.

In vielen Fällen ist es eine der Hauptaufgaben des Bearbeiters, aus einer Unzahl von möglichen Fragestellungen die entscheidenden herauszufinden. Nehmen Sie beispielsweise an, dem A ist von B eine Uhr gestohlen worden, die dann mehrfach – von B an C usw. – veräußert wurde, bis sie in die Hände des F gelangte. Heißt es etwa am Schluss der Arbeit: „A möchte seine Uhr zurückhaben. Wie ist die Rechtslage?", so sind zunächst einmal schon von vornherein Rückgriffs-(Regress-) Ansprüche des F gegen seinen Verkäufer E auszuklammern. Dessen Herausgabeanspruch gegen F bleibt etwa auch dann von vornherein unerörtert, wenn im Sachverhalt gesagt ist, der F sei mit unbekanntem Aufenthaltsort verzogen.

Merke: In bestimmten Sachverhalten ist es schlicht verfehlt, die allgemein formulierte Fallfrage „Wie ist die Rechtslage?" auch als solche zu verstehen. Geht es etwa um einen verloren gegangenen oder weiterveräußerten Gegenstand und ist einige Sätze vor der Fallfrage formuliert: „A verlangt jetzt von B Zahlung von € 5.000", dann dürfen Sie trotz der allgemein gehaltenen Fallfrage am Ende nicht auch Herausgabeansprüche wegen des Gegenstands prüfen. Selbst wenn Sie dabei zu dem richtigen Ergebnis gelangen, dass z.B. die Herausgabe des Gegenstands unmöglich geworden ist, so ist die Prüfung dieses Anspruchs einfach überflüssig.

Zusammenfassend sei gesagt, dass bei ungenauer Formulierung der im Sachverhalt gestellten Aufgabe eine oder mehrere Fallfragen herausgearbeitet werden müssen, auf welche sich aus den Vorschriften der Rechtsordnung unmittelbar Antworten ergeben. Anders ausgedrückt: Eine Fallfrage haben wir erst dann, wenn sie sich unter die Rechtsfolge einer Norm subsumieren lässt. D.h. wir fragen regelmäßig nach Zahlungs- oder anderen Leistungsansprüchen, Herausgabe- oder Schadensersatzforderungen, und eben nicht allgemein danach „wer Recht hat". Nicht besonders betont zu werden braucht wohl, dass ein Sachverhalt – wie in dem erwähnten Beispiel der Kopfverletzung und der Fahrradbeschädigung – auch mehrere Fallfragen enthalten kann.

Nicht in jedem Fall ist allerdings nach Ansprüchen gefragt: Mitunter kann auch die Frage zu klären sein, ob zum Beispiel der A ein Gestaltungsrecht hat oder die Frage lautet: „Wer ist Eigentümer?". Eine solche Fallfrage verlangt eine andere Herangehensweise. Bei der Prüfung der Eigentumsstellung muss zunächst festgestellt werden, wer ursprünglich Eigentümer war.

Der **erste Schritt in der Klausur** lautet also wie folgt:

„Ursprünglich war A Eigentümer des ...".

Der zweite Schritt ist dann regelmäßig eine Prüfung eines Erwerbsvorgangs.

„A könnte aber das Eigentum gemäß § 929 S. 1 BGB an B verloren haben. Dann ...".

Ist in der Klausur nach „Rechten" des A oder B gefragt, so sollte der aufmerksame Leser „hellhörig" werden. Es kann (nicht muss) darauf hindeuten, dass nicht allein nach Ansprüchen gefragt ist, sondern auch nach Gestaltungsrechten wie z.B. Widerruf und Rücktritt oder das Recht, einen Vertrag anzufechten.

Der Begriff „Rechte" geht also über den Anspruchsbegriff hinaus. Die Unterscheidung ist vor allem deshalb von Interesse, weil Sie ggf. danach unterscheiden müssen, ob das Widerrufs- oder Rücktrittsrecht bereits ausgeübt ist oder nicht. Da ein Gestaltungsrecht seine rechtsgestaltende Wirkung erst nach Abgabe der Erklärung entfaltet, hat der Berechtigte erst dann einen Anspruch nach § 346 Abs. 1 BGB auf Rückgewähr (bzw. nach § 346 Abs. 2 BGB ggf. auf Wertersatz), wenn er den Rücktritt erklärt hat. Lautet die Fallfrage also nach „Rechten", so können Sie Ihre Prüfung unmittelbar auf das Bestehen eines Rücktrittsrechts ausrichten. Ist demgegenüber nach Ansprüchen gefragt, aber eine Rücktrittserklärung nicht abgegeben worden, so stehen Sie vor der Frage, wie Sie damit in der Klausur umgehen sollten. Lesen Sie dazu den Ratschlag unten in § 4 III.

Beachten Sie auch Einschränkungen der Fallfrage im Bearbeitervermerk. Bemerkt man solche Einschränkungen nicht und bearbeitet sämtliche sich aus dem Sachverhalt als mögliche Rechtsfragen ergebenden Probleme, so hat man nicht etwa nur *mehr* getan, als man sollte, sondern man hat einen schwerwiegenden Doppelfehler gemacht: den logischen Fehler, Fragen beantwortet zu haben, die überhaupt nicht gestellt waren, und den arbeitsökonomischen Fehler, dass man seine Zeit mit Dingen vertan hat, die man für die Behandlung der eigentlich gestellten Fragen benötigt hätte.

III. Die Identifizierung der Anspruchsgrundlagen

Durch die Herausarbeitung der Fallfrage bzw. mehrerer Fallfragen (eben II.) hat man sich klar gemacht, was die Parteien *tatsächlich* voneinander wollen, etwa die Zahlung einer bestimmten Geldsumme, die Herausgabe einer bestimmten Sache, die Lieferung von Waren usw. Ziel eines juristischen Gutachtens ist jedoch die Feststellung, was die Parteien *rechtlich* beanspruchen können bzw. wozu sie *rechtlich* verpflichtet sind. Der Bearbeiter muss daher nach Normen suchen, die seine Fallfrage positiv beantworten, also als rechtliche Grundlage – sog. Anspruchsgrundlage – für das Begehren in Betracht kommen. Vgl. dazu die Ausführungen zum Anspruchsaufbau.

Wie deutlich geworden sein sollte, orientiert man die Suche nach den möglichen Anspruchsgrundlagen *nicht* an deren *Tatbestandsmerkmalen,* sondern an ihren *Rechtsfolgen.* Keinesfalls sollte zum Beispiel eine Vereinbarung der Parteien ad hoc und damit in der Regel vorschnell als Werkvertrag qualifiziert werden, um dann die §§ 631 ff. BGB nach einer auf den zu bearbeitenden Sachverhalt möglichst gut passenden Norm abzusuchen. Wer so vorgeht, kann sicher sein, einige Probleme des Falles zu übersehen – wenn die Lösung überhaupt noch auf einen richtigen Weg gebracht wird. Man sucht also nicht nach Vorschriften, die von ihren Voraussetzungen her dem gestellten Fall möglichst adäquat scheinen, sondern nach Rechtsfolgen, die das tatsächliche Begehren zu rechtfertigen vermöchten und damit eine positive Antwort auf die Fallfrage erlauben.

Noch einmal zur Vertiefung der folgende **Hinweis:**

Begehrt X von Y die Herausgabe einer Sache, etwa einer Vase, kann er diesen Anspruch auf § 985 BGB stützen, der u.a. voraussetzt, dass *X* Eigentümer der Vase ist, aber auch auf § 861 Abs. 1 BGB, der allerdings erfordert, dass *Y* dem *X* seinen Besitz durch verbotene Eigenmacht entzogen hat, oder auf § 604 Abs. 1 BGB, wenn er die Vase dem *Y* nur geliehen hatte. Verlangt *X* jedoch nicht nur Herausgabe – d.h. Verschaffung des Besitzes an der Vase –, sondern darüber hinaus auch Übereignung, handelt es sich um ein Lieferungsbegehren, für das vor allem § 433 Abs. 1 S. 1 BGB als Anspruchsgrundlage in Betracht kommt.

Als Anspruchsgrundlage für einen Zahlungsanspruch kommen – *unter anderem* – die §§ 433 Abs. 2, 535 S. 2, 611 Abs. 1, 631 Abs. 1 BGB in Betracht, für einen Herausgabeanspruch etwa die §§ 985, 861, 1007, 604 Abs. 1, 695 BGB.

An den genannten Beispielen wird sofort deutlich, dass das BGB eine Vielzahl von Vorschriften enthält, die als Grundlage für einen bestimmten Anspruchstyp – etwa Zahlungs- oder Herausgabeansprüche – in Betracht kommen. Es wäre sinn- und gedankenloses Arbeiten, wollte man *alle* zur Anspruchsbegründung abstrakt geeigneten Vorschriften heraussuchen. Normen, an die zu denken der zu lösende Fall keinerlei Anlass gibt, weil ihre Voraussetzungen offensichtlich nicht gegeben sind, kann man getrost ohne weiteres beiseite lassen.

Hat etwa A dem B einen Anzug maßgeschneidert und geliefert, kommen als Anspruchsgrundlage für seinen Vergütungsanspruch nur §§ 433 Abs. 2 i.V.m. § 651 Abs. 1 BGB in Betracht. Es wäre abwegig, auch § 607 Abs. 1 BGB oder §§ 823 Abs. 1, 249 S. 2 BGB in Betracht zu ziehen. Je nach Fallgestaltung im Einzelnen könnte aber auch § 611 Abs. 1 BGB mitzubedenken sein.

Am besten erstellt man nach Herausarbeitung der Fallfrage eine Liste mit den Anspruchsgrundlagen, deren Rechtsfolgen das tatsächliche Begehren der Partei stützen und die von ihren Voraussetzungen her nicht offensichtlich abwegig sind. Erweist sich erst später, dass die Erörterung einer Anspruchsgrundlage fernliegend wäre, streicht man die betreffende Anspruchsgrundlage aus der Liste heraus. In die Niederschrift der Lösung gehören schließlich nur Ausführungen zu solchen Vorschriften, die im konkreten Fall *ernsthaft* in Betracht kommen!

IV. Das Einkreisen der Fallprobleme

Mit dem sauberen Herausarbeiten einer konkreten Frage und der Identifizierung der zu ihrer Beantwortung in Betracht kommenden Anspruchsgrundlagen ist der Ausgangspunkt für eine logisch gegliederte Falllösung gelegt. Mit den hypothetisch zur Beantwortung der Fallfrage ins Feld geführten Anspruchsgrundlagen (z.B. § 985 BGB für einen Herausgabeanspruch oder § 433 Abs. 2 BGB für einen Zahlungsanspruch) haben wir in den jeweiligen Tatbeständen der Vorschriften hinreichende Anknüpfungspunkte für den weiteren Lösungsweg. Bei der Vindikation kommt es dann nämlich auf Seiten des Beklagten auf dessen „Besitz“ an und auf Seiten des Klägers auf sein „Eigentum“; für einen Kaufpreiszahlungsanspruch ist der Abschluss eines Kaufvertrages durch „Angebot“ und „Annahme“ entscheidend usw.

Hier ist es wichtig, die Klausur richtig zu „lesen“,[4] die Fallprobleme zu identifizieren und die an mehreren Stellen angesprochenen Fallprobleme jetzt passend „anzudocken“. Eine Erörterung des Rechtsproblems muss an der richtigen Stelle, d.h. unter dem passenden Tatbestandsmerkmal erfolgen. Das ist gar nicht immer so einfach.

Beispiel 1: Bei § 823 Abs. 1 BGB ist zu unterscheiden zwischen Rechtsgutverletzung und der haftungsbegründenden und auf der Rechtsfolgenseite der haftungsausfüllenden Kausalität. Bei der Rechtsgutverletzung ist zunächst lediglich zu prüfen, ob ein Rechtsgut des Verletzten beeinträchtigt ist, und nicht, ob gerade der Anspruchsgegner dazu beigetragen hat. Bei der haftungsbegründenden Kausalität geht es um die Kausalzusammenhang zwischen der Verletzungshandlung und der Rechtsgutverletzung, und bei der haftungsausfüllenden Kausalität um den Zusammenhang zwischen der Rechtsgutverletzung und dem Schaden. Geht es beispielsweise um einen Fall, in dem ein Unfallgeschädigter wegen seiner Verletzung eine sogenannte „Begehrensneurose“ entwickelt, d.h. er den Unfall psychologisch als Ausgangspunkt nimmt, sich nunmehr auf Ersatzleistungen des Unfallschädigers gewissermaßen auszuruhen, dann betrifft die Ersatzfähigkeit dieses Begehrens die Frage der Haftungsausfüllung. Es ist ja sicher, dass der Unfallschädiger den Geschädigten am Körper verletzt hat, es ist lediglich die Frage, welche Nachteile auf den Schädiger abgewälzt werden dürfen. Das ist eine Frage der Haftungsausfüllung.

Beispiel 2: Schwierig ist gelegentlich die Zuordnung von Rechtsproblemen in den Fällen einer vertraglichen Haftung nach §§ 280, 241 Abs. 2 BGB, wenn die Frage nach Pflichtverletzung und Verschulden auftaucht.[5] Die Pflichtverletzung und das Verhältnis dieses Merkmals zum Vertretenmüssen (§ 280 Abs. 1 S. 2 BGB) ist dogmatisch eines der schwierigsten Merkmale des § 280 Abs. 1 BGB. Für den Anfänger sollten hier folgende Leitlinien gelten:
Bei einer Haftung auf Schadensersatz statt der Leistung, also nach §§ 280 Abs. 1, 3, 281 oder 283 (oder § 311a Abs. 2 BGB) ist die Feststellung der Pflichtverletzung meist kein Problem. Die h.M. bestimmt in diesen Fällen die Pflichtverletzung erfolgsbezogen. Die Pflichtverletzung kann man darin sehen, dass nicht oder nicht rechtzeitig geleistet wird. Schon der bloße Umstand der Nicht- oder Schlechterfüllung stellt sich als ein Zurückbleiben hinter den vertraglichen Pflichten dar und gilt deshalb als objektive Pflichtverletzung. Demnach kommt es dann für das Vertretenmüssen zur weiteren Prüfung, ob der Schuldner vorsätzlich oder fahrlässig das Leistungshindernis, die Verzögerung oder die Schlechtleistung herbeigeführt, weil er z.B. die Sache nicht hinreichend vor Verlust geschützt hat, den Liefervorgang nicht rechtzeitig eingeleitet hat oder bei der Produktion minderwertige Rohstoffe verwendet hat, die das verkaufte Endprodukt mangelhaft gemacht haben.

Komplizierter wird es bei den Nebenpflicht- und Rücksichtnahmepflichtverletzungen i.S.d. § 241 Abs. 2 BGB. Dies sei an einem **Beispiel** demonstriert.

---

[4] Dazu *Lange*, Jurastudium erfolgreich, S. 233 ff.; *Olzen/Wank*, Zivilrechtliche Klausurenlehre, S. 3 ff.

[5] Vgl. vertiefend *St. Lorenz*, JuS 2007, 213.

V vermietet an M eine Wohnung in einem Haus. Eines Abends kommt M auf der Außentreppe zum Hauseingang zu Fall und verletzt sich, weil V die Treppe nur äußerst schwach beleuchtet hatte. M verlangt Schadensersatz von V.

Hier ist es für den Anfänger häufig schwierig, die Prüfung von Pflichtverletzung und Vertretenmüssen auseinanderzuhalten. Mit einer konsequenten Prüfung kann man sich auszeichnen.

Es wäre ein Fehler, die Pflichtverletzung bereits damit zu begründen, dass M nunmehr in seiner körperlichen Integrität verletzt ist. Dieser Erfolg als solcher ist gerade noch keine Pflichtverletzung des V; der Erfolgseintritt sagt als solcher nichts darüber aus, ob V überhaupt in irgendeiner Form dafür verantwortlich ist oder daran beteiligt war. Hier gilt ein handlungsbezogener Begriff der Pflichtverletzung. Es ist zunächst zu ermitteln, ob V eine Pflicht aus seinem Vertragsverhältnis hatte, auf die Interessen des M Rücksicht zu nehmen. Diese Ermittlung der maßgeblichen Pflicht ist häufig die zentrale Aufgabe für den Prüfling. Dabei sind zunächst die vertraglichen Absprachen relevant. Fehlt es an einer Absprache, so muss man ermitteln, ob eine entsprechende Rücksichtnahmepflicht nach der Verkehrsanschauung besteht. Im Beispielsfall hat ein Vermieter die Pflicht gegenüber seinem Mieter, den Zugang zu dem Haus ausreichend zu beleuchten, damit ein sicherer Zugang gewährleistet ist. Da V dies nicht getan hat, ist eine Pflichtverletzung i.S.d. § 241 Abs. 2 BGB gegeben.

Wichtig: In Fällen, in denen die Pflichtverletzung nicht durch eine Handlung des Schuldners, sondern durch eine seiner Hilfspersonen begangen wurde, kann dies dem Schuldner nach § 278 Alt. 2 BGB zurechenbar sein. D.h. § 278 BGB gilt trotz seines Wortlauts, der offenbar nur das Vertretenmüssen erfasst, auch entsprechend für die Zurechnung der Pflichtverletzung![6]

Die Frage ist dann, was für die Prüfung des Vertretenmüssens übrig bleibt. Es geht um die Frage, wie es zu der Pflichtverletzung kommen konnte - um das Warum. Hierfür ist zunächst beachtlich, dass § 280 Abs. 1 S. 2 BGB die Beweis- und Darlegungslast für fehlendes Vertretenmüssen dem Schuldner auferlegt. Der Schuldner muss sich also entlasten. Nennt die Klausur überhaupt keine Umstände, die eine Entlastung möglicherweise rechtfertigen könnten, z.B. eine urlaubsbedingte Abwesenheit des Schuldners, so kann man mit Hinweis auf § 280 Abs. 1 S. 2 BGB das Vertretenmüssen ohne weiteres annehmen.

Das Vertretenmüssen liegt auch unproblematisch vor, wenn der Schuldner seiner Pflicht vorsätzlich nicht nachgekommen ist. Schwieriger ist es bei den Fahrlässigkeitsfällen, also unter § 276 Abs. 1 BGB. Es ist zu prüfen, ob der Schuldner die Pflichtverletzung hätte vorhersehen und vermeiden können[7]. Das ist der relevante Sorgfaltsverstoß. Hier kommt es aber nicht auf die persönlichen Fähigkeiten des Schuldners an, sondern auf einen verständigen, objektiven Schuldner. Damit aber ergibt sich häufig, dass bei bejahter Verletzung der § 241 Abs. 2 BGB auch fahrlässiges Handeln des Schuldners vorliegt. Im Beispiel: Ein verständiger, ordentlicher Hauseigentümer und Vermieter hätte eben für eine ausreichende Beleuchtung gesorgt. V konnte daher die Pflichtverletzung vermeiden, er hat die Pflichtverletzung fahrlässig herbeigeführt.

---

[6] *Looschelders*, Schuldrecht AT, Rn. 541; *Medicus/Lorenz*, Schuldrecht I, Rn. 352.

[7] *Looschelders*, Schuldrecht AT, Rn. 514 f.

Würde V vortragen, dass er sich bei der Wahl der Glühbirne geirrt hatte und die Treppe deshalb schwach beleuchtet ist, würde ihm dies wegen des objektiven Sorgfaltsmaßstabs nicht helfen. War es V aus körperlichen Gründen nicht möglich, eine ausreichende Beleuchtung zu installieren und beruft er sich darauf, so muss man ihm den Vorwurf machen, dass er einen Dritten die Beleuchtung hätte anbringen lassen können. Für zusätzliche Ausführungen zur Fahrlässigkeit ist auch Platz, wenn etwa ein Rechtsirrtum in Rede steht,[8] weil der Anspruchsgegner beispielsweise geltend macht, er habe nicht gewusst, dass er zu einer entsprechenden Tätigkeit verpflichtet gewesen sei. Beachte aber: Rechtsirrtümer entlasten grundsätzlich nicht, weil sie in der Regel ihrerseits vermeidbar sind.[9] Insgesamt sind die Entlastungsmöglichkeiten in den Fällen des §§ 280 Abs. 1, 241 Abs. 2 BGB nach festgestellter Pflichtverletzung also sehr begrenzt.

V. Die Anfertigung der Lösungsgliederung

Der eben genannte Arbeitsabschnitt geht in den nächsten Arbeitsabschnitt über. Es ist ratsam, sich eine genaue Lösungsgliederung zu überlegen. Damit ist nun nicht gemeint, dass Sie die Arbeit „vorschreiben", um sie nachher in Reinschrift zu übertragen. Das wäre bloße Zeitvergeudung.

Beachten Sie: Zeit ist in der Klausur das knappste Gut. Verwenden Sie nicht zuviel Zeit auf die Gliederung. Sie muss gründlich und umfassend sein, aber sie ist nicht dasjenige, was sie abliefern müssen. Häufig fehlt am Ende der Klausur die Zeit für die Reinschrift. Dabei ist in der Klausur kaum etwas so wichtig wie Fertigwerden. Eine zwischendrin abgebrochene Klausur macht naturgemäß einen schlechten Eindruck und verrät mangelhaftes Zeitmanagement.

Es kommt auf dieser Stufe vielmehr darauf an, die Lösung des Falles zumindest gedanklich (nicht unbedingt niedergeschrieben – allerdings verhindert das ein Vergessen von Problemen!) bis in die Einzelheiten und Konsequenzen vorzubereiten. Es genügt zwar, wenn Sie sich Stichworte machen. Aber diese sollten bereits sauber unterteilt und gegliedert sein. Bei der Lösungsgliederung empfiehlt es sich, die herkömmliche Reihenfolge von großen und kleinen Buchstaben und römischen und arabischen Ziffern einzuhalten, also A. I. 1. a) aa) (1).

In das Durcheinander von Einfällen und gefühlsmäßigen Parteinahmen ist Ordnung zu bringen. Das geschieht durch drei ganz simple gedankliche Mechanismen, die man, um sie besser zu behalten, als die Prinzipien der „Varianten-" und „Kettenbildung" und als „Bejahungs-Verneinungs-Schema" bezeichnen könnte.

1. Das Prinzip der Variantenbildung

Wer in der Anfertigung von Klausuren ein wenig Übung hat, wird, wenn er ein Sachverhaltsstück juristisch auswertet, sofort auch daran denken, ob man die Sache juristisch nicht auch anders betrachten kann. Diese Offenheit für mehrere Interpretationsmöglichkeiten kennzeichnet den guten Juristen. Das beginnt schon bei der Einordnung eines Schuldverhältnisses in unsere verschiedenen Vertragstypen (Kauf, Tausch, Miete, Pacht usw.). Auch wenn es im Sachverhalt heißt, die Parteien hätten

[8] Palandt/*Grüneberg*, § 276 Rn. 22 f.
[9] Staudinger/*Löwisch/Caspers*, § 276 Rn. 58 ff.

eine mit „Mietvertrag“ überschriebene Vertragsurkunde unterzeichnet, so kann darin doch in Wirklichkeit ein „Kauf“ oder vielleicht ein „Gesellschaftsverhältnis“ liegen; denn nach wie vor gilt der Satz: „Falsa demonstratio non nocet“. Wer eine Aufrechnungserklärung abgibt (vgl. § 388 BGB), macht in Wirklichkeit vielleicht nur von einem Leistungsverweigerungsrecht einredeweise Gebrauch (vgl. § 273 BGB). Immer ist das eine Frage der Auslegung (vgl. §§ 133, 157 BGB). Nur wenn der Sachverhaltsersteller selbst einen bestimmten Hinweis gibt, z.B. „Eigentümer E“, sollten Sie dies nicht in Frage stellen.

Im Übrigen gilt: Indem wir andere juristische Möglichkeiten im Blick behalten, machen wir das Prinzip der Variantenbildung zur Methode. Wer von einem anderen Zahlung eines bestimmten Geldbetrages verlangt, mag seinen Anspruch auf den vielleicht sich nach dem Sachverhalt anbietenden Darlehensrückzahlungsanspruch (§ 488 Abs. 1 BGB) stützen; aber: „iura novit curia“, d. h. das Gericht – und im Falle der Klausurbearbeitung der Kandidat – kennt das Recht und wendet es auf den vorgegebenen Sachverhalt von sich aus an, so dass es nicht darauf ankommt, ob die Parteien des Sachverhalts die Anspruchsgrundlage „Darlehen“ erkannt haben und schon ihrerseits benennen. Nach dem Prinzip der Variantenbildung hat man – gleichsam von Amts wegen – auch an einen Rückzahlungsanspruch aus ungerechtfertigter Bereicherung oder sogar an einen Schadensersatzanspruch aus Delikt zu denken.

2. Das Prinzip der Kettenbildung

Die zweite Gedankenbewegung besteht darin, den Tatbestand jeder Norm, d. h. die Voraussetzungen, von denen das Gesetz den Eintritt der Rechtsfolge abhängig gemacht hat, vollständig abzutasten und für jedes einzelne Tatbestandsmerkmal die Prüfung durchzuführen, ob es seine Entsprechung im Fall hat. Erst wenn wir dies für das eine Tatbestandselement durch Subsumtion vollzogen haben, rücken wir zum nächsten Merkmal vor usw. und reihen so die Tatbestandsmerkmale wie Perlen auf eine Schnur. Für die Verpflichtung zur Rückgabe der Mietsache nach § 546 Abs. 1 BGB ergeben sich auf diese Weise beispielsweise zwei Voraussetzungen: (1) ein Mietvertrag über eine Sache und (2) die Beendigung des Mietverhältnisses. Aber schon an diesem einfachen Tatbestand wird klar, dass § 546 BGB allein gar nicht weiterhilft: Was eine „Sache“ ist, sagt uns § 90 BGB. Was unter einem Mietvertrag verstanden wird, ergibt sich aus § 535 BGB, wobei dort wiederum nur die Frage nach dem Inhalt eines solchen Rechtsverhältnisses beantwortet wird, während wir für das Problem, ob die Parteien den Vertrag *überhaupt* (durch Angebot und Annahme) geschlossen haben, auf die §§ 145 ff. BGB zurückgehen müssen. Über die Beendigung des Mietverhältnisses schließlich geben die §§ 564 ff. BGB Auskunft. Es kommt also zu „Schachtelsubsumtionen“.

Wichtig ist die **Kettenbildung** auch und gerade bei Kaufrechtsfällen:

Hier sind Verweisungen zu beachten. § 437 BGB normiert die Rechtsbehelfe des Käufers. Häufig wird dort der erste Satz überlesen: „Ist die Sache mangelhaft …“. Wann eine Sache mangelhaft ist, sagt aber nicht § 437 BGB, sondern ergibt sich aus § 434 BGB und § 435 BGB. Inzident ist dann § 434 BGB zu prüfen. Dort darf das Merkmal „bei Gefahrübergang“ nicht überlesen werden. Gemeint ist der Übergang der Preisgefahr, also die Gefahr des Käufers, trotz Mängeln der Sache den Kaufpreis bezahlen zu müssen. Wann der Gefahrübergang eintritt, lässt sich aus § 446 und § 447 BGB ableiten. Grundsätzlich ist dafür der Zeitpunkt der Übergabe maßgeblich, bei Schickschulden gilt § 447 BGB. Wiederum zu beachten ist, dass § 447 BGB (nicht aber § 446 BGB) durch § 474 Abs. 2 BGB ausgeschlossen wird, wenn es sich um einen Verbrauchergüterkauf handelt: Was das ist, sagt § 474 Abs. 1 BGB; er setzt unter anderem einen Vertrag zwischen Unternehmer und Verbraucher voraus. Die dafür maßgeblichen persönlichen Anforderungen ergeben sich wiederum aus §§ 13, 14 BGB. Sie sehen die Verkettung, die hier bei der Subsumtion zu leisten ist!

3. Das Bejahungs-Verneinungs-Schema

Die Rechtsordnung besteht aus Normen, die etwas gewähren, und solchen, die etwas verbieten oder sonst wie verhindern. Hat man einen Anspruch isoliert nach dem besprochenen Kettenbildungsprinzip Merkmal für Merkmal untersucht, den Anspruch in seinen Voraussetzungen im Ergebnis bejaht und auf diese Weise also gleichsam „aufgebaut", so hält man Ausschau, ob man nicht irgendwelche Einwendungen findet, also Umstände, die seine Entscheidung verhindern oder ihn in seinem weiteren Bestand vernichten und damit das zunächst errichtete Anspruchsgebäude wieder „zum Einsturz bringen". Auf die Ausführungen zum Anspruchsaufbau und zu den Einwendungen sei verwiesen (oben 1. Teil, § 2 II).

Beachten Sie auch, dass solche Einwendungen schon im Sachverhalt angedeutet sind, wenn es dort beispielsweise heißt: „V verlangt Zahlung. K meint, unter diesen Umständen [dann im Sachverhalt näher angesprochen] könne sich V nicht auf den Vertrag berufen". So wird der Zahlungsanspruch des Verkäufers aus § 433 Abs. 2 BGB, dessen Entstehen der Bearbeiter vielleicht gerade ausführlich hinsichtlich des Zustandekommens des Vertrages begründet hat, wieder verneint, indem der Vertrag beispielsweise als wucherisch und damit nach § 138 Abs. 2 BGB als nichtig qualifiziert wird. Natürlich sind auch auf der „Verneinungsseite" die Einzelmerkmale der Norm jedes für sich zu prüfen, also für § 138 Abs. 2 BGB: (1) das Gewährenlassen von Vermögensvorteilen, (2) das auffällige Missverhältnis zwischen Leistung und Gegenleistung, (3) die Ausbeutung der Zwangslage, Unerfahrenheit usw.

Einen Schadensersatzanspruch aus § 823 Abs. 1 BGB vermag der Schuldner vielleicht mit der Einwendung ganz oder teilweise zu kappen, dass den Geschädigten an der Entstehung des Schadens ein Mitverschulden trifft (§ 254 Abs. 1 BGB).

So ist das Grundprinzip der juristischen Denkweise ein ständiges Auf- und Abbauen von Rechtsfolgen, bis sich am Schluss herausstellt, wer von den beiden Parteien bei Berücksichtigung sämtlicher Einzelheiten „Recht bekommt".

VI. Die nochmalige Überprüfung der Lösung

Mit einer sorgfältig angefertigten Lösungsgliederung kann die endgültige Ausarbeitung angegangen werden. Wenn in diesem Stadium ein wichtiger Gesichtspunkt in das Blickfeld tritt, den der Bearbeiter vorher nicht beachtet hat, lässt sich die Lösung ohne Schwierigkeiten insoweit ergänzen oder korrigieren. Überhaupt ist fortwährend – auch noch bei der Niederschrift – zu überlegen, ob ein wichtiger Gesichtspunkt vergessen oder übersehen wurde. Aber Achtung: Zur Katastrophe werden solche uneingeladenen Einfälle häufig dann, wenn sie sich kurz vor der Abgabe der Arbeit aufdrängen. Sie sollten deshalb schon auf dieser Stufe zur bestmöglichen Absicherung Ihrer Lösung fünf Dinge tun:

Zum ersten gehen Sie noch einmal Wort für Wort den Sachverhalt durch und kontrollieren, ob sich der gesamte Sachverhalt in der Gliederung widerspiegelt. Würden Sie einen Gesichtspunkt finden, den Sie rechtlich nicht verwertet hätten, so müssten Sie sich Gedanken machen, in welchem rechtlichen Zusammenhang dieser Umstand eine Rolle spielen könnte. Denken Sie an den Klausurersteller als Ihren imaginären Gegner!

Des Weiteren sollten Sie noch einmal Ihren Schmierzettel hernehmen oder die Notizen am Rand des Sachverhalts hervornehmen. Bei den Problemen und Gesetzesbestimmungen, die Sie notiert, aber in dem Lösungsentwurf nicht „verbraucht" haben, ist wieder besondere Aufmerksamkeit angebracht. Hier überlegen Sie kritisch, ob der Gesichtspunkt nicht vielleicht doch lösungserheblich ist, und bauen ihn gegebenenfalls unter Abänderung bzw. Erweiterung der Lösungsgliederung ein. Bei anderen Punkten lässt sich aus dem inzwischen erworbenen Fallverständnis ohne weiteres sagen, dass sie ausscheiden und in die Falllösung nicht einbezogen zu werden brauchen.

Drittens gehen Sie die Lösungsgliederung noch einmal auf Überflüssiges und Abwegiges durch. Für die Niederschrift wird die Erörterung solcher Anspruchsgrundlagen eliminiert, die sich – entgegen dem ersten Anschein – als abwegig erwiesen haben. Erscheint eine Vorschrift zwar nicht als abwegig, ist ihr Tatbestand aber doch nicht erfüllt, stellt man das zu verneinende Tatbestandsmerkmal an die Spitze der Erörterung, wenn nicht unter den einzelnen Voraussetzungen der Vorschrift ein logisches Vorrangverhältnis besteht. Beispiel:

Ist erkennbar, dass ein Anspruch aus § 985 BGB scheitert, weil der Anspruchsgegner nicht Besitzer ist, so sollten Sie sich langatmige Ausführungen zur Eigentumslage an dieser Stelle sparen, selbst wenn der Eigentumserwerb nicht unproblematisch ist. Häufig ist die Klausur so gestrickt, dass die relevanten Fragen (hier der Eigentumserwerb) an anderer Stelle geprüft werden müssen, z.B. bei § 816 Abs. 1 BGB bei der „Nichtberechtigung". Insgesamt sollte die Lösungsgliederung vor dem Beginn der Niederschrift in eine straffe Form gebracht werden, die den verfolgten Gedankengang klar hervortreten lässt.

Der fünfte und letzte Punkt ist gleichfalls wichtig: Fragen Sie sich, ob Ihre Lösung wirklich Sinn macht und interessengerecht ist. Kann die von Ihnen angestrebte Lösung vom Gesetz und vom Klausurersteller gewollt sein? Achten Sie darauf besonders bei Mehrpersonen- und Dreiecksbeziehungen. Hier geht möglicherweise einer der Anspruchsteller leer aus. Fragen Sie sich, ob es Gründe dafür gibt, warum dies so ist. Sie sollten natürlich nicht anfangen, ihre Lösung anstatt mit dem Gesetz mit Ihrer Intuition oder einem allgemeinem Gerechtigkeitsempfinden zu begründen. Da aber das Gesetz häufig nur das zum Ausdruck bringt, was einem gesunden Menschenverstand und der Interessenlage entspricht, schadet es nicht, wenn Sie Ihre Lösung darauf durchgehen, ob Sie einem vernünftigen Ausgleich der beteiligten Interessen stand hält.

VII. Die schriftliche Abfassung der Falllösung

Haben Sie sich der Vernünftigkeit Ihres Lösungsweges vergewissert, dann ist die Lösungsgliederung in die endgültige Falllösung umzugießen. Sie brauchen aus Ihren Stichworten nur ganze Sätze zu formen. Auf die Herangehensweise bei der schriftlichen Abfassung wird im nächsten Abschnitt ausführlich eingegangen.

VIII. Zusammenfassung

Für die Fähigkeit, mit einiger Gelassenheit juristische Fälle klausurmäßig zu lösen, ist die Einhaltung der verschiedenen Lösungsschritte überaus wichtig. Man sollte sich jedenfalls als Anfänger erst dazu zwingen, die Lösungsgliederung von A bis Z festzulegen; denn immer wieder zwischendurch – insbesondere, wenn man nicht recht weiter weiß – fällt einen die Versuchung an, statt mit der Lösungsskizzierung fortzufahren, sogleich in die Ausarbeitung hinüberzuwechseln. Da man aber ja keine Konzeption von der Falllösung hat, begibt man sich mit einer solchen „Technik" unmittelbar aufs Glatteis und setzt seine Nerven einer Zerreißprobe aus, weil nunmehr die „richtige" Lösung zu einer Sache des Zufalls und nicht mehr methodisch gesteuert wird. Darum seien die **sieben Grundschritte** von der Aushändigung der Aufgabe bis zur Abgabe der fertigen Arbeit hier nochmals hintereinander formuliert:

1. Das exakte Verständnis des Sachverhalts
2. Das Herausarbeiten der Fallfrage
3. Die Identifizierung der Anspruchsgrundlagen
4. Das Einkreisen der Fallprobleme
5. Die Anfertigung der Lösungsgliederung
6. Die nochmalige Überprüfung der Lösung
7. Die schriftliche Abfassung der Falllösung

§ 3. Die schriftliche Abfassung des Gutachtens

I. Gutachtenstil und Subsumtionstechnik

Wie jeder Anfänger weiß, ist im juristischen Gutachten der sog. Gutachtenstil zu verwenden. Zur Erinnerung:

Der Gutachtenstil folgt einem Vierschritt: Obersatz, Definition, Subsumtion, Ergebnis.

Obersatz: In der Niederschrift der Lösung im Gutachtenstil ist zunächst eine Arbeitshypothese zu formulieren. Diese ist die erste Überlegung, die im fertigen Klausurtext auftaucht.

Definition: Vor dem eigentlichen Subsumtionsvorgang müssen nun die einzelnen Voraussetzungen der Anspruchsgrundlagen festgestellt werden. Diese Voraussetzungen müssen meist zunächst definiert und erläutert werden. Darin liegt die eigentliche Schwierigkeit, wenn das Gesetz nicht klar definiert, was unter einem Merkmal zu verstehen ist, beispielsweise bei den guten Sitten in § 138 Abs. 1 BGB.

Subsumtion: An Hand dieser Erläuterungen ist das Vorliegen der Voraussetzungen im Sachverhalt zu prüfen. Soweit die Anspruchsnorm mehrere Rechtsbegriffe enthält, sind mehrere Einzelbegriffssubsumtionen notwendig.

Ergebnis: Der Subsumtionsvorgang wird mit einem Ergebnis abgeschlossen, das sich logisch aus dem Subsumtionsergebnis ergibt. Bei Vorliegen aller Voraussetzungen tritt z.B. die Rechtsfolge ein. Fehlt eine Anspruchsvoraussetzung, ist kein Anspruch gegeben.

Ein juristisches Gutachten wird somit wie folgt aufgebaut:

Gutachtenaufbau

Obersatz:

Im Konjunktiv, angelehnt an die Fallfrage.

„A könnte gegen B einen Anspruch auf ... aus § ... haben."

Definition:

Abstrakte Voraussetzungen nennen; Definition der Tatbestandsmerkmale.

„Ein solcher Anspruch besteht, wenn ..." oder „Dann muss ..." o.ä.

Subsumtion

Liegen die Voraussetzungen der Definition vor?

m.a.W.: Untersuchen, ob der konkrete Sachverhalt die abstrakten Voraussetzungen erfüllt.

„A hat dem B ein Angebot gemacht. B hat ... . Also haben die Parteien einen Kaufvertrag geschlossen."

Ergebnis

Das Ergebnis muss den Bezug zum Obersatz herstellen, die aufgestellte Hypothese entweder bejahen oder verneinen; im Indikativ.

„A hat daher (somit, demnach, folglich, mithin, also) (k)einen Anspruch gegen B auf ... aus § ... ."

Die einzelnen Schritte gehen ineinander über. Der Gutachtenstil[10] arbeitet mit Worten wie „folglich" „daher" „also". Immer ist der notwendige Gedankenschritt einzuhalten. Erst die Hypothese, dann die Anwendung auf den konkreten Fall, dann das Ergebnis. Diesen Stufen müssen ggf. im Wege der Kettenbildung mehrfach angewendet werden, wie an einem kaufrechtlichen Beispiel bereits erläutert wurde.[11]

Im **Beispiel** eines Anspruchs aus §§ 437 Nr. 1, 439 BGB auf Nacherfüllung bei einem Vertrag zwischen Verbraucher und Unternehmer über die Lieferung einer Waschmaschine, die bei der Anlieferung von dem Spediteur beschädigt wird, ergibt sich demnach in etwa folgende Struktur des Gutachtens:

A könnte gegen B einen Anspruch auf Nachlieferung oder Nachbesserung gemäß §§ 437 Nr. 1, 439 BGB haben. Dann müssen A und B einen Kaufvertrag geschlossen haben.

Ein Vertrag kommt zustande durch ... . A hat am ... . B hat ... . Folglich ist ein Kaufvertrag zustande gekommen.

Die Waschmaschine müsste mangelhaft sein. Die Sache ist gemäß § 434 Abs. 1 S. 1 BGB mangelhaft, wenn ... . Der Schlauch ist bei der Anlieferung abgerissen. Der Wasserzulauf funktioniert nicht. Also ist die Sache mangelhaft.

Der Mangel muss auch bei Gefahrübergang vorgelegen haben. Der Gefahrübergang richtet sich nach §§ 446, 447 BGB. In Betracht kommt § 447 BGB ..., wenn es sich um eine Schickschuld handelt.
Eine Schickschuld liegt vor, wenn ... . A hat sich bereit erklärt, die Sache zu versenden. Also liegt eine Schickschuld vor. Demnach ... . In diesem Zeitpunkt war die Maschine aber noch nicht defekt. Der Schaden ist erst nach Übergabe an den Spediteur eingetreten. Demnach wäre ... .

Gemäß § 474 Abs. 2 BGB könnte ein Gefahrübergang nach § 447 BGB indes ausgeschlossen sein: Dann muss es sich um einen Verbrauchsgüterkauf i.S.d. § 474 Abs. 1 BGB handeln. Der Kaufvertrag richtete sich auf die Lieferung einer beweglichen Sache. A müsste aber auch Ver-

---

10 Beachte zum Umgang mit dem Gutachtenstil Regel Nr. II unten, § 4.

11 Oben § 1.

braucher sein. Gemäß § 13 BGB ist Verbraucher, wer … . A hat … . Also ist er Verbraucher. B müsste Unternehmer sein. Unternehmer ist gem. § 14 BGB, wer … . B ist … . Also ist B Unternehmer. Folglich liegt ein Verbrauchsgüterkauf vor. Demnach ist § 447 BGB durch § 474 Abs. 2 BGB ausgeschlossen. Daher kommt es für den Gefahrübergang auf die spätere Übergabe an A an. Zu diesem Zeitpunkt war die Sache aber mangelhaft. Demnach hat A gegen B einen Anspruch auf Nacherfüllung gemäß §§ 437 Nr. 1, 439 BGB.

II. Unterschied zum Urteilsstil

Der so skizzierte Gutachtenstil unterscheidet sich vom Urteilsstil. Dieser geht nicht von der Hypothese, sondern vom Ergebnis aus. Der Urteilstil ist der typische Stil in einem gerichtlichen Urteil; er wird vom Richter angewendet. Das Urteil spricht ja eine bestimmte Rechtsfolge aus wie z.B. „B wird verurteilt, an A € 1.000 zu zahlen". Es geht dann im Urteil nur darum, dieses Ergebnis zu begründen.

Danach sähe eine **Prüfung eines einfachen Anspruchs auf Kaufpreiszahlung** etwa so aus:

1. A hat gegen B einen Anspruch aus § 433 Abs. 2 BGB.
2. (Denn) Die Parteien haben einen Kaufvertrag geschlossen.
3. (Denn) A hat zu B gesagt, ich will zu 50 kaufen, B hat gesagt, er wolle zu 50 verkaufen.

Der Urteilsstil entspricht also dem herkömmlichen Denkmuster „Ja, weil" oder „Nein, weil". Die jeweiligen Schritte lassen sich über „Denn" aneinanderreihen.

Achtung: Auch in einer Anfängerklausur muss bei der Prüfung von unproblematischen Tatbestandsmerkmalen der Gutachtenstil nicht immer eingehalten werden. In manchen Fällen kann es angebracht sein, das Vorliegen des Tatbestandsmerkmals kurz festzustellen, z.B. „Die Uhr ist eine bewegliche Sache". In eindeutigen Situation kann man auch den Urteilsstil anwenden, wenn beispielsweise ein Anspruch aus offensichtlichen Gründen scheitert, etwa: „Ein Anspruch aus § 985 BGB scheidet aus, weil B nicht mehr Besitzer der Sache ist". Lesen Sie dazu den Hinweis unter II im folgenden Abschnitt.

§ 4. Typische Klausur-Fehler, Formulierungsvorschläge und Tipps für eine bessere Klausur

Bei der Reinschrift geht es darum, die erarbeitete Lösung des Falles in eine saubere und ansprechende Klausur umzuwandeln. Damit dies gelingt, sollten einige Ratschläge beherzigt werden.

I. Kurze und schnörkellose Satzbildung

Schreiben Sie in kurzen Sätzen. Eine juristische Klausur soll kein Roman sein. Schreiben Sie schnörkellos. Bevor Sie einen Relativsatz einbauen, fragen Sie sich, ob er notwendig ist. Normalerweise kann man das Ergebnis stringent durch eine Reihe von Nominalsätzen entwickeln. Beispiel: „A, der minderjährig ist, kann von dem B, mit dem er den Kaufvertrag abgeschlossen hat, Übergabe und Übereignung verlangen." Besser: „Der minderjährige A hat mit B einen Kaufvertrag abgeschlossen. Er kann von B Übergabe und Übereignung verlangen".

Man darf es mit der Kürze natürlich nicht übertreiben. Sätze müssen ein Prädikativ haben! In jüngerer Zeit finden sich in Klausuren immer wieder stilistisch unbrauchbare Sätze wie der folgende: „Die Theorie … ist vorzugswürdig. Einerseits wegen der … . Andererseits, weil …".

Unschön sind außerdem Sätze, die mit „Weil" eingeleitet werden. Sie sind im Gutachten ohnehin meist fehl am Platz, aber auch grammatikalisch unrichtig oder zumindest unschön.

Beispiel: „Die Lehre von … überzeugt. Weil sie praktische Vorteile bietet." Besser: „Der Lehre von … ist zu folgen. Für sie sprechen praktische Vorteile …".

Hier zwei **weitere abschreckende Negativbeispiele:**

„Das Besitzmittlungsverhältnis müsste wirksam sein. Wobei das umstritten ist."

„Die Anfechtung hat A aber nicht erklärt. Sondern er hat nichts gemacht."

Immer schwierig sind „Zumal" Konstruktionen. Beispiel in einer Klausur, in der die Frage der Währung relevant war: „Für eine Einigung auf eine Zahlungspflicht in kanadischen Dollar spricht der Vertragsabschluss in Toronto. Zumal V ebenfalls Kanadier ist." Mit dieser Zumal-Konstruktion erscheint das eigene Argument beiläufig und wird dadurch abgeschwächt. Besser ist auch hier eine einfachere Satzkonstruktion: „V als einer der Vertragspartner ist selbst Kanadier. Die Parteien haben den Vertrag in Toronto abgeschlossen. Diese Umstände sprechen für eine Einigung auf kanadische Dollar als Vertragswährung …".

Bevor Sie zwei Sätze durch „und" miteinander verbinden, prüfen Sie, ob sich nicht besser zwei Hauptsätze daraus machen lassen.

Beispiel: „A kann von B Zahlung verlangen und B gegen C Regress nehmen."
Besser: „A kann von B Zahlung der … verlangen. B hat gegen C einen Anspruch auf …".

Häufig wird auch der *dass*-Satz zu exzessiv genutzt, was den Stil ungelenkig machen kann. Überprüfen Sie bei jedem „dass", ob es nötig ist. Machen Sie häufiger Gebrauch von der indirekten Rede und dem Konjunktiv.

Beispiel: „A hat sich darauf berufen, dass B ihm noch Geld schuldet". Besser: „A hat sich darauf berufen, der B schulde ihm noch Geld."

Davon zu unterscheiden sind die Formulierungen wie „dann müsste", wie sie im Gutachten häufig und verbreitet verwendet werden. Dies ist nicht immer erforderlich:[12] Statt „A könnte gegen B einen Anspruch aus … haben", darf man auch schreiben „A kann gegen B einen Anspruch auf haben", und dann weiter: „Das setzt das Eigentum des A voraus." Gleichwohl bietet sich der Konjunktiv häufig an, um Ihnen vor Augen zu führen, was sie als Hypothese aufgestellt und nunmehr zu prüfen haben.

Nicht schreiben sollten Sie, wie im Schrifttum vorgeschlagen,[13] „A hat womöglich einen Anspruch aus … auf …". Das „womöglich" macht den Satz hölzern.

Kommen Sie zu einem klaren Ergebnis, das Sie im Indikativ formulieren: „A hat (nicht: kann/könnte haben) einen Anspruch gegen B" oder „A kann (nicht: könnte) von B verlangen".

Achten Sie dabei auf die Fallfrage: Ist gefragt, ob A von B Zahlung „verlangen" kann, schreiben Sie Ihren Ergebnissatz entsprechend „A kann von B Zahlung … verlangen".

---

12 *Eckert/Hattenhauer*, 75 Klausuren aus dem BGB, S. 203.
13 *Fleck/Arnold*, JuS 2009, 881, 884.

II. Gutachtenstil

Der Gutachtenstil ist in der Zwischenprüfung wichtig. Achten Sie darauf, ihn einzuhalten. Der Korrektor wird diesbezügliche Mängel häufig eher strenger denn milder beurteilen. Es handelt sich schlicht um einen vermeidbaren Fehler.

Der Gutachtenstil muss dann aber auch in allen Schritten durchgeführt werden – Obersatz, Definition, Subsumtion, Ergebnis. Häufig schreiben Studenten: „A und B müssten einen Vertrag geschlossen haben. Laut Sachverhalt haben A und B einen Vertrag geschlossen“: Das ist doppelt unschön, und zwar einerseits wegen der gezwungenen Bezugnahme auf den Sachverhalt (siehe Regel VII), zum anderen deshalb, weil Offensichtlichkeiten nicht im Gutachtenstil abgehandelt werden sollten.

Der Gutachtenstil ist also nicht in jedem Fall sklavisch durchzuhalten. Wenn ein Ergebnis einer Prüfung unproblematisch ist, dann sollte man es nicht umständlicher machen als die Dinge liegen. Ist der Vertragsschluss unproblematisch, schreiben Sie kurz und bündig „Ein Kaufvertrag liegt vor“ oder „A und B haben einen Kaufvertrag geschlossen“. Ist eine Sache beschädigt oder eine Person getötet worden, so bedarf auch dies in der Regel keiner gutachterlichen Prüfung.

Ein bewusst abschreckendes **Beispiel** zeigt, wie absurd ein zu gut gemeinter Gutachtenstil erscheinen mag.

A hat B erschossen. Prüfung von § 823 Abs. 1 BGB. Würde man dies auf die Spitze treiben, so sähe die Prüfung im Gutachtenstil wie folgt aus: „Es müsste eine Verletzung eines geschützten Rechtsguts oder Rechts vorliegen. In Betracht kommt eine Verletzung des Rechtsguts Leben. Das Leben ist verletzt, wenn der Rechtsgutinhaber tot ist. Tod ist das irreversible Erlöschen der Hirntätigkeit. A hat B erschossen. Die Hirntätigkeit des B ist irreversibel erloschen. Also ist B tot. Demnach liegt eine Verletzung des Rechtsguts Leben vor.“

Denken Sie also an die richtige Schwerpunktsetzung. Wer Unwichtiges langatmig ausbreitet, bekommt Abzüge. Ist im Sachverhalt angegeben, dass A und B einen Vertrag geschlossen haben, ist regelmäßig unproblematisch, dass zwei inhaltlich übereinstimmende, jedenfalls, dass überhaupt Willenserklärungen abgegeben wurden. Wer zunächst lange diskutiert oder feststellt, dass Willenserklärungen vorliegen, oder gar Handlungswillen und (potentielles) Erklärungsbewusstsein bzw. Rechtsbindungswillen prüft, zeigt, dass er nicht zwischen Wichtigem und Unwichtigem unterscheiden kann. Versetzen Sie sich in die Korrektorlage: Für unproblematische Tatbestandsmerkmale gibt es keine Punkte. Deshalb sollten Sie sich damit nicht lange aufhalten.

III. Von der Rechtsfolge ausgehen

Gehen Sie von der Rechtsfolge aus und bedenken Sie stets die Fallfrage und die aufgeworfene Eingangsfrage des Obersatzes. Prüfen Sie z.B. einen Anspruch A gegen B aus Vertrag und beginnen mit dem Satz „A könnte gegen B einen Anspruch aus § 433 Abs. 2 BGB haben“, so wäre es falsch zu schreiben: „Die Willenserklärung des A *müsste* anfechtbar sein“. Dieser Satz ist bezogen auf den Obersatz schlicht falsch, denn für einen vertraglichen Anspruch des A ist gerade vorausgesetzt, dass die Willenserklärung des B *nicht* anfechtbar ist. Richtig wird der Satz überhaupt nur, wenn ein Zwischensatz eingefügt wird mit dem Inhalt, dass dem Anspruch die rechtshindernde Einwendung der Anfechtung entgegenstehen könnte. *Dafür* müsste in der Tat die Willenserklärung anfechtbar sein. Allerdings geht es auch einfacher, wenn man von der Rechtsfolge ausgeht und wie folgt formuliert: „Die Willenserklärung des B könnte aber wegen Anfechtung nichtig sein, § 142 Abs. 1 BGB. B hat die Anfechtung erklärt. Ferner müsste ein Anfechtungsgrund gegeben sein. In Betracht kommt eine Anfechtung wegen Irrtums, § 119 Abs. 1 BGB …".

Wie das Beispiel zeigt, schärft der Blick auf die Rechtsfolge den Blick auf die zu prüfenden Voraussetzungen. Das erweist sich in einer Klausur nicht nur als nützlich, sondern als zwingend. Steht in einer Klausur die Prüfung eines vertraglichen Anspruchs an und wird der Kandidat das wirksame Zustandekommen des Vertrags prüfen, so wäre die Prüfung ohne die Rechtsfolge unvollständig. Häufig schreiben Kandidaten, nachdem Sie die vertragliche Einigung bejaht haben: „Der Vertrag könnte aber anfechtbar sein nach den §§ 119 ff. BGB". Abgesehen von der ungenauen Zitierweise fällt sofort auf, dass in einem solchen Gutachten Beginn und Schluss der Begutachtung nicht zusammenpassen. Selbst wenn der Kandidat am Ende seiner Prüfung zu dem Schluss kommt, dass die Willenserklärung des Anfechtenden nach Maßgabe des § 142 BGB als von Anfang nichtig anzusehen ist, fehlt diesem Ergebnis eine Entsprechung am Beginn der Prüfung. Im Gegenteil, streng genommen wäre es sogar verfehlt, bei der vom Kandidaten angekündigten Prüfung der „Anfechtbarkeit" z.B. die Anfechtungserklärung zu prüfen. Die Anfechtungserklärung und deren Durchschlagskraft hängen ja von der Anfechtbarkeit ab und können daher selbst nicht Gegenstand der angekündigten Prüfung der Anfechtbarkeit des Rechtsgeschäfts sein. Sie sehen: Obersatz und Ergebnis müssen inhaltlich aufeinander abgestimmt sein.

Ein noch besseres Beispiel bietet die Verjährungseinrede. Hier ist der Obersatz *nicht* „Der Anspruch könnte nach (§§ 195, 199 BGB) verjährt sein.", sondern besser: „Dem Anspruch könnte ein Leistungsverweigerungsrecht nach § 214 BGB entgegenstehen. Dann müsste der Anspruch verjährt sein. Die Verjährung richtet sich nach …".

Wer hier nur prüfen will, ob der Anspruch nach Maßgabe der §§ 195 ff. BGB verjährt ist, kommt gar nicht erst zu der richtigen Rechtsfolge. Der Anspruchsgegner ist nur dann nicht verpflichtet zu bezahlen, wenn er die Einrede der Verjährung auch tatsächlich erhebt. Daher ist auch hier von der Rechtsfolge auszugehen. Nach § 214 BGB ist der Anspruchsgegner berechtigt, die Leistung zu verweigern, wenn der Anspruch verjährt ist. Sodann sind die Verjährungsvorschriften zu prüfen.

Freilich ist im Hinblick auf die gutachterliche Prüfung bei Gestaltungsrechten und der Verjährungseinrede Vorsicht angebracht. Der Umstand allein, dass der Berechtigte das Gestaltungsrecht oder die Verjährungseinrede noch nicht erhoben hat, bedeutet nicht ohne weiteres, dass die gutachterliche Prüfung an dieser Stelle abgebrochen werden darf. Wenn dem Sachverhalt erkennbar eine Verjährung oder Anfechtungsproblematik zugrunde liegt, empfiehlt es sich, das Erfordernis der Erklärung als gewissermaßen noch erfüllbar anzusehen. Auch dann sollten Sie aber nicht schreiben: „Es ist davon auszugehen, dass A die Anfechtung auch erklärt hat" (denn das wissen Sie nicht), sondern kurz und bündig zu schreiben „A muss die Anfechtung gegenüber dem B erklären, vgl. § 143 Abs. 1 BGB". Gute Klausurersteller werden Sie übrigens von diesen Fallstricken befreien und immer eine zumindest schlüssige Ausübung des Gestaltungsrechts oder die Erhebung der Einrede in den Sachverhalt einbauen.

In *jedem* Fall ist das zu beherzigen, was eben erarbeitet wurde: Auch in den Fällen, in denen der Klausurersteller darauf verzichtet hat, ist von der Rechtsfolge auszugehen und damit von § 142 Abs. 1 BGB bei der Anfechtung, § 214 BGB bei der Verjährungseinrede, § 273 Abs. 1 BGB beim Zurückbehaltungsrecht und § 320 BGB bei der Einrede des nicht erfüllten Vertrags usw.

Noch ein wichtiges Beispiel für die Notwendigkeit des Denkens in Rechtsfolgen: § 985 BGB begründet einen Anspruch auf Herausgabe der Sache! Will A von B Zahlung eines Geldbetrags, so kommt er mit § 985 BGB nur zum Zug, wenn er geltend machen kann, gerade Eigentümer der jeweiligen Geldscheine und Münzen zu sein. Die ganz h.M. folgt bei § 985 BGB nicht dem Prinzip der Geldwertvindikation. Entscheidend ist vielmehr das Eigentum an der konkreten Sache, namentlich dem Geldschein oder der Münze. Nun mag zwar je nach Fallgestaltung die dingliche Übereignung der Geldscheine (§ 929 S. 1 BGB) nichtig sein, doch selbst in diesem Fall wird der ursprüngliche Eigentümer sein Geld typischerweise nicht nach § 985 BGB herausverlangen können, wenn und soweit die jeweiligen Geldscheine und Münzen nicht mehr gegenständlich vorhanden sind, oder sich mit anderen Münzen und Scheinen vermischt haben (§ 948 BGB).

Schließlich der Klassiker: § 275 BGB begründet bei fehlendem Vorliegen seiner Voraussetzungen den Ausschluss der Leistungspflicht des Schuldners, gerade nicht den Ausschluss der Pflicht zur Erbringung der Gegenleistung durch den Gläubiger, dafür gilt § 326 Abs. 1 BGB. Die Erfüllung der Zahlungspflicht ist ja nie unmöglich.

IV. Hilfsgutachten

Bevor Sie auf Hilfsgutachten ausweichen, überprüfen Sie, ob Sie in der Klausur an der richtigen Stelle abgebogen sind. Wer sich in die Lage eines Klausurerstellers versetzt, wird schnell erkennen, dass jedenfalls typischerweise kaum ein Ersteller eine Klausur vorlegen wird, die nur mit einem Hilfsgutachten zu lösen ist. Finden Sie einen Lösungsweg ohne Hilfsgutachten nicht, so sollten Sie freilich selbstverständlich auf ein Hilfsgutachten nicht verzichten, wenn Sie das Gefühl haben, Sie würden sich sonst die Erörterung wichtiger, im Fall angelegter Probleme abschneiden.

V. „Lesen einer Klausur"

Wer viele Klausursachverhalte studiert, Fallbücher zum Lernen heranzieht und sich schon früh mit der Methodik der Fallbearbeitung vertraut macht, erkennt in vielen Klausuren bestimmte Muster. Hier gilt: Übung macht den Meister![14]

Jedes Wort einer Klausur hat typischerweise eine Bedeutung. Das besondere Augenmerk muss Hinweisen auf die Minderjährigkeit einer Person oder Fristen gelten. Handelt es sich erkennbar um Fristen, die für die Verjährung relevant sind, so ist dies bereits ein starkes Indiz dafür, dass der jeweils einschlägige Anspruch bis auf die Ebene der rechtshemmenden Einwendungen „durchgeht". Sind dann also bei einem vertraglichen Anspruch Probleme des Vertragsschlusses angelegt, so kann man davon ausgehen, dass der Vertrag wirksam zustande gekommen ist. Selbst dieses Gespür entledigt natürlich nicht von der Notwendigkeit weiterer Prüfung, aber es kann helfen, einen roten Faden durch die Klausur zu finden.

VI. Stilblüten

Nichts ist in der schriftlichen Niederschrift von Klausuren so unausrottbar wie Füllwörter. Sie sind schlicht überflüssig und stoßen negativ auf. Das gilt insbesondere für die Wendung „Zu prüfen ist, ..." oder „vorliegend". Die Wendung „zu prüfen ist"

---

[14] Vgl. z.B. *Baldus/Kaiser*, JA 2001, 386 ff.; *Eckebrecht*, JA 2001, 294 ff.

kollidiert mit dem Gedanken, dass sich der Aufbau und die Prüfungsablauf in der Klausur aus sich selbst heraus ergeben sollte. „Vorliegend“ ist überflüssig, weil das Gutachten gerade den „vorliegenden Fall“ zum Gegenstand hat – und nichts anderes. Wer es gebraucht, will meist nur einen Übergang herstellen zwischen dem Obersatz und der Definition und dem eigentlichen Subsumtionsschritt, doch gerade insoweit ist das Wort entbehrlich.

Beispiel: „Dann müssten A und B einen Vertrag geschlossen haben. Ein Vertrag kommt zustande … . A hat das Angebot gemacht, B hat es mit Schreiben vom … angenommen. Also haben die Parteien einen Vertrag geschlossen.“ Eine Einfügung von „vorliegend“ in den Satz „A hat das Angebot gemacht“ ist schlicht überflüssig.

Eine weitere Unsitte ist das berühmte „Fraglich ist …“. Wohlgemerkt: Es ist nicht falsch und kann hilfreich sein, aber man sollte es mit Bedacht und nicht exzessiv wählen. Negativbeispiel eines ersten Satzes aus einer Klausur mit der Fallfrage „Was kann A von B verlangen?“: „Fraglich ist, ob A von B Zahlung der € 2.000 verlangen kann.“ Der Leser erfährt schlicht nicht, warum das fraglich ist. Es ist gerade Aufgabe des Gutachtens, die Fallfrage zu prüfen. Besser wäre es gewesen zu schreiben: „A könnte gegen B einen Anspruch auf Zahlung von € 2.000 haben …“. Dann ist man gleich in der juristischen Spur. „Fraglich ist“-Wendungen sollten daher nur verwendet werden, wenn der Leser zunächst zu dem Rechtsproblem auch hingeführt worden ist.

Verwenden Sie keine überheblichen Kraftausdrücke wie „die Auffassung ist absurd“ oder „fernliegend“ oder „abwegig“. Verwenden Sie weit möglichst die im Gesetz vorgegebenen Begrifflichkeiten, soweit sie nicht in der juristischen Alltagssprache eindeutig anders belegt sind. Sie dürfen von Angebot sprechen, auch wenn es im Gesetz „Antrag“ heißt (§ 145 BGB). Nutzungen sind demgegenüber in § 100 BGB definiert; der Begriff sollte nur in diesem Sinne gebraucht werden. In § 994 BGB geht es um Verwendungen, nicht um Aufwendungen. Verwendungen sind Aufwendungen, die auf eine Sache gemacht werden. Schreiben Sie vom „Zugang“ und nicht von Zustellung (das ist rechtlich nicht identisch). Achten Sie auf Kleinigkeiten: In § 677 BGB heißt es „für einen anderen“. „Fremdes Geschäft“ steht dort nicht; die Rechtsprechung will hier allerdings das Merkmal „für einen anderen“ so auslegen, dass ein objektiv fremdes Geschäft den damit verlangten Fremdgeschäftsführungswillen vermuten lässt (dazu unten Fall Nr. 6).

VII. Umgang mit „Theorienstreitigkeiten“

Häufig sind bestimmte Rechtsfragen oder die Auslegung eines Tatbestandsmerkmals umstritten. Gelegentlich werden dazu Theorien entwickelt, die in der juristischen Literatur auch als solche bezeichnet werden (z.B. der Streit zwischen Saldotheorie und Zweikondiktionenlehre bei § 818 Abs. 3 BGB). Allerdings: Nicht jede unterschiedliche Auffassung begründet gleich eine „Theorie“. Überhaupt darf man solche Streitigkeiten im Zivilrecht nicht überschätzen; wirkliche Klassiker in diesem Sinne sind äußert dünn gesät[15].

Nicht jedes Rechtsproblem ist zwingend in einem „Meinungsstreit“ abzuhandeln, der sich an das Muster „Meinung 1, 2, 3, Streitentscheidung“ anlehnt. Für die Art der Darstellung muss man ein Gespür entwickeln. Handelt es sich nicht um einen

---

[15] Zur Darstellung eines Meinungsstreits *Kerbein*, JuS 2002, 353; *Schimmel*, Juristische Klausuren und Hausarbeiten richtig formulieren, Rn. 158 ff.

„klassischen" Lehrbuchstreit, dann sollte man eine statische Darstellung nach dem eben gemachten Vorbild vermeiden. Das gilt vor allem dann, wenn es zu den unterschiedlichen Meinungen gar nicht viel zu sagen gibt. Dann wäre eine künstliche, auch im Schriftbild hervorgehobene Darstellung zu viel des Guten.

Beispiel:

„Nach einer Auffassung kommt es auf ... an.

Nach einer anderen Auffassung kommt es auf ... an.

Nach einer dritten Auffassung soll differenziert werden ... .

Stellungnahme:

Der ersten Auffassung ist zu folgen, weil ...".

Eine solche Art der Darstellung kann *hölzern* wirken. Sie klingt wie auswendig gelernt (und das ist sie ja auch!). Besser ist es mitunter, schlicht das Rechtsproblem aufzuwerfen und dann verschiedene Sichtweisen darzulegen nach dem im Folgenden skizzierten Muster: „Dieses Merkmal lässt sich verschiedenfach verstehen. Es ließe sich deuten als ... . Dafür spricht ... . Demgegenüber ließe sich eine ... Sichtweise einnehmen. Dafür lässt sich geltend machen ... . Im Ergebnis überzeugt jedoch ... .

Wichtig ist es, nicht nur die Auffassung zu schildern, sondern ggf. auch das zentrale Argument dieser Sichtweise, denn es soll darum gehen, die unterschiedlichen Sichtweisen auch inhaltlich verständlich zu machen.

Noch schlimmer ist es, wenn es der Kandidat zu gut meint und versucht, sein Wissen auszubreiten, etwa wenn er schreibt „Nach der Auffassung des *BGH* in NJW 2008, S. 3299". Es ist nicht Aufgabe eines juristischen Gutachtens in der Klausur, Fundstellen anzugeben. Darauf sollte in jedem Fall selbst bei bekannten Entscheidungen verzichtet werden. Wo sollten die Fundstellen auch herkommen, wenn nur das Gesetz als Hilfsmittel erlaubt ist? Genauso wenig wie Sie Lehrbuchwissen ausbreiten sollten, sollten Sie auf diese Weise Erlerntes auszubreiten versuchen.

Vermeiden Sie es auch, Theorienstreitigkeiten auszubreiten, wenn sie durch die Rechtsentwicklung überholt sind. So bestand vor der Entscheidung des *BGH* in „ARGE/Weißes Ross"[16] ein prominenter Streit darüber, ob die Gesellschaft bürgerlichen Rechts, § 705 BGB, selbst rechtsfähig ist und damit als solche Vertragspartei oder Anspruchsinhaber/-gegner sein kann. Dass der sog. „Außen-GbR", die im Verkehr tätig wird, diese Fähigkeit zukommt, ist heute allseits anerkannt. Es besteht daher keine Notwendigkeit mehr, den früheren Streit zwischen der Gruppenlehre und der sog. Doppelverpflichtungstheorie auszubreiten.[17]

Es ist auch nicht ratsam, den Urheber einer Lehrmeinung namentlich zu nennen („Nach Auffassung von Müller ..."). Meistens ist die genannte Person nicht der einzige Vertreter dieser Lehre. Darüber hinaus ist oft für den Anfänger auch nicht klar erkennbar, ob der Genannte wirklich der Urheber der jeweiligen Lehre ist. Kurzum: Mit der Nennung von Namen begibt man sich nur unnötig in eine Fehlergefahr.

In inhaltlicher Hinsicht empfiehlt es sich in der Regel, der h.M. zu folgen, soweit eine solche herrschende Auffassung erkennbar ist. Denken Sie wieder vom Ergebnis her: Der Klausurersteller wird seine Lösungsskizze an der h.M. ausgerichtet haben. Ihr zu folgen kann als solches nicht falsch sein. Natürlich befreit dies Sie nicht

---

[16] *BGH* NJW 2001, 1056.

[17] Zum Meinungsstand nach dem Urteil *Timme/Hülk*, JuS 2001, 536 ff.

davon, ein passendes Argument aufzuwerfen. Wenn Sie sich persönlich eine andere Meinung gebildet haben und eine Gegenauffassung für besser und vorzugswürdig erachten, bleibt es Ihnen natürlich unbenommen, dieser mit passenden Argumenten zu folgen. Vertretbar ist das allemal. Doch selbst in diesem Fall sollten Sie selbstkritisch überlegen, ob Ihre Argumente wirklich so gut sind. Erkennen Sie, dass Sie sich auf diese Weise Probleme abschneiden, sollten Sie sich fragen, ob Sie nicht für Klausurzwecke Ihre Skepsis gegenüber der h.M. aufgeben sollten. Selbst in Examensarbeiten werden eigenwillige Auffassungen meistens nicht deshalb vertreten, weil der Kandidat dafür besondere Argumente ins Feld zu führen wüsste, sondern weil er die in der Literatur und Rechtsprechung diskutierten Auffassungen nicht parat oder nicht richtig verstanden hat oder sie zumindest nicht treffend wiederzugeben weiß. Um die Kenntnis von Argumenten ist es sowieso manchmal schlecht bestellt, so dass Sie selten aus der Fülle des Argumentationshaushalts heraus dieser oder jener wissenschaftlichen Meinung den Vorzug geben können, sondern sehr viel bescheidener von einem nicht sehr weitreichenden Argumentationsarsenal aus diskutieren müssen.

Obwohl es sich also empfiehlt, der herrschenden Meinung zu folgen, sollten Sie in der schriftlichen Niederschrift eine Bezugnahme auf die „h.M." vermeiden. Ob eine Auffassung herrschend ist, lässt sich oft gar nicht so genau sagen. Wer die jeweilige Auffassung vertritt, ist zunächst einmal zweitrangig. Wiederum gilt: Begeben Sie sich nicht in die Falle, Wissen an den Mann bringen zu wollen. **Es geht um die Argumente.** Allenfalls bei sehr gefestigten Streitigkeiten, bei denen etwa Rechtsprechung und die ganz überwiegende Literatur unterschiedlicher Meinung sind, lässt sich statt des Hinweises „Nach einer Auffassung" auch der Urheber der Auffassung benennen, doch nötig ist das auch hier nicht.

Was die Stoffbeherrschung im Hinblick auf Meinungsstreitigkeiten angeht, so versteht sich von selbst, dass jemand, der sich im Rahmen einer wissenschaftlichen Arbeit jahrelang einem Spezialproblem widmete, dieses in einem ganz anderen Sinne „beherrscht" als derjenige, der sich nur im Rahmen einer Prüfungsvorbereitung damit beschäftigt hat. Über das Ausmaß der erforderlichen Beherrschung entscheidet also der jeweilige Zweck. Zu einem juristischen Problem, das in der Literatur kontrovers diskutiert wird, brauchen Sie im Grunde genommen nur folgende Kenntnisse: (1) dass über die Frage ein Streit besteht, (2) welche Hauptansichten dazu vertreten werden und (3) vielleicht zu der einen oder anderen Meinung das eine oder andere Argument. Dies wird – zumal in einer zeitlich knapp bemessenen Klausur – völlig ausreichen, um eine adäquate Begutachtung entwickeln zu können.

Es wäre völlig verfehlt, wenn man in einer juristischen Übungsarbeit jedes auftauchende Problem völlig ausdiskutieren wollte. Solche *Übungsarbeiten* verfolgen einen ganz anderen Zweck: sie sollen *juristische Gutachten für den praktischen Gebrauch* und das heißt eben, für die Praxis brauchbar sein. Bei der Anfertigung von Klausuren und Hausarbeiten im juristischen Übungsbetrieb bedeutet „Beherrschung" des Falles, dass sich der Bearbeiter *auf das Wesentliche konzentriert.* Es ist deshalb auch nicht erforderlich, dass man zu jedem und allem seine eigene Meinung entwickelt; vielmehr reicht es aus, wenn man sich im Wesentlichen mit einem Argument, das man für überzeugend hält, der herrschenden Meinung anschließt.

Stehen Sie in der Klausur vor dem Problem, bei dem Sie zwar wissen, dass sich an einer bestimmten Rechtsfrage ein Streit entzündet, aber nicht mehr wissen, was dazu vertreten wird, so muss das kein Nachteil sein. Bemühen Sie in diesem Fall Ihre methodischen Kenntnisse. Legen Sie ggf. das Gesetz aus! (dazu oben 1. Teil § 1 I.).

VIII. Zitieren Sie genau!

Häufig ignoriert wird das Gebot, Normen genau zu zitieren, und zwar bis hin zur jeweiligen Tatbestandsvariante. Einen Anspruch aus §§ 677 ff. BGB wegen GoA gibt es nicht, sondern nur, z.B., den Aufwendungsersatzanspruch nach §§ 683 S. 1, 670, 677 BGB.[18] Gerade bei § 812 BGB sind die Unterscheidungen nach Absatz, Satz und Tatbestandsvariante zentral, weil die verschiedenen Kondiktionsarten nach Leistungs- und Nichtleistungskondiktionen systematisch auseinanderzuhalten sind.[19] Wer nicht gründlich zitiert, zeigt dann ggf. nicht nur mangelnde Sorgfalt, sondern auch noch mangelndes systematisches Verständnis.

IX. Gliederung

Eine Klausurlösung muss klar gegliedert sein. Jeder Schritt muss sich bei Abfassung des Gutachtens aus dem vorangegangenen ergeben. Es hilft auch, wenn Sie Zwischenüberschriften einziehen. Versetzen Sie sich in die Lage des Korrektors: Wenn er die Struktur Ihres Gutachtens und Ihre Prüfungsschritte schon auf den ersten Blick nachvollziehen kann, gelingt es leichter, einen Zugang zu der Klausurbearbeitung zu finden. Es kann also hilfreich sein, nicht nur gedanklich, sondern auch in der Niederschrift z.B. zu unterteilen zwischen „Anspruch entstanden" und Anspruch untergegangen" sowie ein „Ergebnis" oder „Zwischenergebnis" zu bilden. Andererseits darf man auch nicht zu kleinkariert sein. Nicht jedes Tatbestandsmerkmal sollte eine eigene Überschrift erhalten. Das würde den Text nur zerfasern und die Übersichtlichkeit eher trüben denn schärfen. Das gilt insbesondere, wenn die dann folgende Prüfung nur aus einem Satz besteht.

Achten Sie bei der Gliederung auf das Schema A. I. 1. a) aa) usw. Und merken Sie sich den Satz: Wer a) sagt, muss auch b) sagen. Führen Sie die Gliederung immer zu Ende. Auf ein erstens muss ein zweitens folgen.

X. Der richtige Obersatz

Genauigkeit zahlt sich auch aus beim Bilden des Obersatzes: Aus § 433 Abs. 1 S. 1 BGB folgt beispielsweise ein Anspruch auf Übergabe *und* Übereignung und nicht auf Herausgabe. Das ist im Obersatz klarzustellen: A könnte gegen B einen Anspruch auf Übergabe und Übereignung des ... aus § 433 Abs. 1 S. 1 BGB haben."

Aus § 985 BGB folgt ein Herausgabeanspruch, aus § 346 Abs. 1 BGB ein Anspruch auf *Rückgewähr* und aus § 812 BGB auf Herausgabe des Erlangten. § 818 Abs. 1 BGB erweitert diese Herausgabepflicht nur; soweit es nur um das gegenständlich Erlangte geht, muss § 818 Abs. 1 BGB nicht hinzugezogen werden.

Genauigkeit ist auch in der Sprache selbst erforderlich. Einen „kausalen Schaden" bei § 823 Abs. 1 BGB gibt es nicht.[20] Bei § 823 Abs. 1 BGB müssen Verletzungshandlung und Rechtsgutverletzung (haftungsbegründende Kausalität) und Rechtsgutverletzung und Schaden kausal miteinander verknüpft sein. Schreiben Sie also z.B. besser: „Die Verletzungshandlung muss auch kausal für die Rechtsgutverletzung geworden sein. Kausalität setzt ... voraus. A hat ...".

---

[18] Gängig und gleichermaßen akzeptabel ist auch die Reihenfolge §§ 677, 683 S. 1, 670 BGB.

[19] *Medicus/Lorenz*, Schuldrecht II, Rn. 1124.

[20] *Fleck/Arnold*, JuS 2009, 881, 885.

XI. Abkürzungen

Verwenden Sie möglichst keine Abkürzungen, sofern Sie nicht unter enormem Zeitdruck stehen. Störend sind selbstgewählte Abkürzungen wie „AGL" für Anspruchsgrundlage oder „VmSfD" (Vertrag mit Schutzwirkung für Dritte") oder „VzD" (Vertrag zugunsten Dritter). Sind die Personen im Sachverhalt mit ausgeschriebenen Namen bezeichnet, sollten Sie sie auch so nennen und nicht abkürzen. Selbst auf anerkannte Abkürzungen wie GoA sollten Sie lieber verzichten. Ihre Klausurbearbeitung soll ein fertiges Gesamtwerk sein. Zeigen Sie keine Schludrigkeit.

XII. Hausarbeiten

Für Hausarbeiten gelten die eben gemachten Ausführungen in gleichem Maße. Es hilft sich gedanklich klarzumachen, dass der Hausarbeitsfall im Grunde nichts anderes ist als eine längere Klausurbearbeitung. Der einzige Unterschied liegt darin, dass die erzielten Ergebnisse anhand der vorhandenen Literatur und unter Auswertung der veröffentlichten Rechtsprechung abzusichern sind. Darüber hinaus sind bei der Erstellung von Hausarbeiten besondere Anforderungen an die äußere Form und die Auswahl und Zitierweise von Literatur und Rechtsprechung gestellt. Auf die einschlägige Spezialliteratur wird verwiesen.[21]

---

[21] *Putzke*, Juristische Arbeiten erfolgreich schreiben, S. 34 ff.; *Möllers*, Juristische Arbeitstechnik, Rn. 150 ff.; *Schimmel*, Juristische Klausuren und Hausarbeiten richtig formulieren, Rn. 483 ff.

3. Teil. Übungsfälle mit Lösungen

Die eben entwickelten methodischen Grundlagen und die Technik der Fallbearbeitung sollen in diesem Kapitel anhand von Fällen demonstriert werden. Die Lösung zum 1. Fall gibt eine umfassende methodische Anleitung und demonstriert damit die Klausurlösungstechnik, die im 2. Teil unter § 2 vorgestellt worden ist. Die weiteren Fälle sind vorrangig auf einzelne methodische Fragen ausgerichtet; in den ergänzenden Erläuterungen finden sich Vertiefungshinweise.

1. Fall mit methodischer Anleitung: Das unfreiwillige Sonderangebot (Anfechtung, Kaufrecht, Herausgabe- und Rückgewähransprüche)

Sachverhalt[1]

Der Galerist G verkauft ein Ölgemälde zum Preis von € 6.000 an den Kunstsammler K. Während G das Bild für ein Werk des Malers Frank Duveneck hält und als solches anbietet, erkennt K sofort, dass es sich tatsächlich um ein Stück von Wilhelm Leibl handelt, dessen Gemälde wesentlich höhere Preise erzielen als diejenigen von Franz Duveneck. Kurz darauf schätzt ein Kunstsachverständiger auf Veranlassung des K das Bild auf € 25.000.

Einige Zeit später entdeckt G das nunmehr Wilhelm Leibl zugeschriebene Bild in einer Ausstellung, an der K sich beteiligt hatte. Unter Verweis auf den ihm unterlaufenen Irrtum verlangt er von K die Rückgabe des Gemäldes. Der verweigert die Herausgabe mit der Begründung, G könne die Rückabwicklung des Kaufvertrages nicht verlangen, weil das Bild nicht mangelhaft sei. Wer hat Recht?

Gutachterliche Überlegungen

Im Folgenden werden die sieben Grundschritte von der Aushändigung der Aufgabe bis zur Abgabe der fertigen Arbeit nochmals in derselben Weise vollzogen, wie dies ein Bearbeiter in einer Klausur tun müsste.

I. Das exakte Verständnis des Sachverhalts

Der Sachverhalt ist unkompliziert und bereits durch einmaliges Durchlesen zu erfassen. Gehen Sie unter diesem Gesichtspunkt den Fall noch einmal durch, so ziehen verschiedene Umstände die Aufmerksamkeit auf sich und drängen bestimmte Fragen auf: Was bedeutet das „Rückgabeverlangen" des G juristisch? Warum betont der

---

[1] In Anlehnung an *BGH* NJW 1988, 2597 = JuS 1989, 59 *(Emmerich)* m. Anm. *Honsell*, JZ 1989, 44 f. und Besprechung von *Köhler/Fritzsche*, JuS 1990, 16.

Aufgabensteller, dass nur G einem Irrtum über den Urheber des Gemäldes erlegen ist? Vor allem: Welche Bedeutung hat die am Schluss des Sachverhalts mitgeteilte Rechtsansicht des K?

Sicherlich weiß der Leser auf einige dieser Fragen sofort eine Antwort und sicherlich sollten diese Antworten durch die gewählten Formulierungen provoziert werden. Deshalb mag es sinnvoll sein, sich alle diese Punkte auf einem Merkzettel zu notieren, um später bei der eigentlichen Lösung darauf zurückgreifen zu können und der Gefahr zu entgehen, in der Ausarbeitung etwas zu vergessen, woran man bereits beim ersten Durchlesen gedacht hatte.

II. Das Ausarbeiten der Fallfrage

Es leuchtet ein, dass man mit den häufig am Schluss des Falles verwendeten Frageformeln wie „Wer hat recht?", „Wie ist zu entscheiden?" oder gar „Wie ist die Rechtslage?" nicht viel anfangen kann. Eine juristische Antwort lässt sich darauf unmittelbar nicht geben; die Lösung kann aus solchen allgemeinen Wendungen nicht entwickelt werden. Deshalb kommt es darauf an, eine für die eigentliche juristische Tätigkeit brauchbare Fragestellung zu erarbeiten. Wie lautet nun die Fallfrage in unserem Fall? G verlangt von K die „Rückgabe" des Bildes, K wehrt sich dagegen und der Aufgabensteller fragt, wer Recht hat. Offenbar macht nur G einen Anspruch geltend, gegen den K sich bloß verteidigt. Die Verteidigung des K ist daher nicht in einer selbständigen Anspruchsprüfung, sondern im Rahmen der Erörterung des Rückgabebegehrens des G zu behandeln.

Ausgangspunkt für die Fallfrage und die daran anknüpfende Prüfung muss also der Anspruch des G gegen K auf Rückgabe des Gemäldes sein. Damit ist man der eigentlichen Fallfrage schon relativ weit auf die Spur gekommen. Zweck der hier dargestellten Vorüberlegungen ist das Herauspräparieren einer Frage, auf die sich aus dem Gesetz eine Antwort ergibt.

Es ist also geboten, das „Rückgabe"-Verlangen des K in die Sprache des BGB zu übersetzen. Das Gesetz kennt vor allem einen Anspruchstypus, der es ermöglicht, konkrete Gegenstände von einem anderen zurückzuerhalten: den Herausgabeanspruch. Die richtig erfasste Fallfrage muss nach allem lauten: „Kann G von K Herausgabe des Gemäldes verlangen?".

III. Das Aufsuchen der Anspruchsgrundlagen

Das BGB kennt eine Fülle von Grundlagen für Herausgabeansprüche. Ein solcher steht etwa dem Auftraggeber gegen den Beauftragten (§ 667 BGB), dem zu Unrecht Entreicherten gegen den Bereicherten (§ 812 BGB), dem Eigentümer gegen den unrechtmäßigen Besitzer (§ 985 BGB) und dem „besseren" gegen den „schlechteren" Besitzer zu (§ 1007 BGB). Es wäre abwegig, sämtliche der genannten oder gar auch alle anderen Herausgabeansprüche normierenden Vorschriften prüfen zu wollen. Wer so vorgeht, wird sich möglicherweise verzetteln. Gleichwohl ist es wichtig, sich zunächst keinen gedanklichen Daumenschrauben zu unterwerfen. Gehen Sie zumindest gedanklich alle Anspruchsgrundlagen durch, die Ihnen auffallen. Es ist ja gerade Aufgabe des Gutachtens, sämtliche Anspruchsgrundlagen zu prüfen. Daher hören Sie mit dieser gedanklichen Vorarbeit nicht auf, wenn Sie eine Anspruchsgrundlage gefunden haben, die Ihrer Meinung nach durchschlägt.

Freilich müssen Sie dann jeweils überlegen, ob die von Ihnen in Betracht gezogene Anspruchsgrundlage wirklich ernsthaft in Frage kommt. Es liegt hier auf der Hand, dass die Voraussetzungen des § 667 BGB ebenso wenig vorliegen (vgl. § 662 BGB) wie diejenigen des § 861 BGB (siehe § 858 BGB). § 1007 Abs. 1 BGB könnte hier nur dann zum Erfolg führen, wenn auch der Anspruch aus § 985 BGB durchgriffe. Dann aber bedarf es einer „Verstärkung" des Herausgabebegehrens durch den „schwachen" § 1007 Abs. 1 BGB eigentlich nicht. Die Vorschrift muss deshalb allenfalls kurz angesprochen werden. Sie begründet einen Anspruch des früheren Besitzers und verstärkt dessen Besitzschutz durch einen petitorischen Anspruch. Ganz beiseite gelassen werden sollte man die Vorschrift vorsorglich nicht.[2]

Neben § 1007 Abs. 1 reduziert sich der Kreis der ernsthaft in Betracht kommenden Anspruchsgrundlagen damit auf die §§ 985, 812 BGB.

IV. Das Einkreisen der Fallprobleme

Mit den in Betracht kommenden Anspruchsgrundlagen hat man nicht nur den Aufhänger für die gutachterliche Prüfung, sondern auch zuverlässige Indikatoren für die in der Aufgabe versteckten Probleme an der Hand. Das zeigt sich auch an dem Beispielsfall: Da ohne weiteres davon auszugehen ist, dass G dem K das Gemälde nicht nur verkauft (§ 433 BGB), sondern auch übereignet (§ 929 BGB) hat, bedarf es offenbar der „Zerstörung" des Kaufvertrages und/oder der Übereignung, um zu einem Herausgabeanspruch des G zu gelangen. Zur Begründung seines Begehrens beruft sich G auf seinen Irrtum bezüglich des Wertes und des Urhebers des Bildes. Diese Sachverhaltsumstände sind durch eine Prüfung der Irrtumsanfechtung nach § 119 BGB zu verwerten. Aber was konnte G anfechten: den Kaufvertrag, die Übereignung oder beides? Das BGB unterscheidet zwischen Verpflichtungs- und Verfügungsgeschäft (Trennungsprinzip). Mängel des Verpflichtungsgeschäfts lassen die Wirksamkeit der Verfügung unberührt (Abstraktionsprinzip). Die Voraussetzungen des § 119 BGB sind deshalb für Kaufvertrag und Übereignung getrennt zu prüfen.

Allerdings stellt sich hier das Problem des „Doppelirrtums" bzw. der „Fehleridentität": Schlägt beispielsweise der Anfechtungsgrund des § 123 BGB vom Kausalgeschäft auf die Übereignung durch? Dies wird allgemein bejaht. Schwierig ist die Frage indes bei § 119 Abs. 2 BGB. Sind die Eigenschaften der Sache auch für die eigentlich „eigenschaftsneutrale" Übereignung relevant? Es ist umstritten, ob eine Anfechtbarkeit des Verpflichtungsgeschäfts aus § 119 Abs. 2 BGB auf das Verfügungsgeschäft durchschlägt. Das Problem muss in der schriftlichen Ausarbeitung erörtert werden.

Warum lässt einen der Aufgabensteller wissen, K verweigere die Herausgabe des Bildes, weil es nicht fehlerhaft sei? In die Prüfung der Anfechtung bzw. der Ansprüche aus §§ 985, 812 BGB scheint dieser Einwand nicht hineinzupassen. Teilt der Aufgabensteller Rechtsansichten der Parteien mit, so will er damit in aller Regel Hinweise auf verborgene Probleme geben, auf die der Bearbeiter sonst vielleicht nicht kommen würde. K vertritt hier offenbar die Meinung, eine Rückabwicklung des Kaufvertrages sei nur möglich, wenn die Kaufsache mangelhaft sei. Tatsächlich kann der Käufer in diesem Fall gemäß §§ 437 Nr. 2, 323 BGB ggf. vom Vertrag zurücktreten. Der Ver-

---

2 Vgl. *Medicus/Petersen*, Bürgerliches Recht, Rn. 439.

käufer kann die mangelhafte Kaufsache zurückfordern, wenn er nacherfüllt und eine mangelfreie Sache liefert, §§ 439 Abs. 4, 346 Abs. 1 BGB. An dieser Stelle der Überlegungen des K ist zu erinnern, dass der Käufer das differenzierte Haftungssystem der §§ 437 ff. BGB mit dem Vorrang der Nacherfüllung nicht durch die Vernichtung des Kaufvertrages über die Irrtumsanfechtung nach §§ 119 Abs. 2, 142 Abs. 1 BGB umgehen darf (dazu 1. Teil § 2 VI. 2).[3] Könnte eine derartige Ausschlusswirkung des Gewährleistungsrechts gegenüber der Anfechtung auch für den Verkäufer gelten? Man stelle sich vor, G hätte dem K zugesichert oder mit ihm vereinbart, es handelte sich bei dem Bild um einen wertvollen Leibl, obwohl es tatsächlich ein vergleichsweise billiger Duveneck gewesen sei. Soll sich der Verkäufer seiner Haftung aus §§ 437 Nr. 1, 439 BGB auf Lieferung des wertvollen Leibl und ggf. die Schadensersatzhaftung nach § 311 a Abs. 2 BGB (anfängliche Unmöglichkeit der Lieferung des echten Leibl) dann durch Anfechtung gem. §§ 119 Abs. 2, 142 Abs. 1 BGB entziehen können? Man erkennt schnell die Brisanz des Problems im vorliegenden Fall, und kann dieses daher einer vertretbaren Lösung zuführen (siehe dazu auch Problem im Fall Nr. 4 und die dortigen Hinweise). Die Frage bleibt hier also, ob sich G seinen Gewährleistungspflichten entziehen würde.

V. Die Anfertigung der Lösungsgliederung

In dem so bezeichneten Arbeitsabschnitt ist nun schriftlich ein genaues Lösungsschema herzustellen. Es kommt auf dieser Stufe darauf an, die Lösung des Falles vorzubereiten. Die Tatbestandsmerkmale der in Betracht kommenden Anspruchsgrundlagen sind systematisch, d.h. Merkmal für Merkmal, zu prüfen. Um dies zu erledigen, genügen Stichworte. Aber diese müssen klar gegliedert und so präzise sein, dass der Bearbeiter später seine eigenen Gedanken wiedererkennt. Die *vorläufige* Lösungsgliederung könnte so aussehen:

I. Anspruch des G gegen K auf Herausgabe des Leibl-Bildes aus § 985 BGB
  1. Eigentum des G.
    a) Übereignung an K gemäß § 929 S. 1 BGB.
    b) Anfechtung der Übereignungserklärung? Problem des „Doppelirrtums"? Kein Anfechtungsgrund, da sich G bei der „Einigung" gemäß § 929 S. 1 BGB nicht geirrt hat.
  2. Ergebnis: Kein Anspruch aus § 985.

II. Anspruch aus § 1007 Abs. 1 BGB (–)

III. Anspruch des G gegen K aus § 812 Abs. 1 S. 1 Alt. 1 BGB
  1. Etwas erlangt auf Seiten des K: Besitz und Eigentum an dem Bild
  2. Leistung des G (+)
  3. ohne rechtlichen Grund
    a) Kaufvertrag als Rechtsgrund
    b) Nichtigkeit des Kaufvertrages gemäß § 142 Abs. 1 BGB wegen vollzogener Anfechtung
      aa) Anfechtungsgrund § 119 Abs. 2 BGB: Irrtum über Wert des Bildes unbeachtlich; Irrtum über Urheber des Bildes beachtlich
      bb) Anfechtungserklärung § 143 Abs. 1 BGB: konkludent durch Verlangen nach Rückgabe des Bildes
      cc) Anfechtungsfrist § 121 Abs. 1 S. 1 BGB: hier unverzüglich nach Entdeckung des Irrtums

[3] Vgl. schon BGHZ 78, 216, 218; *BGH* NJW 1979, 160, 161; zum neuen Recht Palandt/*Weidenkaff*, § 437 Rn. 53.

dd) Ausschluss des Anfechtungsrechts des Verkäufers wegen Eigenschaftsirrtum durch das Sachmängelgewährleistungsrecht?
- Anfechtungsrecht des Käufers aus § 119 Abs. 2 BGB jedenfalls nach Gefahrübergang durch §§ 434, 437 ff. BGB ausgeschlossen.
- Gleiches gilt für den Verkäufer, wenn er sich durch Anfechtung der ihn treffenden Gewährleistungspflicht entziehen würde.
- Hier kein Grund für Ausschluss der Anfechtung, da G über werterhöhende Eigenschaften der Kaufsache irrte, die gerade keinen Sachmangel begründen, jedenfalls aber die Ansprüche des K nach § 442 BGB ausgeschlossen wären.

Ergebnis: Herausgabeanspruch des G gegen K aus § 812 Abs. 1 S. 1 Alt. 1 BGB besteht.

VI. Die nochmalige Überprüfung der Lösung

Mit einer derart sorgfältig angefertigten Lösungsgliederung kann eigentlich nichts mehr passieren. In diesem Stadium sollten Sie aber nochmals anhalten. Wenn ein wichtiger Gesichtspunkt in das Blickfeld tritt, den Sie vorher nicht beachtet haben, lässt sich die Lösung jetzt noch ohne Schwierigkeiten ergänzen oder korrigieren.

Gehen Sie den Sachverhalt noch einmal Wort für Wort durch und kontrollieren Sie, ob Sie alle Informationen verwertet haben. Die für den Fall zentrale Irrtumsproblematik nimmt in unserer Lösung ebenso den ihr gebührenden Raum ein wie der Hinweis des K auf den Vorrang des Gewährleistungsrechts. Noch nicht recht verwertet ist der Umstand, dass K den wahren Maler des Bildes sofort erkannt hatte, sowie die Mitteilung der ungefähren Daten von Kaufabschluss und Wiederentdeckung des Bildes durch G. Beides erhält einen Sinn, wenn man die Lösungsskizze um eine Erörterung der Anfechtung wegen arglistiger Täuschung gemäß § 123 BGB ergänzt, die gemäß § 124 BGB noch nicht verfristet ist. Da K nicht verpflichtet war, den G über seinen Irrtum aufzuklären, müssen die Ausführungen zu diesem Punkt allerdings knapp gehalten werden.

K ist zudem nicht nur deshalb mit überlegenen Kunst-Kenntnissen ausgestattet worden, um den Bearbeiter zur Prüfung des § 123 BGB zu inspirieren, sondern auch, um die umstrittene Problematik des beiderseitigen Irrtums über die subjektive Geschäftsgrundlage aus dem Fall herauszuhalten.[4]

Wer den nötigen Überblick hat, wird an solchen Weichenstellungen erkennen, dass er auf dem richtigen Weg ist.

Schließlich erfordert der Fall die Erörterung eines Gesichtspunkts, der dem Bearbeiter nicht schon durch die Formulierung des Sachverhalts nahegelegt wird. Wer den oben erläuterten Ratschlag zum Denken in Gegensätzen (Bejahungs-Verneinungs-Schema) beherzigt, wird sich am Ende seiner Lösungsskizze fragen, ob dem K irgendwelche Gegenrechte zustehen, die er dem Herausgabeverlangen des G entgegenhalten könnte. Immerhin hat er selbst € 6.000 für ein Bild bezahlt, das er nun wieder herausgeben muss, weil der Rechtsgrund für das Behaltendürfen durch die Anfechtung zerstört worden ist. Auch K steht daher aus § 812 Abs. 1 S. 1 Alt. 1 BGB ein – auf Zahlung von € 6.000 – gerichteter Bereicherungsanspruch zu. Bei gegenseitigen Verträgen, die sich als unwirksam herausstellen, gilt nach h.M. die sog. **Saldotheorie**. Sie „verlängert" das Synallagma des gegenseitigen Vertrags auch

---

4 Vgl. etwa *Larenz/Wolf,* AT, § 38 Rn. 5 einerseits; *Medicus,* AT, Rn. 778 andererseits.

in die bereicherungsrechtliche Abwicklung. Sie wird an § 818 Abs. 3 BGB angeknüpft und trifft zwei Aussagen:[5]

1. Haben die (vermeintlichen) Vertragspartner wechselseitig Bereicherungsansprüche, die auf gleichartige Leistungen gerichtet sind (z.B. auf Geld), so werden diese Ansprüche automatisch saldiert. Es hat nur derjenige einen Bereicherungsanspruch, zu dessen Gunsten sich ein Überschuss ergibt. Diese Situation gleichartiger Ansprüche ergibt sich häufig, wenn der Verkäufer einen Bereicherungsanspruch auf Wertersatz nach § 812 Abs. 1 S. 1 Alt. 1 i.V.m. § 818 Abs. 2 BGB hat und der Käufer auf Rückzahlung des Kaufpreises.
2. Sind die gegenseitigen Ansprüche nicht gleichartig (z.B. Herausgabe in natur und Anspruch auf Rückzahlung), dann werden diese Ansprüche unter § 818 Abs. 3 BGB in ein Zug-um-Zug-Verhältnis gestellt, ohne dass es dafür des Zurückbehaltungsrechts aus § 273 BGB bedürfte.

Sie sehen schnell, dass dieser Fall ein Fall der zweiten Konstellation ist. K hat Anspruch auf Rückzahlung der € 6.000; G auf Herausgabe des Bildes. Daher werden diese Ansprüche miteinander verknüpft. K ist nur Zug-um-Zug- gegen Rückzahlung des Kaufpreises zur Herausgabe verpflichtet.

Nachdem Sie die Lösungsskizze in den genannten Punkten ergänzt haben, nehmen Sie noch einmal Ihren Merkzettel vor und streichen Punkt für Punkt von den dort vermerkten Gesichtspunkten durch. Nur bei den Problemen, die Sie in dem Lösungsentwurf nicht „verbraucht" haben, überlegen Sie kritisch, ob der Gesichtspunkt nicht vielleicht doch lösungserheblich ist, und bauen ihn ggf. unter Abänderung bzw. Erweiterung in die Lösungsgliederung ein. Bei den anderen Punkten lässt sich aus dem inzwischen erworbenen Fallverständnis ohne weiteres sagen, dass sie ausscheiden und in die Falllösung nicht einbezogen zu werden brauchen. Steht auf dem Merkzettel beispielsweise das Stichwort „Kalkulationsirrtum", so ist dem nicht weiter nachzugehen, denn K irrte nicht über den in bestimmter Weise berechneten Wert des Bildes, sondern über dessen Urheber.

Bevor mit der Niederschrift der Arbeit begonnen werden kann, ist noch im Sinne einer Ergebniskontrolle zu fragen, ob das gewonnene Ergebnis „recht und billig" ist. Das Rechtsgefühl ist ein ziemlich genaues Messinstrument dafür, ob das Gesetz richtig angewandt wurde. Manch einer mag im vorliegenden Fall daran zweifeln, ob es gerecht ist, dem K sein Schnäppchen wieder abzunehmen. Allerdings: Die §§ 119 ff. BGB sind Ausdruck eines Kompromisses zwischen Privatautonomie und Willensfreiheit einerseits sowie den Schutz- und Verlässlichkeitsbedürfnissen des Rechtsverkehrs andererseits. Dementsprechend wird K durch die Verpflichtung zur Rückgabe des Gemäldes nicht unbillig belastet, denn er erhält sein Geld zurück. Hatte er einen Schaden erlitten, weil er auf den Bestand des Kaufvertrages vertraut hatte, bekäme er diesen gemäß § 122 BGB ersetzt. Insgesamt erscheint das Ergebnis daher als gerecht.

---

[5] *BGH* NJW 1995, 454, 455; 2007, 3425, 3428, Tz. 24; 2009, 2886, 2888, Tz. 15; *Medicus/Petersen*, Bürgerliches Recht, Rn. 224 f.

VII. Die schriftliche Abfassung der Falllösung

Haben Sie sich so zum letzten Mal der Vernünftigkeit Ihres Lösungsweges vergewissert, begeben Sie sich ohne Zögern daran, die Lösungsgliederung in die endgültige Falllösung umzugießen.

Lösung

I. Anspruch des G gegen K auf Herausgabe des Leibl-Bildes aus § 985 BGB

G könnte gegen K einen Anspruch auf Herausgabe des Leibl-Bildes aus § 985 BGB haben.

1. a) Der Herausgabeanspruch aus § 985 BGB setzt voraus, dass G noch Eigentümer des Bildes ist. Indessen hat er es an K übergeben und sich mit ihm über den Eigentumsübergang geeinigt. Gemäß § 929 S. 1 BGB ist K damit Eigentümer des Bildes geworden.

b) Die Wirkungen dieser Übereignung könnten jedoch gemäß § 142 Abs. 1 BGB rückwirkend wieder entfallen sein, wenn G seine Willenserklärung wirksam angefochten hat.

Dann müsste ein Anfechtungsgrund vorliegen.

aa) In Betracht kommt ein Inhaltsirrtum gemäß § 119 Abs. 1 Alt. 1. BGB. Ein Inhaltsirrtum setzt voraus, dass das objektive Erklärte von dem subjektiv Gewollten abweicht. G hielt das Gemälde von Leibl fälschlich für ein Bild von Duveneck. Er unterlag also einem Irrtum. Die Übereignungserklärung nach § 929 S. 1 BGB hat jedoch allein den Inhalt, dass das Eigentum an einem konkreten Gegenstand übergehen soll. Das wollte G in dem Zeitpunkt seiner Übereignungserklärung auch. Das ihm vorliegende Gemälde sollte in das Eigentum des K übergehen. Er hat genau das erklärt, was er erklären wollte: die Übereignung des Gemäldes an den Erwerber K. Ein Inhaltsirrtum scheidet damit aus. Aus dem gleichen Grund kommt auch ein Erklärungsirrtum gemäß § 119 Abs. 1 Alt. 2 BGB nicht in Betracht.

bb) Es könnte ein Irrtum über eine verkehrswesentliche Eigenschaft der Sache im Sinne des § 119 Abs. 2 BGB vorliegen. Der Irrtum des G könnte darin begründen, dass G das Bild von vornherein nicht übereignet hätte, wenn er gewusst hätte, dass es sich um einen Leibl handelt.

Es kann jedoch dahinstehen, ob dieser Irrtum eine verkehrswesentliche Eigenschaft des Bildes betrifft, wenn der Irrtum über eine Eigenschaft der Kaufsache den Veräußerer ohnedies nicht zur Anfechtung des Verfügungsgeschäfts nach § 929 S. 1 BGB berechtigen würde. Die Frage ist umstritten.

Die Anfechtbarkeit des Verfügungsgeschäftes ließe sich einerseits mit dem Argument verneinen, das Verfügungsgeschäft sei nach der Konzeption des BGB vom Bestand und damit auch von den Mängeln des Grundgeschäfts unabhängig;[6] die dingliche Übereignung beziehe sich nur auf die Sache selbst und nicht auf deren Eigenschaft.

Andererseits ist teilweise die Anfechtung auch der Übereignung zugelassen worden, wenn diese mit dem Kaufvertrag in „einem einheitlichen Willensakte“ zusammen-

---

[6] Staudinger/*Wiegand,* § 929 Rn. 18 ff.

fällt[7]. Das lässt sich damit begründen, dass der Irrtum dann untrennbar sowohl das Verpflichtungs- als auch das Verfügungsgeschäft betrifft.

Im Ergebnis spricht für einen Ausschluss der Anfechtung, dass die Frage nach der Verkehrswesentlichkeit von Eigenschaften allein im Rahmen des Grundgeschäfts sinnvoll gestellt werden kann. Für das Verfügungsgeschäft kommt es allein darauf an, dass das Eigentum an einem bestimmten Gegenstand wirksam auf einen anderen übertragen wird. Zwar regelt § 119 Abs. 2 BGB gerade den Fall des ausnahmsweise beachtlichen Motivirrtums. Gerade weil sich die Übereignung auf eine bestimmte Sache bezieht, so will eben der Veräußerer diese Sache mit bestimmten Eigenschaften übereignen und er hätte dies nicht gewollt, wenn er über die Eigenschaft im Klaren gewesen wäre[8]. Indessen setzt dieser Gedankenschluss bereits voraus, dass der Veräußerer nicht schuldrechtlich zur Übereignung verpflichtet bzw. auch das Grundgeschäft anfechten kann, denn sonst hätte er den Gegenstand gleichwohl übereignen müssen, weil er nach dem Kaufvertrag dazu verpflichtet gewesen wäre. Daher lässt sich im Ergebnis die Frage nach der Anfechtung nach § 119 Abs. 2 BGB in Bezug auf die Übereignung des Kaufgegenstands doch nicht ohne Rückgriff auf das Kausalverhältnis entscheiden. Daher ist es vorzugswürdig, die Anfechtung nach § 119 Abs. 2 BGB nicht auf die Übereignungserklärung zu erstrecken. [a.A. sehr gut vertretbar]

cc) G könnte sich jedoch u. U. auf den Anfechtungsgrund des § 123 BGB berufen, der nach verbreiteter Ansicht auf das Verfügungsgeschäft durchschlägt.[9] In Betracht kommt insoweit allenfalls eine arglistige Täuschung.

Eine Täuschung ist eine falsche Erklärung über Tatsachen. Eine Täuschung durch aktives Tun liegt insoweit nicht vor. In Betracht kommt aber eine Täuschung durch Unterlassen des K, der den G nicht über den wahren Urheber des Bildes aufgeklärt hat. Eine Täuschung durch Unterlassen kommt jedoch nur in Betracht, wenn K zur Aufklärung über den Urheber des Bildes verpflichtet war. Indessen gehört es nicht zu den Pflichten des Käufers, einen geschäftserfahrenen Verkäufer über mögliche Nachteile des in Aussicht genommenen Kaufes aufzuklären.[10] Insoweit ist die eigene Risikosphäre des Käufers betroffen. Mangels Aufklärungspflicht stellt das Schweigen des K also keine Täuschung dar. Daher scheidet auch ein Anfechtungsgrund nach § 123 BGB aus.

Die Willenserklärung des G ist somit nicht durch Anfechtung rückwirkend vernichtet worden.

Ergebnis: G hat damit das Eigentum an dem Bild an K verloren. Er hat gegen K keinen Anspruch auf Herausgabe aus § 985 BGB.

II. Anspruch auf Herausgabe des Gemäldes aus § 1007 Abs. 1 BGB

In Betracht kommt ferner ein Anspruch aus § 1007 Abs. 1 BGB.

G hatte das Gemälde früher in Besitz.

K müsste bei Besitzerwerb nicht in gutem Glauben bezüglich der eigenen Besitzberechtigung gegenüber dem G gewesen sein. Einem fehlenden guten Glauben steht es

---

[7] RGZ 66, 385, 390; zustimmend Palandt/*Ellenberger*, Überbl. § 104 Rn. 23; wohl auch *BGH* NJW 1988, 2597, 2599.

[8] MünchKomm/*Oechsler*, § 929 Rn. 33; a.A. *Flume*, AT/2, § 24, Anm. 2 b).

[9] MünchKomm/*Oechsler*, § 929 Rn. 33; Staudinger/*Wiegand*, § 929 Rn. 20.

[10] Vgl. *Köhler*, AT, § 7 Rn. 41.

gemäß § 142 Abs. 2 BGB gleich, wenn K die Anfechtbarkeit des Rechtsgeschäfts kannte, das ihm das Besitzrecht verschaffen könnte. K wusste, dass sich G in einem Irrtum über die Eigenschaft des Bildes befand und hat damit die Anfechtbarkeit des Kaufvertrags erkannt. Daher war er auch bezüglich des Erwerbs des Besitzes bösgläubig.

Gemäß § 1007 Abs. 3 BGB i.V.m. § 986 BGB ist der Anspruch jedoch ausgeschlossen, wenn K ein (besseres) Besitzrecht an der Sache hat. K ist wirksam Eigentümer der Sache geworden; die Übereignung ist nicht anfechtbar (s.o. I). Mit § 1007 Abs. 1 BGB kann nicht der Besitzer vom Eigentümer Herausgabe der Sache fordern, arg. § 1007 Abs. 2 Alt. 1 BGB. Daher ist der Anspruch ausgeschlossen.

III. Anspruch des G gegen K auf Herausgabe des Leibl-Bildes aus § 812 Abs. 1 S. 1 Alt. 1 BGB

G könnte gegen K einen Anspruch auf Herausgabe des Bildes aus § 812 Abs. 1 S. 1 Alt. 1 BGB haben.

1. K hat Besitz und Eigentum an dem Gemälde und damit etwas erlangt.

2. Dies müsste durch Leistung geschehen sein. Leistung ist die bewusste und zweckgerichtete Mehrung fremden Vermögens. Die Übergabe und Übereignung an K geschah in Erfüllung des Kaufvertrags und damit durch eine bewusste und zweckgerichtete Vermögenszuwendung. Eine Leistung des G liegt vor.

3. Der Bereicherungsanspruch setzt weiter voraus, dass die Vermögensverschiebung ohne rechtlichen Grund erfolgte. Als Rechtsgrund kommt der Kaufvertrag zwischen G und K in Betracht.

a) Der Kaufvertrag zwischen G und K ist wirksam zustande gekommen, § 433 BGB.

b) Er könnte jedoch durch Anfechtung von Seiten des G gemäß § 142 Abs. 1 BGB vernichtet worden sein[11].

aa) Als Anfechtungsgrund kommt ein Eigenschaftsirrtum gemäß § 119 Abs. 2 BGB in Betracht. G hat sich beim Abschluss des Kaufvertrages über den Urheber und damit auch über den Wert des Bildes geirrt. Verkehrswesentliche Eigenschaften sind alle Umstände, die der Verkehr für die Wertschätzung der Sache als bedeutsam ansieht, nicht aber der Wert des Kaufgegenstandes an sich.[12] Bei einem Ölgemälde zählt seine Herkunft aber zu den seinen Wert mitbestimmenden Faktoren. Daher hat sich G über eine verkehrswesentliche Eigenschaft des Bildes geirrt.

Wie sich aus dem Verweis des § 119 Abs. 2 BGB auf Abs. 1 ergibt, berechtigt auch der Eigenschaftsirrtum nur dann zur Anfechtung, wenn der Anfechtungsberechtigte die Erklärung bei Kenntnis der Sachlage und verständiger Würdigung des Falles nicht abgegeben haben würde, so dass der Irrtum für die Erklärung kausal geworden sein muss. G hätte das Bild nicht zum Preis von € 6.000 verkauft, wenn er gewusst hätte, dass es sich um ein Gemälde von Leibl handelt, dessen Werke wesentlich höher gehandelt werden als diejenigen Duvenecks. Daher ist das Kausalitätserfordernis gewahrt.

---

11 § 119 Abs. 1 BGB kann hier weggelassen werden. Zwar wäre es streng genommen erforderlich, die Frage eines Inhalts- oder Erklärungsirrtum hier erneut, und zwar bezogen auf den Kaufvertrag, zu prüfen. Indessen ist ersichtlich, dass auch insoweit objektiv Erklärtes und subjektiv Gewolltes übereinstimmen. G wollte das Bild in diesem Zeitpunkt verkaufen und hat dies auch erklärt. Sein Irrtum betraf einen vorgelagerten Umstand und stellt damit einen Motivirrtum dar.

12 BGHZ 16, 54, 57; Palandt/*Ellenberger*, § 119 Rn. 24, 27.

Die Voraussetzungen für den Anfechtungsgrund des § 119 Abs. 2 BGB liegt damit insgesamt vor.

bb) Als Anfechtungserklärung gemäß § 143 Abs. 1 BGB genügt jede Mitteilung an den Geschäftsgegner, die den Willen erkennen lässt, das Geschäft wegen eines Willensmangels nicht gelten lassen zu wollen. Diesen Anforderungen genügt das K gegenüber erhobene Rückgabeverlangen des G unter Berufung auf seinen Irrtum.[13]

cc) Die Anfechtung müsste auch unverzüglich erklärt worden sein. G hat unmittelbar nach Entdeckung seines Irrtums das Bild von K zurück gefordert. Daher erfolgte die Anfechtung ohne schuldhaftes Zögern. G hat die Anfechtungsfrist des § 121 Abs. 1 S. 1 BGB eingehalten.

dd) Das Anfechtungsrecht könnte aber wegen des Vorrangs der kaufrechtlichen Gewährleistung ausgeschlossen sein. Nach allgemeiner Meinung schließen die §§ 434 ff. BGB das Recht des Käufers aus § 119 Abs. 2 BGB zur Anfechtung des Kaufvertrages wegen Irrtums über verkehrswesentliche Eigenschaften aus.[14] Ob der Vorrang des Gewährleistungsrechts auch vor Gefahrübergang gilt, ist umstritten.[15] Dies kann hier jedoch offenbleiben. G hat das Bild dem K übergeben, so dass damit die Gefahr übergegangen ist, § 446 Abs. 1 S. 1 BGB.

Was das Anfechtungsrecht des Verkäufers aus § 119 Abs. 2 BGB anlangt, so wird die Auffassung vertreten, auch insoweit gelte der Vorrang der §§ 434 ff. BGB.[16] Die Anfechtung durch den Verkäufer sei nur bezüglich solcher Eigenschaften zuzulassen, die keinen Sachmangel darstellten, weil sie den Wert der Kaufsache im Vergleich zur vertraglichen Sollbeschaffenheit erhöhten. Diese Behandlung kann nur dann überzeugen, wenn der Fehlerbegriff von vornherein auf für den Käufer nachteilige Abweichungen der Ist- von der Sollbeschaffenheit beschränkt wäre, denn nur dann fallen „werterhöhende Fehler“ aus dem Anwendungsbereich der §§ 437 ff. BGB heraus. Eine solche Restriktion widerspräche jedoch dem in § 434 Abs. 1 S. 1 BGB zugrundegelegten Begriff des Sachmangels. Danach kann auch der Umstand, dass ein Gemälde von einem anderen – nicht notwendigerweise „schlechteren“ – Maler stammt, eine Abweichung von einer vereinbarten Beschaffenheit sein.[17] Darüber hinaus ergibt sich aus § 434 Abs. 3 BGB, dass auch die Lieferung eines – auch höherwertigen – Aliuds einem Sachmangel gleichsteht.[18] Man kann daher durchaus in der Lieferung des Leibl-Bildes eine mangelhafte Leistung des vertraglich geschuldeten Duveneck-Gemäldes erkennen. Nach der in der Literatur vertretenen Auffassung müsste demnach das Anfechtungsrecht des Verkäufers ausgeschlossen sein.

Allerdings will der Käufer bei Lieferung eines höherwertigen Aliuds von seinen Mängelrechten ja gerade i.d.R. keinen Gebrauch machen. Die Rechtsprechung geht vor diesem Hintergrund mit Recht von dem entgegengesetzten Grundsatz aus, nach dem die kaufrechtlichen Gewährleistungsvorschriften das Recht des Verkäufers zur Anfechtung wegen Eigenschaftsirrtums unberührt lassen, soweit und weil ein Kon-

---

13 Auf die umstrittene Frage, ob es einer Offenlegung des Anfechtungsgrundes bedarf, kommt es hier nicht an. Vgl. dazu *Köhler*, AT, § 7 Rn. 76; Palandt/*Ellenberger*, § 143 Rn. 3.

14 BGHZ 78, 216, 218; Palandt/*Ellenberger*, § 119 Rn. 28.

15 Vgl. BGHZ 34, 32, 37 f. einerseits; *Medicus/Lorenz*, Schuldrecht II, Rn. 67 ff. andererseits.

16 *OLG Oldenburg* NJW 2005, 2556; Palandt/*Weidenkaff*, § 437 Rn. 53; *Medicus/Lorenz*, Schuldrecht II, Rn. 270 f.

17 BGHZ 63, 369, 371; *Honsell*, JZ 1989, 44; Palandt/*Ellenberger*, § 119 Rn. 27.

18 Vgl. Palandt/*Weidenkaff*, § 434 Rn. 52a.

kurrenzverhältnis gar nicht besteht.[19] Die §§ 437 ff. BGB begründen nur Rechte des Käufers, nicht aber solche des Verkäufers. Deshalb kann eine Konkurrenz schon von vornherein aus systematischen Gründen nicht auftreten.

ee) Das Anfechtungsrecht könnte dann aber aus Gründen von Treu und Glauben, § 242 BGB, ausgeschlossen sein. Darf der Verkäufer anfechten, besteht die Gefahr, dass er sich seinen Gewährleistungspflichten zu entziehen versucht, etwa indem er sich gegen den Schadensersatzanspruch des Käufers aus § 311 a Abs. 2 BGB oder §§ 280 Abs. 1, 3, 283 BGB mit der Berufung auf seinen eigenen Irrtum über die Eigenschaft der Sache verteidigt. Die Geltendmachung der Anfechtung ist daher rechtsmissbräuchlich und daher unbeachtlich, wenn sie zu dem Zweck erfolge, Gewährleistungsansprüche des Käufers zu vereiteln.

In Betracht käme zwar ein Nacherfüllungsanspruch des K aus §§ 437 Nr. 1, 439 BGB, gerichtet auf Lieferung des echten Duveneck-Bildes. K hat diesen Anspruch jedoch nicht geltend gemacht, weil er ja gerade das Leibl-Bild behalten wollte. Außerdem wäre ein solcher Anspruch nach § 442 BGB ausgeschlossen, weil K den Mangel, der darin liegt, dass das Bild tatsächlich nicht von Duveneck stammt, erkannt hatte. G entzieht sich also durch Anfechtung gerade nicht seinen Erfüllungs- und Gewährleistungspflichten. Sein Anfechtungsrecht ist deshalb nicht durch § 242 BGB ausgeschlossen.

ff) Die Anfechtung des Kaufvertrages könnte schließlich am Vorrang der Regeln über die Störung der Geschäftsgrundlage (§ 313 BGB) scheitern. Unterlagen beide Parteien einem nach § 119 Abs. 2 BGB beachtlichen Motivirrtum, so soll es nicht vom Zufall abhängen, wer zuerst anficht und wegen § 122 BGB dem anderen auf Schadensersatz haftet. K hat jedoch sofort erkannt, dass es sich um ein Gemälde von Wilhelm Leibl handelte, sich also gerade nicht geirrt. Bei einem bloß einseitigen Irrtum bleibt es indessen bei der Anwendbarkeit des § 119 Abs. 2 BGB.

gg) Daher hat G seine Willenserklärung wirksam angefochten. Die Anfechtung bewirkt gemäß § 142 Abs. 1 BGB, dass das Rechtsgeschäft von Anfang an als nichtig anzusehen ist. Ein Rechtsgrund für die Leistung des G war also von vornherein nicht vorhanden.

4. Zwischenergebnis: Der Anspruch des G gegen K gemäß § 812 Abs. 1 S. 1 Alt. 1 BGB auf Herausgabe des Leibl-Bildes ist entstanden.

5. Der Anspruch auf Herausgabe des Bildes könnte aber durch § 818 Abs. 3 BGB ausgeschlossen sein. Nach § 818 Abs. 3 BGB ist der Anspruch ausgeschlossen, soweit der Empfänger nicht mehr bereichert ist. Bei gegenseitigen Verträgen, die sich als unwirksam erweisen, ist zu berücksichtigen, dass die Vertragsparteien wechselseitige Bereicherungsansprüche haben können. Infolge der von G betriebenen Anfechtung des Kaufvertrags entfällt gemäß §§ 142 Abs. 1, 812 Abs. 1 S. 1 Alt. 1 BGB nicht nur der Rechtsgrund für das Behaltendürfen des Bildes durch K, sondern auch der Rechtsgrund für das Behaltendürfen des Kaufpreises in Höhe von € 6.000 durch G. Insoweit steht dem K also ein Herausgabeanspruch gegen G zu.

Nach der sog. Saldotheorie muss das Gegenseitigkeitsverhältnis der Ansprüche auch bei der bereicherungsrechtlichen Abwicklung berücksichtigt werden, weil die Bereicherungsansprüche an die Stelle der vertraglichen Ansprüche treten. Der Bereicherungsanspruch des einen Vertragspartners ist daher von vornherein inhaltlich

---

[19] *BGH* NJW 1988, 2597, 2598.

beschränkt durch den Bereicherungsanspruch des anderen. Die Ansprüche sind bei ungleichartigen Leistungen Zug-um-Zug zu erfüllen.[20]

Ergebnis: Daher kann G von K gemäß § 812 Abs. 1 S. 1 Alt. 1 BGB Herausgabe des Gemäldes Zug um Zug gegen Zahlung von € 6.000 verlangen.

2. Fall: Der junge Schäferhund (Grundlagen des Vertragsschlusses, Auslegung)

Sachverhalt

Bei einem Besuch im Januar erklärt H dem Hundezüchter Z, er wäre an einem Rüden interessiert, wenn Z in Zukunft wieder einmal einen Wurf Welpen von einer bestimmten Schäferhündin habe. Als die Hündin tatsächlich geworfen hat, wendet sich Z am Montag, den 15. 3. an H mit der Erklärung, er sei jetzt in der Lage, ihm einen Rüden zum üblichen Preis von € 500 zu liefern; H müsse sich aber „binnen zwei Wochen" entscheiden. H geht der Brief, in dem als Absendedatum der 15. 3. notiert ist, am 17. 3. zu. Er diktiert noch am selben Tag seine Zustimmung. Der von ihm unterschriebene Brief gerät bei seiner Sekretärin aber versehentlich statt in die Postausgangsmappe in die Ablage und wird deshalb erst am 28. 3. zur Post gegeben, so dass er erst am 30. 3. bei Z eingeht. Aus dem Wurf ist jetzt nur noch ein einziger Rüde vorhanden, den Z aber, da er von H nichts gehört hatte, am Morgen des 30. 3. bereits anderweitig verkauft hat. H verlangt von Z die Lieferung des Rüden. Mit Recht?

Gutachterliche Überlegungen

I. Anspruch auf Übergabe und Übereignung des Rüden gemäß § 433 Abs. 1 S. 1 BGB

H könnte gegen Z einen Anspruch auf Übergabe und Übereignung des noch vorhandenen Rüden gemäß § 433 Abs. 1 S. 1 BGB haben. Dann müsste über dieses Tier mit ihm ein Kaufvertrag[21] zustande gekommen sein.

---

[20] *BGH* NJW 1973, 713, 715; 1988, 3011; vgl. auch *Braun,* JuS 1981, 813, 815; abweichend vgl. *Medicus/Petersen,* Bürgerliches Recht, Rn. 224 ff. Es bliebe noch zu überlegen, ob die Saldotheorie überhaupt zu Lasten des G anwendbar ist, da K den Irrtum des G erkannt hatte und damit Kenntnis vom Anfechtungsgrund hatte, § 142 Abs. 2 BGB, so dass er i.S.d. § 819 BGB bösgläubig war. Nach der Rechtsprechung findet zu Gunsten eines Bösgläubigen aber keine Saldierung der wechselseitigen Ansprüche statt (so zur arglistigen Täuschung BGHZ 53, 144); die verfahrensrechtliche Verknüpfung über die Zug-um-Zug-Verurteilung bei ungleichartigen Ansprüchen bleibt davon aber unberührt (*BGH* NJW 2009, 2886, 2888, Tz. 16).

[21] Vom Inhalt her kommt hier nur ein Kauf in Betracht. Beim Werkvertrag würde sich Z „zur Herstellung des versprochenen Werks" verpflichtet haben (§ 631 Abs. 1 BGB). Aber abgesehen davon, dass er dem H erst schreibt, nachdem die Schäferhundhündin bereits geworfen hat, der Vertragsgegenstand also bereits „hergestellt" war, ist auch nichts dafür ersichtlich, dass sich Z dem H gegenüber aufgrund von dessen früheren Besuch dazu verpflichten wollte, für ihn die Hündin wieder belegen zu lassen, um ausgerechnet das Interesse des H an der Erlangung eines Welpen zu befriedigen. Die Prüfung eines Werkvertrags wäre hier eher fernliegend. Vertretbar erscheint allerdings die Annahme eines Werklieferungsvertrags, § 651 BGB.

1. Dann müssten H und Z sich über den Kauf des Rüden geeinigt haben. Das setzt zwei inhaltlich übereinstimmende, mit Bezug aufeinander abgegebene Willenserklärungen voraus (vgl. §§ 145 ff. BGB).

a) Ein entsprechendes Angebot könnte bereits von H bei seinem Besuch im Januar abgegeben worden sein. H hat jedoch nur sein Interesse an einem jungen Schäferhund aus der Zucht des Z bekundet. Er wollte sich noch nicht verbindlich festlegen. Er hätte sich den Hund nach wie vor auch woanders kaufen können. Zudem war zu dem Zeitpunkt noch gar nicht absehbar, wann die Schäferhündin wieder Junge bekommen würde. Es handelte sich daher nur um eine Aufforderung an Z, ihm im gegebenen Fall seinerseits ein Angebot zu unterbreiten (sog. invitatio ad offerendum). In der Interessensbekundung lag mithin noch kein Angebot des H zum Abschluss eines Kaufvertrags.

b) Das Angebot lag aber in dem Schreiben des Z vom 17. 3. Es war auch inhaltlich so bestimmt, dass es durch ein einfaches „Ja" von Seiten des Adressaten hätte angenommen werden können. Zwar war der Kaufgegenstand noch nicht endgültig fixiert, weil nicht feststand, welchen von den mehreren männlichen Welpen der H bekommen sollte. Das Schreiben ist jedoch als Angebot zur Übernahme einer beschränkten Gattungsschuld anzusehen, bei der die Verpflichtung des Z auf seinen Vorrat beschränken soll (Vorratsschuld). Als Züchter wollte Z auch nicht etwa eine Wahlschuld mit einem eigenen Wahlrecht oder einem Wahlrecht des Gläubigers H eingehen (vgl. §§ 262 ff. BGB). Sein Angebot ist dahin auszulegen (§ 133 BGB), dass sich die Offerte auf den letzten noch vorhandenen Rüden konzentrieren sollte, falls Z nach Absendung des Schreibens an H die übrigen Rüden anderweitig verkauft haben würde.[22]

c) Dieses Angebot müsste von H aber auch wirksam angenommen worden sein.

aa) H hat sofort nach Empfang des Angebots an Z geschrieben, dass er einen Hund aus dem Wurf erwerben wolle. Eine Annahmeerklärung des H liegt vor. Diese Erklärung ist dem Z auch zugegangen (§ 130 Abs. 1 S. 1 BGB).

bb) Die Annahmeerklärung des H könnte aber ins Leere gegangen sein, wenn zu dem Zeitpunkt, als sie dem Z zuging, dessen Angebot bereits erloschen war. Das setzt voraus, dass die Annahme nicht mehr rechtzeitig eingetroffen ist (§ 146 BGB).

(1) Z hatte für die Annahme des Antrags dem H eine Frist von zwei Wochen bestimmt. Daher konnte die Annahme nur innerhalb dieser Frist erfolgen (§ 148 BGB).

Was mit „binnen zwei Wochen" gemeint war, ist eine Frage der Auslegung (§§ 133, 157 BGB). Abzustellen ist darauf, wie der H in der Person des Erklärungsempfängers die von Z gesetzte Frist verständigerweise verstehen musste.

Man könnte darunter verstehen, dass H zwei Wochen Bedenkzeit haben sollte. Dann wäre die Frist erst ab Zugang in Gang gesetzt worden. Die Frist wäre noch nicht abgelaufen gewesen, weil H das Schreiben des Z am 17. 3. bekommen hatte und seine Antwort bei Z am 30. 3. eingegangen ist.

Dazu würde indessen auch das Kaufrecht über die Verweisung in § 651 S. 1 BGB anwendbar sein.

[22] Da nur noch ein Rüde vorhanden ist, könnte der Z bei Wirksamkeit des Vertrages mit H nicht beide Vertrage erfüllen und müsste ggf. an einen der beiden Käufer Schadensersatz wegen Nichterfüllung leisten (§§ 280, 283 BGB oder – je nach Zeitpunkt des Vertragsschlusses – § 311a Abs. 2 BGB).

Es ließe sich aber auch annehmen, dass die Frist ab der Absendung des Briefs zu laufen beginnen sollte. Für diese Auslegung spricht das Interesse des H, seinerseits nur zwei Wochen ab Abgabe seines Angebots gebunden sein zu wollen. Wie auch der anderweitige Verkauf des letzten Rüden schon am 30. 3. zeigt, entspricht es dem wirtschaftlichen Interesse eines Züchters in der Person des H, die geworfenen Hunde möglichst rasch zu verkaufen. In einem frühen Entwicklungsstadium lassen sich die Tiere regelmäßig besser absetzen, solange sie noch Welpen sind. Zudem lag es im Interesse des H, die eigenen Aufwendungen für die Unterhaltung der Jungtiere in Grenzen zu halten. Maßgeblich für die Berechnung der Wochenfrist ist daher das Absendedatum des Angebots, also der 15. 3.

Hinweis: Die Auslegung der Frist als Bedenkzeit ist gleichermaßen gut vertretbar. Wichtig ist es nur, das Problem als Auslegungsproblem zu erkennen und die Interessen der Parteien zu identifizieren.

(2) Die Frist zur Annahme berechnet sich nach §§ 187, 188 BGB. Ist für den Beginn einer Frist ein Ereignis maßgebend, so wird der Tag, in welchen das Ereignis fällt, bei der Berechnung der Frist nicht mitgezählt, § 187 Abs. 1 (sog. Zivilkomputation[23]). Z hat „zwei Wochen" als Frist bestimmt. Das maßgebende Ereignis ist die Abgabe des Angebots am 15. 3.

Für die Länge und das Ende der Frist gilt § 188 Abs. 2 BGB. Danach endet eine nach Wochen bestimmte Frist in den Fällen des § 187 Abs. 1 BGB mit dem Ablauf desjenigen Tages, welcher durch seine Benennung dem Tag entspricht, in den das Ereignis fällt. Das Ereignis fällt in den 15. 3. Daher endete die Antragsfrist am 29. 3. Die Annahmeerklärung des H traf bei Z aber erst am 30. 3. ein und war demzufolge verspätet.

cc) Die Annahme des H könnte aber gemäß § 149 S. 2 BGB gleichwohl nicht als verspätet gelten. Ist eine dem Antragenden verspätet zugegangene Annahmeerklärung dergestalt abgesendet worden, dass sie bei regelmäßiger Beförderung ihm rechtzeitig zugegangen sein würde, und musste der Antragende dies erkennen, so hat er die Verspätung dem Annehmenden unverzüglich nach dem Empfang der Erklärung anzuzeigen, sofern es nicht schon vorher geschehen ist. Verzögert er die Absendung der Anzeige, so gilt die Annahme als nicht verspätet.

Zwar hat Z dem H den verspäteten Zugang der Annahme nicht angezeigt. Eine Obliegenheit, dem Annehmenden den verspäteten Zugang seiner Erklärung und damit das Scheitern des Vertragsschlusses mitzuteilen, trifft den Anbietenden aber nur dann, wenn die Akzeptationserklärung „dergestalt abgesendet" worden war, dass sie ihm bei regelmäßiger Beförderung zugegangen sein würde. Es sollen also nur Fehler in der Postbeförderung ausgeglichen werden, von denen der Absender der Annahmeerklärung naturgemäß nichts wissen und denen er auch nicht vorbeugen kann. H hat die Annahmeerklärung gleich am Tage des Eingangs der Offerte unterschrieben. Der Grund für die Verspätung seiner Erklärung lag jedoch in seinem Betrieb, indem seine Sekretärin den Brief versehentlich hatte in die Ablage geraten lassen, statt sie in den Postausgang zu geben. Die Sekretärin ist Erklärungsbotin des H. Ihr Versäumnis muss sich H daher zurechnen lassen. Daher hatte H die Erklärung nicht dergestalt abgesendet, dass sie dem Z bei regelmäßiger Beförderung rechtzeitig zugegangen sein würde. Die Annahme gilt nicht gemäß § 149 S. 2 BGB als rechtzeitig zugegangen.

Daher ist ein Vertrag mangels rechtzeitigen Zugangs der Annahmeerklärung des H nicht zustande gekommen.

---

[23] Merke: In den meisten Fällen ist § 187 Abs. 1 BGB einschlägig, nicht § 187 Abs. 2 BGB.

II. Ergebnis

H hat daher keinen Anspruch auf Übergabe und Übereignung des letzten vorhandenen Rüden aus § 433 Abs. 1 S. 1 BGB.

Ergänzende Hinweise

Der Fall betraf einen vertraglichen Erfüllungsanspruch. Die Klausurprobleme bei Ansprüchen aus § 433 Abs. 1 S 1. und Abs. 2 BGB liegen meist bei den allgemeinen Problemen der Rechtsgeschäftslehre wie dem Zustandekommen des Vertrags. Dementsprechend betraf die vorstehende Klausur nur die Anspruchsentstehung. Wichtig war hier, das Auslegungsproblem zu erkennen. Insoweit sollten Sie eine Faustregel merken: Immer dann, wenn der Klausurersteller Teile einer Erklärung oder Urkunde wörtlich in Anführungsstrichen wiedergibt, können Sie fast sicher sein, dass das genaue Verständnis der Passage entscheidend ist; es geht dann fast immer um eine Auslegungsfrage.

Inhaltlich spricht der Fall am Rande mehrere Bereiche an, die zur Klausurvorbereitung vertiefter Auseinandersetzung bedürfen.

1. Fragen des Zugangs von Willenserklärungen sind häufig Gegenstand von Anfängerklausuren. Der Zugang ist im Gesetz nicht definiert. § 130 BGB sagt nur, dass die empfangsbedürftige Willenserklärung wirksam wird, wenn sie dem anderen zugeht.

Bei einer verkörperten, schriftlichen Willenserklärung ist der Zugang bewirkt, wenn die Erklärung 1. so in den Machtbereich des Empfängers gelangt ist, dass er 2. unter normalen Umständen die Möglichkeit hat, sie zur Kenntnis zu nehmen.[24] Wann der Empfänger tatsächlich vom Inhalt der Erklärung Kenntnis erlangt, ist unerheblich. Ein Brief, der in den Hausbriefkasten eingeworfen worden ist, geht daher zu, sobald mit der Leerung des Briefkastens zu rechnen ist. Beim Fax ist streitig, ob Zugang bereits mit Signaleingang oder erst mit Ausdruck vorliegt.

Gem. § 130 Abs. 1 S. 2 ist ein Widerruf der Willenserklärung grundsätzlich bis zum Zugang (vorher oder gleichzeitig) möglich. Danach ist die Willenserklärung wirksam, d.h. der Erklärende muss sich an seiner Erklärung festhalten lassen. Er kann seine Willenserklärung nur noch bei Bestehen eines Anfechtungsrechts beseitigen.

Eine mündliche oder telefonisch abgegebene Willenserklärung ist zugegangen, wenn der Empfänger sie richtig vernommen hat. Außerdem ist nach der sog. (modifizierten) Vernehmungstheorie der Zugang auch dann bewirkt, wenn der Erklärende erkennbar davon ausgehen durfte, dass der Empfänger die Erklärung (richtig) verstanden hat.

Bedient sich der Erklärende einer Mittelsperson, um seine Willenserklärung zu übermitteln, so ist zu unterscheiden, ob die Mittelsperson Vertreter oder (Erklärungs-) Bote sein soll. Beim Erklärungsboten geht die Erklärung nur wirksam zu, wenn sie der Bote tatsächlich übermittelt. Bei Mittelspersonen auf der Empfängerseite kann es sich um einen Empfangsvertreter oder einen Empfangsboten handeln. Das Risiko der Falschübermittlung an den Empfänger trägt in diesen Fällen der Empfänger. Daher ist es wichtig, zwischen Erklärungsboten und Empfangsboten zu unterscheiden,

---

[24] BGHZ 137, 205, 208; *BGH* NJW 2004, 1320; *Köhler*, AT, § 6 Rn. 13.

wenn beispielsweise der Erklärende dem Kind des Erklärungsadressaten aufgibt, eine Erklärung an die Eltern zu übermitteln. In diesem Fall ist das Kind Erklärungsbote, wenn es nicht wegen seines Alters geeignet erscheint und die Gewähr dafür bietet, dass es die Erklärung vorgabegemäß übermitteln wird.

Literaturhinweise: *Eisfeld*, Der Zugang von Willenserklärungen, JA 2006, 851; *Joussen*, Abgabe und Willenserklärungen unter Einschaltung einer Hilfsperson, Jura 2003, 577; *Lange*, Die Willenserklärung – Teil 2, JA 2007, 766; *Petersen*, Die Wirksamkeit der Willenserklärung, Jura 2006, 426; *Weiler*, Der Zugang von Willenserklärungen, JuS 2005, 788.

2. Der Fall berührt am Rande Fragen der Gattungsschuld. Rechtsfragen der Gattungsschuld sind häufig Gegenstand von Klausuren.

Vor allem folgender Zusammenhang verdient Beachtung. Eine Gattungsschuld liegt vor, wenn die Parteien den Leistungsgegenstand nicht individuell auf einen einzelnen Gegenstand festlegen, sondern ihn nur nach bestimmten Merkmalen festlegen (Marke, Klasse, Herstellungsjahr, Farbe etc.).

Die Vereinbarung einer Gattungsschuld ist regelmäßig bedeutsam für die Unmöglichkeit der Leistung. Solange Lieferung aus der Gattung möglich ist, ist die Leistung nicht unmöglich i.S.d. § 275 Abs. 1 BGB. Anders ist dies nur, wenn die Parteien eine Vorratsschuld vereinbart haben, in dem sie die Gattungsschuld auf den beim Schuldner vorhandenen Vorrat begrenzen wollten und wenn dieser Vorrat erschöpft ist.

Außerdem kann sich die Gattungsschuld zur Stückschuld konkretisieren. Das ist in § 243 Abs. 2 BGB geregelt. Hat der Schuldner das seinerseits Erforderliche getan, so beschränkt sich das Schuldverhältnis auf diese Sache, mit der der Schuldner das Erforderliche getan hat. Aus der Gattungsschuld wird eine Stückschuld; die Unmöglichkeit der Leistungserbringung ist gegeben, wenn mit dieser Sache die Erfüllung unmöglich wird. Fraglich ist dann stets, was das „seinerseits Erforderliche" ist. Hier liegt häufig ein Anlass für Missverständnisse. Für die Konkretisierung nach § 243 Abs. 2 BGB kommt es nicht darauf an, dass der vertraglich geschuldete Erfolg eintritt, d.h. im Falle eines Kaufvertrags muss die Sache nicht übergeben und übereignet sein. Wenn das so wäre, könnte auch keine Unmöglichkeit mehr eintreten. Entscheidend für das „seinerseits Erforderliche" ist die Art der Schuld (Holschuld, Schickschuld oder Bringschuld). Bei einer Holschuld muss der Schuldner die Sache nur aussondern aus der Gattung und für den Erwerber bereitstellen, bei einer Schickschuld an die Transportperson übergeben und bei der Bringschuld muss er die Sache dem Erwerber an dessen Wohnort in gläubigerverzugsbegründender Weise anbieten.[25] Hat der Schuldner diese Anforderungen erfüllt, so ist das Schuldverhältnis auf die jeweilige Sache konkretisiert. Geht die Sache jetzt unter, tritt nach § 275 Abs. 1 BGB Unmöglichkeit ein.

Literaturhinweise: *Bitter*, Der Nachlieferungsanspruch beim Stück-, Vorrats- und Gattungskauf in Sachmängelfällen sowie beim Untergang der Sache, ZIP 2007, 1881; *Canaris*, Die Bedeutung des Übergangs der Gegenleistungsgefahr im Rahmen von § 243 II BGB und § 275 II BGB, JuS 2007, 793; *St. Lorenz*, Gattungsschuld, Konkretisierung und Gefahrtragung beim Verbrauchsgüterkauf nach neuem Schuldrecht, ZGS 2003, 421; *ders.*, Leistungsgefahr, Gegenleistungsgefahr und Erfüllungsort beim Verbrauchsgüterkauf – BGH, NJW 2003, 3341, JuS 2004, 105; *Stieper*, Gefahrtragung und Haftung des Verkäufers bei Versendung fehlerhaft verpackter Sachen, AcP 208 (2008), 818.

---

[25] Näher *Medicus/Petersen*, Bürgerliches Recht, Rn. 258 ff.

3. Fall: Toilettenpapier in der Schule (Zusammenhang Auslegung/ Anfechtung)

Sachverhalt[26]

K, die stellvertretende Leiterin einer kleinen von S betriebenen privaten Mädchen-Realschule, bestellt bei dem Papierfabrikanten P für die Schule „25 Gros" Rollen Toilettenpapier. Sie benutzt dazu Bestellformulare des P, die vorgedruckte Mengenangaben enthalten. Zu der Bestellung war K nach dem Anstellungsvertrag mit der Schule nicht befugt. K handelt zudem in der irrigen Annahme, 25 Doppelpack Toilettenpapier zu bestellen. Sie hält „Gros" für die Bezeichnung einer Verpackungsart, während es sich dabei in Wirklichkeit um eine Mengenbezeichnung (12 x 12) handelt. Als die 3600 Rollen (25 x 13 x 12) Toilettenpapier geliefert werden, nimmt S nur 25 Doppelpack ab und bezahlt dafür € 99; im Übrigen lehnt sie eine Zahlungsverpflichtung ab. Die übrigen Rollen nimmt S nicht ab, weil es sich dabei um den Bedarf an Toilettenpapier für mindestens fünf Jahre handelt und keine passenden Lagermöglichkeiten bestehen. P verlangt jetzt die Bezahlung des nicht abgenommene Toilettenpapiers (€ 7.029) von K. K verweigert die Zahlung unter Berufung auf ihren Irrtum. Ansprüche P gegen K?

Gutachterliche Überlegungen

I. Anspruch des P gegen K auf Zahlung von € 7.029 gemäß § 433 Abs. 2 BGB

Ein Anspruch des P gegen K unmittelbar aus dem Kaufvertrag kommt nur in Betracht, wenn sich K und P geeinigt haben. K hat aber im Namen des S und damit im fremden Namen gehandelt. Die S als die Trägerin der Schule sollte Vertragspartnerin werden (§ 164 Abs. 1 S. 1 BGB).[27] Daher scheidet ein Anspruch der P gegen K aus dem Kaufvertrag aus.

II. Anspruch der P gegen K auf Zahlung der € 7.029 gemäß § 179 Abs. 1 BGB (Haftung des Vertreters ohne Vertretungsmacht)

1. Ein Anspruch auf Zahlung der € 7.029 könnte sich jedoch aus § 179 Abs. 1 BGB ergeben. Das setzt voraus, dass K als Vertreterin gehandelt hat, ohne ihre Vertretungsmacht nachzuweisen. K hat die Bestellung im Namen der S abgegeben, § 164 Abs. 1 S. 2 BGB. Dazu war sie nicht von S bevollmächtigt worden (§§ 167 Abs. 1, 166 Abs. 2 S. 1 BGB). Daher handelte sich bei Abschluss des Vertrags als Vertreterin ohne Vertretungsmacht. S hat den ohne Vertretungsmacht in ihrem Namen geschlossenen Vertrag anschließend auch nicht insgesamt genehmigt (§ 177 Abs. 1 BGB). In der Abnahme der 25 Doppelpacks lag nur die Genehmigung dieses Teils des Lieferungsvertrages. Bei teilbaren Geschäften lässt man vielmehr eine Teilgenehmigung zu, wenn entgegenste-

---

[26] Der Klausur liegt die Entscheidung des *LG Hanau* NJW 1979, 721 zugrunde. Vgl. dazu auch *Kornblum*, JuS 1980, 258.

[27] Hier zeigt sich eine vor allem klausurtechnisch überaus wichtige Funktion der Stellvertretung: Die Vorschrift des § 164 Abs. 1 S. 1 BGB dient nicht nur dazu, jemanden auf Vertragserfüllung in Anspruch zu nehmen, der gar nicht selbst den Vertrag geschlossen hat, sondern vor allem auch dazu, von jemandem, der in Anspruch genommen wird, Erfüllungsansprüche abzulenken, was dann gelingt, wenn er nur als Vertreter eines Dritten aufgetreten ist.

hende Interessen auf Seiten des Lieferanten – wie hier – nicht ersichtlich sind. S war nicht gezwungen, entweder den gesamten Kauf zu genehmigen oder insgesamt davon Abstand zu nehmen. Daher hat K ihre Vertretungsmacht in Bezug auf die von S nicht abgenommenen Teile der Bestellung nicht nachgewiesen.

2. Eine Haftung der K aus § 179 Abs. 1 BGB könnte jedoch wegen § 179 Abs. 2 BGB ausscheiden, wenn P den Mangel ihrer Vertretungsmacht kannte oder kennen musste.

a) Anhaltspunkte für eine positive Kenntnis des P von der mangelnden Vertretungsbefugnis der K bestehen nicht.

b) Nach der Legaldefinition des Kennenmüssens in § 122 Abs. 2 BGB musste P den Mangel der Vertretungsmacht jedoch kennen, wenn er das Fehlen der Vollmacht infolge von Fahrlässigkeit nicht kannte. Der Geschäftsgegner ist im Rahmen der verkehrserforderlichen Sorgfalt (§ 276 Abs. 1 S. 2 BGB) verpflichtet, konkreten Umständen, die Zweifel an dem Bestehen der Vertretungsmacht begründen, nachzugehen; eine voraussetzungslose Pflicht zur Erkundigung und Nachforschung besteht aber nicht.[28] Da K stellvertretende Leiterin und als solche Organ der Schulleitung ist, konnte P ohne weiteres darauf vertrauen, dass sie zur Bestellung von Waren für den Schulbedarf bevollmächtigt war. P kann K demnach auf Erfüllung des von S nicht genehmigten Teils des Vertrages und damit auf Zahlung von € 7.029 in Anspruch nehmen.

3. Die Erfüllungspflicht der K könnte jedoch entfallen sein, wenn K das von ihr getätigte Geschäft wirksam angefochten hat (§ 142 Abs. 1 BGB).

a) Es stellt sich allerdings die Frage, ob K überhaupt wegen eigener Irrtümer die Willenserklärung anfechten darf, obwohl sie das Geschäft im fremden Namen getätigt hat und daher überhaupt kein Vertragspartner werden sollte.

Nach allgemeiner Meinung haftet der Vertreter ohne Vertretungsmacht auch dann, wenn der Gegner ihn, statt ihn zum Schadensersatz heranzuziehen, auf „Erfüllung" in Anspruch nimmt (§ 179 Abs. 1 BGB), nur aus einer gesetzlichen Garantie, so dass er auch in diesem Falle nicht zum Vertragspartner wird.[29] Daraus könnte man schließen, dass ein Anfechtungsrecht des Vertreters ausgeschlossen ist. Es entspricht jedoch dem allgemeinen Verständnis, dass auch der Vertreter ohne Vertretungsmacht das von ihm getätigte Rechtsgeschäft anfechten und dadurch seine Haftung aus § 179 Abs. 1 BGB beseitigen kann.[30] Dafür spricht, dass die Haftung aus § 179 Abs. 1 BGB den Geschäftspartner andernfalls günstiger stellen würde, als er bei Vorhandensein der Vertretungsmacht gestanden haben würde.[31] Daher hat K ein eigenes Anfechtungsrecht, wenn die Anfechtungsvoraussetzungen in ihrer Person vorliegen.

b) Eine Anfechtungserklärung (§ 143 Abs. 1 und 2 BGB) hat K nicht ausdrücklich abgegeben. Die Wort „Anfechtung" muss aber nicht explizit verwendet werden (§ 133 BGB). K hat die Verweigerung der Zahlung unter Berufung auf ihren Irrtum erklärt. Damit hat sie hinreichend zum Ausdruck gebracht, ihre Erklärung anfechten zu wollen. K hat daher wirksam die Anfechtung erklärt.

c) K müsste sich auch auf einen Anfechtungsgrund berufen können.

---

[28] RGZ 104, 191, 194; *BGH* NJW 1990, 387, 388; Palandt/*Ellenberger,* § 179 Rn. 4.
[29] BGHZ 68, 360 f.; 73, 269 f.
[30] *BGH* NJW 2002, 1867; Staudinger/*Schilken,* § 179 Rn. 10.
[31] *BGH* NJW-RR 1991, 1074, 1075; MünchKomm/*Schramm,* § 179 Rn. 2a. Dazu *Kellermann,* JA 2004, 405, 406.

aa) In Betracht kommt ein Erklärungsirrtum gemäß § 119 Abs. 1 Alt. 2 BGB. Bei einem Erklärungsirrtum liegt der Irrtum in der Erklärungshandlung, also bei der Umsetzung der innerlich richtig formulierten Erklärung durch Sprechakte oder entsprechende Handlungen. K hat sich bei Abgabe ihrer Erklärung nicht verschrieben oder versprochen. Sie wusste, dass sie 25 Gros Toilettenpapier bestellte. Der Fehler, der K unterlaufen ist, liegt bereits in ihrer Vorstellung darüber, was der Ausdruck „Gros" bedeutet. Daher scheidet ein Erklärungsirrtum aus.

bb) Es kommt eine Anfechtung der Erklärung wegen Inhaltsirrtums gemäß § 119 Abs. 1 Alt. 1 BGB in Betracht. Ein Inhaltirrtum liegt vor, wenn objektiv Erklärtes und subjektive Gewolltes auseinanderfallen, weil der Erklärende mit dem von ihm benutzten Ausdruck subjektiv einen anderen Sinn verbindet, als dem Ausdruck nach der Verkehrsanschauung oder den internen Verhandlungen der Parteien zukommt.

Um diese Diskrepanz zwischen innerer Vorstellung und äußerer Bedeutung festzustellen, bedarf es zuerst der Auslegung der Erklärung gemäß §§ 133, 157 BGB.[32] K hat auf dem Bestellbögen „Gros" angekreuzt. Der Ausdruck „Gros" oder das „Groß" (aus frz. „grosse douzaine" = Großdutzend) ist ein festgelegtes und im Verkehr gebräuchliches Zählmaß und bedeutet 12 Dutzend oder 144 Stück. P musste die Erklärung daher als Bestellung nach Maßgabe dieses Zählmaßes verstehen. Daher hat K objektiv erklärt, 3.600 Rollen Toilettenpapier bestellen zu wollen. Subjektiv wollte K eine Erklärung mit diesem Inhalt nicht abgeben, weil sie ihrerseits annahm, „Gros" bedeute eine Verpackungsart. Damit war ihre Bestellung von einem Inhaltsirrtum beeinflusst.[33]

Es ist auch davon auszugehen, dass K eine solche Erklärung bei Kenntnis der Sachlage und bei verständiger Würdigung des Falles nicht abgegeben haben würde. Mit der von ihr tatsächlich bestellten Menge wäre der Bedarf der Schule auf mehrere Jahre gedeckt gewesen. Es wären zudem große Abrechnungs- und Lagerschwierigkeiten entstanden.[34]

d) K hat die Anfechtung auch unverzüglich erklärt und damit die Anfechtungsfrist gewahrt, § 121 Abs. 1 S. 1 BGB.

Damit hat K das Rechtsgeschäft wirksam angefochten.

Ergebnis: Daher entfällt die Haftung der K aus § 179 Abs. 1 BGB auf Zahlung von € 7.029. P hat gegen K keinen Anspruch auf Zahlung aus § 179 Abs. 1 BGB.

III. Anspruch auf Zahlung von € 7.029 gemäß § 122 Abs. 1 BGB

1. P könnte jedoch gegen K einen Anspruch auf Zahlung von € 7.029 aus § 122 Abs. 1 BGB haben. Der Anfechtende hat danach dem Anfechtungsgegner den Schaden (sog. Vertrauensschaden) zu ersetzen, den der Anfechtungsgegner dadurch erleidet, dass er auf die Gültigkeit der Anfechtungserklärung vertraut.

---

32 Die Auslegung geht der Anfechtung vor.

33 Um die – im Ergebnis verneinten – Irrtumsfälle mit erörtern zu können, wurden die verschiedenen Irrtumstatbestände nicht in der vom Gesetz vorgezeichneten Reihenfolge behandelt. Das ist deshalb zulässig, weil keiner der Irrtumsfälle gegenüber den anderen Vorrang besitzt, sondern alle gleichrangig und damit austauschbar sind.

34 Dieses Tatbestandsmerkmal der Wesentlichkeit des Irrtums wird häufig von Klausurbearbeitern über den evtl. langwierigen Ausführungen zum Irrtum vergessen. Achten Sie darauf, dass es wegen der Gleichstellung von Motivirrtum und Inhaltsirrtum auch im Fall von § 119 Abs. 2 BGB geprüft werden muss.

2. Die Schadensersatzpflicht tritt jedoch nicht ein, wenn der Geschädigte die Anfechtbarkeit kannte oder infolge von Fahrlässigkeit nicht kannte, § 122 Abs. 2 BGB. Ob P den Irrtum der K erkannt hat, kann dahingestellt bleiben. In Betracht kommt jedenfalls eine fahrlässige Nichtkenntnis der Anfechtbarkeit des P. Wenn jemand einer Schule 3.600 Rollen Toilettenpapier liefern soll, muss er sich als Lieferant fragen, ob nicht auf Seiten des Auftraggebers bei der Bestellung ein Irrtum unterlaufen ist. Da es auf die Fahrlässigkeit hinsichtlich der Anfechtungsmöglichkeit ankommt, war der Lieferantin P ohne weiteres zuzumuten, durch eine telefonische Rückfrage festzustellen, ob die Bestellung umfangmäßig ernsthaft gewollt war. Zudem ergab sich der Ausdruck „Gros" aus den vorgedruckten Bestellformularen und er wurde nicht etwa von der Bestellerin ins Gespräch gebracht. P konnte auch nicht davon ausgehen, dass dieser veraltete Ausdruck von allen Bestellern in der richtigen Weise verstanden werden würde. P hat daher die im Verkehr erforderliche Sorgfalt außer Acht gelassen (§ 276 Abs. 2 BGB).

3. Deshalb entfällt auch eine Haftung der K aus § 122 Abs. 1 BGB. P hat keinen Anspruch auf Zahlung der € 7.029 aus § 122 Abs. 1 BGB.

[Im Übrigen wäre ein Anspruch auf Zahlung der € 7.029 aus § 122 Abs. 1 BGB nur gerechtfertigt, wenn es sich dabei um einen Vertrauensschaden handelt. Dazu müsste P aber darlegen, dass er die an S gelangte Lieferung sonst anderweitig abgesetzt hätte, diese Möglichkeit zwischenzeitlich aber entfallen sei.]

Ergänzender Hinweis

Der Fall ist ein Klassiker. Wichtig war es, den Zusammenhang von Auslegung und Anfechtung zu beachten. Es ist zunächst durch Auslegung zu klären, was objektiv erklärt worden und erst sodann, ob das Vorstellungsbild des Erklärenden damit übereinstimmt.

Beachten Sie auch die Abgrenzung zwischen Erklärungs- und Inhaltsirrtum: Beim Inhaltsirrtum weiß der Erklärende, was er erklärt, aber nicht was er damit erklärt. Beim Erklärungsirrtum weiß er schon nicht, was er erklärt (Verschreiben, Versprechen).

Darüber hinaus bietet der Fall Gelegenheit, die Voraussetzungen der Stellvertretung zu rekapitulieren.

Voraussetzungen einer wirksamen Stellvertretung:

1. Eigene Willenserklärung des Vertreters
   → Abgrenzung zum Boten, der eine fremde Willenserklärung abgibt.
2. Handeln in fremdem Namen (Offenkundigkeit)
   → Vertreter muss deutlich machen, dass er für einen anderen handelt.
3. Handeln mit Vertretungsmacht
   a) aufgrund gesetzlicher Anordnung (z.B. gesetzliche Vertretungsbefugnis der Eltern gem. § 1629 Abs. 1 BGB)
   b) aufgrund Rechtsgeschäfts = Vollmacht, § 166 Abs. 2 S. 1 BGB
   c) aufgrund Rechtsscheins (z.B. Anscheinsvollmacht)
4. Kein Ausschluss der Vertretungsmacht
   a) § 181 BGB
   b) Kollusion
5. ggf. Genehmigung, § 177 Abs. 1 BGB

Literaturhinweise: *Förster*, Stellvertretung – Grundstruktur und neuere Entwicklungen, Jura 2010, 351; *St. Lorenz*, Grundwissen – Zivilrecht: Stellvertretung, JuS 2010, 382; *Mock*, Grundfälle zum Stellvertretungsrecht, JuS 2008, 486; *Petersen*, Bestand und Umfang der Vertretungsmacht, Jura 2003, 310; *ders.*, Das Offenkundigkeitsprinzip bei der Stellvertretung, Jura 2010, 187.

4. Fall: Das Lehrbuch der BWL (Anspruchsaufbau)

Sachverhalt

Der Student S bestellt bei der Buchhandlung B ein Lehrbuch der Betriebswirtschaftslehre. Versehentlich schickt ihm B ein Lehrbuch der Volkswirtschaftslehre zu. S erkennt, dass es sich wohl um eine irrtümliche Fehllieferung handeln müsse. Auf die Bitte des B, ihm das Buch zurückzugeben, erklärt S jedoch, er werde es solange behalten, bis B ihm das bestellte Buch zugehen lasse. Hat B einen Anspruch auf Rückgabe des VWL-Buches?

Gutachterliche Überlegungen

I. Anspruch auf Rückgewähr des VWL-Buches aus § 346 Abs. 1 BGB i.V.m. § 439 Abs. 4 BGB

1. Ein Anspruch des B auf Rückgabe des VWL-Buches könnte sich aus § 346 Abs. 1 BGB i.V.m. § 439 Abs. 4 BGB ergeben. Liefert der Verkäufer zum Zwecke der Nacherfüllung, so kann er nach § 346 bis § 348 BGB Rückgewähr der mangelhaften Sache verlangen. Der Anspruch auf Nacherfüllung und der Anspruch auf Rückgewähr sind nach § 348 BGB Zug-um-Zug zu erfüllen.

Demnach kann B Herausgabe des VWL-Buches verlangen, und zugleich S das erhaltene Buch bis zur Lieferung des bestellten Buches zurückhalten, wenn die Voraussetzungen des § 439 BGB vorliegen und S gegen B einen Anspruch auf Nachlieferung hat.

Die Parteien haben einen Kaufvertrag über das BWL-Buch abgeschlossen.

Mangelhaft ist das VWL-Buch gemäß § 434 Abs. 3 BGB auch dann, wenn der Verkäufer damit eine andere Sache als die vertraglich vereinbarte Sache mit dem Willen zur Erfüllung des Vertrags liefert. Daher steht die Falschlieferung durch B einem Sachmangel gleich.[35]

S hat daher einen Anspruch auf Nacherfüllung gemäß §§ 437 Nr. 1, 439 BGB in Form der Nachlieferung.[36]

Demnach hätte B seinerseits einen Anspruch auf Rückgewähr des VWL-Buches Zug-um-Zug gegen Nachlieferung des bestellten BWL-Buches.

2. Der Anspruch auf Rückgewähr könnte aber gemäß § 241a Abs. 1 BGB ausgeschlossen sein. Danach wird durch die Lieferung unbestellter Sachen durch einen

[35] Zur möglichen Anfechtung der Tilgungsbestimmung aber unten bei II. 3. Bei wirksamer Anfechtung kann die Aliud-Lieferung gerade nicht mehr als Sachmangel angesehen werden.

[36] Eine Nachbesserung ist hier augenscheinlich unmöglich.

Unternehmer an einen Verbraucher ein Anspruch gegen diesen nicht begründet. B ist Unternehmer i.S.d. § 14 BGB, S Verbraucher gemäß § 13 BGB. Das VWL-Buch hatte S nicht bestellt. Allerdings hatte S ein anderes Buch bestellt; die Lieferung erfolgte irrtümlich.

Es stellt sich daher die Frage, ob die versehentliche Falschlieferung vom Schutzzweck des Abs. 1 erfasst ist.[37] Die Frage lässt sich unterschiedlich beantworten. Für einen Ausschluss des Anspruchs spricht zunächst der Schutz des Verbrauchers, aus dessen Sicht sich auch die Falschlieferung als eine unbestellte Lieferung darstellt. Die Regelung des § 241a BGB soll indessen den Verbraucher vor einem aufgedrängten Vertragsschluss schützen, der dadurch zustande kommt, dass er von der Sache Gebrauch macht und damit das Vertragsangebot konkludent annimmt. Die Vorschrift ist auf den Fall zugeschnitten, dass überhaupt keine Bestellung vorlag. Ist jedoch bereits ein Vertrag abgeschlossen und liefert der Verkäufer ein aliud, so stehen dem Käufer die Rechte aus §§ 437, 434 Abs. 3 BGB zu. Ein weitergehender Schutz ist jedenfalls bei einer versehentlichen Falschlieferung nicht erforderlich und interessengerecht. Zudem wäre sonst § 439 Abs. 4 BGB in Fällen des § 434 Abs. 3 BGB funktionslos. Daher ist Abs. 1 auf die versehentliche Falschlieferung nicht anwendbar.

Jedenfalls wäre der Anspruch auch gemäß § 241a Abs. 2 BGB nicht ausgeschlossen. Die Leistung erfolgte in der irrigen Annahme der Bestellung; S hat den Irrtum erkannt.

Der Anspruch ist nicht nach § 241a BGB ausgeschlossen.

Ergebnis: B kann von S Rückgewähr des VWL-Buches nur Zug-um-Zug gegen Lieferung des BWL-Buches verlangen.

II. Anspruch auf Herausgabe des VWL-Buches aus § 985 BGB

B könnte auch einen Anspruch auf Herausgabe des Buches gemäß § 985 BGB haben. Dann müsste B Eigentümer des Buches sein, S Besitzer ohne Recht zum Besitz (§ 986 BGB).

1. S hat die tatsächliche Sachherrschaft über das Buch und ist damit unmittelbarer Besitzer.[38]

2. B müsste aber noch Eigentümer des Buches sein. Er könnte es gemäß § 929 S. 1 durch Übereignung an S verloren haben. In dem Versenden des Buches an S lag aus dem Blickwinkel eines objektiven Empfängers das Angebot des B, das Eigentum an dem VWL-Buch an S zu übertragen.

Dieses Angebot müsste S aber auch angenommen haben. S hat aber sofort erkannt, dass das ihm von B zugeschickte Buch nicht das bestellte Werk war. Er will es auch nur zurückhalten und nicht wie ein Eigentümer damit verfahren. Daher wird man davon ausgehen müssen, dass er daran auch kein Eigentum erwerben wollte. Es fehlt daher schon an der Annahme des Übereignungsangebotes.[39] B ist also Eigentümer des Buches geblieben.

---

[37] Umfassend *Kohler*, AcP 204 (2004), 606.

[38] Hier werden das Begründungselement und das Ergebnis miteinander verbunden und damit der Gutachtenstil gewahrt, ohne die unproblematische Feststellung des Besitzes zu überfrachten.

[39] Vertretbar ist aber auch die Auffassung, dass S in jedem Fall so viele Rechte erwerben wollte wie möglich. Ist dann die Übereignung perfekt und S Eigentümer geworden, so würde er das Eigentum nachträglich aber doch wieder verlieren, weil B durch sein Herausgabeverlan-

3. Nach § 986 Abs. 1 S. 1 BGB kann der Besitzer die Herausgabe der Sache verweigern, wenn er dem Eigentümer gegenüber zum Besitze berechtigt ist.

a) Ein Recht zum Besitz könnte S aus dem mit B geschlossenen Kaufvertrag zustehen. Hat der Eigentümer die ihm gehörende Sache verkauft und an den Käufer übergeben, ohne dass es zugleich zur Übereignung gekommen ist,[40] so kann der Verkäufer den Kaufgegenstand dann nicht mehr nach § 985 BGB von dem Käufer herausverlangen, weil dieser aus dem Kaufvertrag ein Recht zum Besitz hat. Über das VWL-Lehrbuch ist aber gar kein Kaufvertrag geschlossen worden. Daher kann S an sich für dieses Buch auch kein Recht zum Besitz aus dem Kauf des Lehrbuchs der BWL herleiten. Fraglich ist aber, ob der Kaufvertrag nicht gleichwohl einen Rechtsgrund zum Besitz und Behaltendürfen für den Käufer darstellt, da sich die Lieferung des VWL-Buches gem. § 434 Abs. 3 BGB als mangelhafte Lieferung darstellt.[41] Ebenso wie der Käufer bei einer sonstigen Leistung einer mangelhaften Sache die Sache behalten und seine Mängelrechte geltend machen darf, wäre dann bei der Aliud-Lieferung die Rückforderung durch den Verkäufer ausgeschlossen. Dagegen spricht aber, dass der Käufer dann auch ein höherwertiges Aliud ohne weiteres behalten dürfte. Demgegenüber wird überwiegend die Auffassung vertreten, § 434 Abs. 3 BGB normiere nur Rechte des Käufers, sage aber über die Rückforderung durch den Verkäufers nichts aus. Demnach könne der Kaufvertrag kein Recht zum Besitz an dem gelieferten Aliud vermitteln.

Im Sinne einer vermittelnden Lösung ließe sich auch die Auffassung vertreten, dass der Kaufvertrag so lange ein Recht zum Besitz des gelieferten Aliuds gewährt, wie nicht der Verkäufer die für die Anwendbarkeit von § 434 Abs. 3 BGB beim Stückkauf geforderte Tilgungsbestimmung (s.o.) angefochten hat. Nach dieser Lösung könnte B die seiner Aliud-Lieferung beigefügte Tilgungsbestimmung (zur Erfüllung des Kaufvertrags) gem. § 119 Abs. 1 S. 1 BGB anfechten, wenn er über den Inhalt seiner Erklärung im Irrtum war. B hat nur versehentlich das VWL-Buch geliefert. Er war über den Inhalt seiner Tilgungsbestimmung im Irrtum, denn mit dem VWL-Buch wollte er gerade nicht seine kaufvertragliche Pflicht erfüllen. Daher kann B auch nach dieser Auffassung seine Tilgungsbestimmung anfechten, so dass der Kaufvertrag kein Recht zum Besitz des VWL-Buches begründet.

Daher ergibt sich aus dem Kaufvertrag kein Recht zum Besitz an dem VWL-Buch.

b) Ein Recht zum Besitz des S könnte sich aber aus einem Zurückbehaltungsrecht aus § 273 Abs. 1 BGB ergeben, so dass der Herausgabeanspruch nur Zug-um-Zug gegen Lieferung des Lehrbuchs der BWL durchsetzbar ist, § 274 BGB.[42]

Hat der Schuldner aus demselben rechtlichen Verhältnis, auf dem seine Verpflichtung beruht, einen fälligen Anspruch gegen den Gläubiger, so kann er, sofern nicht aus

---

gen in schlüssiger Weise seine Übereignungserklärung angefochten hat (vgl. §§ 142 Abs. 1, 143 Abs. 1, 133 BGB). Zur Anfechtung wäre B in dieser Situation berechtigt, weil er sich über den Inhalt seiner Erklärung geirrt hat; denn er meinte, das von S bestellte Buch zu übereignen (§ 119 Abs. 1 Alt. 1 bzw. Abs. 2 BGB). Dann ist B rückwirkend wieder Eigentümer geworden.

40 Andernfalls fehlt es bereits an den Vindikationsvoraussetzungen des § 985 BGB, weil der Käufer „Eigentümer" geworden ist, so dass es auf den § 986 BGB gar nicht mehr ankommen würde.

41 Zum Problem MünchKomm/*H. P. Westermann*, § 434 Rn. 41.

42 Ob das Zurückbehaltungsrecht des § 273 BGB ein Besitzrecht i.S.d. § 986 BGB begründet, ist umstritten, dagegen MünchKomm/*Baldus*, § 986 Rn. 17; Staudinger/*Gursky*, § 986 Rn. 28; a. A. BGHZ 64, 122, 125; *BGH* NJW-RR 1986, 282, 283. Beide Auffassungen führen aber zu einer Zug-um-Zug-Abwicklung.

dem Schuldverhältnis sich ein anderes ergibt, die geschuldete Leistung verweigern, bis die ihm gebührende Leistung bewirkt wird.

Ob das Zurückbehaltungsrecht des § 273 BGB ein Besitzrecht i.S.d. § 986 BGB begründet, ist umstritten. Die Frage kann jedoch im Ergebnis offenbleiben, da auch die Ansicht, die ein Recht zum Besitz bejaht, nur eine Zug-um-Zug-Abwicklung begründen möchte. Ein Zurückbehaltungsrecht kann daher auch dem Eigentumsherausgabeanspruch entgegengesetzt werden (vgl. auch § 273 Abs. 2 BGB).

aa) Der S hat gegen B auch einen fälligen Gegenanspruch auf Lieferung des BWL-Lehrbuchs aus §§ 437 Abs. 1 Nr. 1, 439 BGB.

bb) Anspruch und Gegenanspruch müssten aus demselben rechtlichen Verhältnis stammen (sog. Konnexität). Das hängt davon ab, ob zwischen den Ansprüchen von B und S ein innerer natürlicher wirtschaftlicher Zusammenhang besteht, so dass es treuwidrig wäre, wenn B die Herausgabe des Buches verlangen würde, ohne dem S gleichzeitig das richtige Werk zu liefern.[43] Gegen die Annahme der Konnexität spricht, dass S nur durch ein Versehen in den Besitz des verkehrten Buches gelangt ist. Es besteht an sich kein Grund, ihm dadurch ein Druckmittel für die Lieferung des bestellten Bandes zu verschaffen. Allerdings hat B mit der Lieferung des aliuds einen untauglichen Erfüllungsversuch unternommen. B darf nach §§ 346 Abs. 1, 439 Abs. 4 BGB Rückgewähr des VWL-Buches verlangen. Die Ansprüche sind nach § 348 BGB Zug-um-Zug zu erfüllen. Insoweit besteht eine auch für § 985 BGB beachtliche Abhängigkeit der jeweiligen Ansprüche; sie sind durch den Kaufvertrag in ihrem Schicksal miteinander verknüpft. Daher liegt im Ergebnis eine Konnexität zwischen den Ansprüchen vor. S hat daher ein Zurückbehaltungsrecht gemäß §§ 273 Abs. 1, 274 BGB.

Ergebnis: B hat einen Anspruch auf Herausgabe des VWL-Lehrbuchs nur Zug-um-Zug gegen Übergabe und Übereignung des BWL-Lehrbuchs.

III. Anspruch auf Herausgabe des VWL-Buches aus § 812 Abs. 1 S. 1 Alt. 1 BGB

B könnte auch einen Herausgabeanspruch nach § 812 Abs. 1 S. 1 Alt. 1 BGB haben.

1. S hat Besitz an dem VWL-Buch und damit etwas erlangt.

2. Das geschah auch durch eine bewusste und zweckgerichtete Zuwendung des B und damit durch Leistung des B

3. Der Leistung fehlt der Rechtsgrund, wenn der Kaufvertrag dem S kein Recht zum Behaltendürfen des VWL-Buches verschafft. Nach den obigen Ausführungen (s.o. II 3a) zu § 985 BGB ergibt sich aus dem Kaufvertrag und § 434 Abs. 3 BGB jedenfalls dann kein Recht für den Käufer, ein Aliud behalten zu dürfen, wenn der Verkäufer seine Tilgungsbestimmung angefochten hat. B hat das Buch irrtümlich fehlgeliefert. Die Voraussetzungen für eine Beseitigung der Tilgungsbestimmung liegen vor (s.o. II 3a). Daher fehlt der Leistung der Rechtsgrund.

4. Dem Herausgabeanspruch steht aber wiederum ein Zurückbehaltungsrecht des B entgegen (s.o. II. 3 b).

Ergebnis: B hat einen Anspruch aus § 812 Abs. 1 S. 1 Alt. 1 BGB auf Herausgabe des VWL-Lehrbuchs nur Zug-um-Zug gegen Übergabe und Übereignung des BWL-Lehrbuchs.

---

[43] Bitte diese Umschreibung der „Konnexität" merken!

Ergänzende Hinweise

Der Fall betrifft einen Herausgabeanspruch und das schwierige Problem der Aliud-Lieferung. Beachten Sie in diesem Zusammenhang alle denkbaren Herausgabeansprüche (vgl. auch 1. Teil § 2 IV.). Geht es um Herausgabe, sollten Sie diese Ansprüche gedanklich sämtlich in Betracht ziehen.

Denkbar wäre es noch gewesen, den Anspruch aus § 985 BGB und den Anspruch auf Nacherfüllung nicht über § 273 BGB, sondern über §§ 439 Abs. 4, 348 S. 2, 320, 322 BGB miteinander zu verknüpfen, so dass sich das Recht zum Besitz aus §§ 320 BGB, 322 BGB ergeben hätte. Indes handelt es sich ja bei § 985 BGB nicht um einen vertraglichen Anspruch. Über §§ 439 Abs. 4 S. 2, 348 S. 2, 320 BGB werden nur der Anspruch auf Nacherfüllung und der Rückgewähranspruch nach §§ 439 Abs. 4 S. 1, 346 Abs. 1 BGB miteinander verknüpft.

Der Fall gibt außerdem Gelegenheit, sich des Anspruchsaufbaus zu erinnern. Ist ein Anspruch entstanden, so ist zu prüfen, ob er untergegangen ist oder ob ihm rechtshemmende Einreden gegenüberstehen. Wie der Fall zeigt, können wechselseitige Ansprüche über ein Zurückbehaltungsrecht oder die Zug-um-Zug-Abwicklung miteinander verknüpft sein. Die Rechtsprechung behandelt Zurückbehaltungsrechte bei § 985 BGB als Recht zum Besitz, obwohl die Abwicklung dann Zug-um-Zug erfolgt, der Besitzer die Sache also letztlich doch herausgeben muss.

Literaturhinweise: *Deutsch*, Übungsklausur – Bürgerliches Recht: Probleme mit unbestellt zugesandten Waren, JuS 2005, 997; *Müller/Ham*, „Topfverkäufer kocht vor Wut" (Klausur Zivilrecht), JA 2006, 602.

5. Fall: Die Winterreifen (Kaufrecht, Verknüpfung mit Fragen der Geschäftsfähigkeit, Anspruchsaufbau, Schachtelstrukturen)

Sachverhalt

J wird im Juni 2011 volljährig. Er macht bereits einige Monate zuvor den Führerschein, den er sich an seinem Geburtstag abholen will. Im März kauft er ohne Wissen seiner Eltern von Verdiensten aus Nachhilfestunden bei dem Gebrauchtwagenhändler H einen ihm besonders zusagenden Pkw. Im Kofferraum liegen bei Vertragsabschluss vier Winterreifen. Weder H noch J gehen bei den Verhandlungen besonders darauf ein. Den Wagen stellt J bis Ende Juni in dem Schuppen eines mit ihm befreundeten Landwirts L unter, damit seine Eltern von dem Kauf nichts erfahren. Als J das Fahrzeug an seinem Geburtstag (28. 6.) bei L abholt, äußert er gegenüber L, er sei froh, dass er nun den Wagen endgültig behalten könne.

Als J Anfang Dezember 2011 die Winterreifen aufziehen will, weil bereits winterliche Verhältnisse herrschen, stellt er fest, dass sie völlig abgefahren sind und gegenüber seinen Sommerreifen sogar einen Rückschritt bedeuten. Die gesetzlich verlangte Profiltiefe ist nicht mehr erreicht. J bringt die Reifen deshalb zu H und verlangt die Lieferung anderer Winterreifen. H lehnt dies nachdrücklich ab, u.a. weil die Winterreifen überhaupt nicht mitverkauft worden seien. J lässt die Sache zunächst auf sich beruhen, weil er das Auto wenig braucht. Nachdem er mit einem Jura-Studium angefangen hat, tritt er doch noch einmal an H heran. Er erklärt im April 2013 gegenüber H, dass er den Kaufpreis mindern möchte. J verlangt nun Rückzahlung eines Teils des Kaufpreises und reicht noch im selben Monat Klage ein. H erklärt, dafür sei es ja jetzt wohl zu spät.

Wie ist die Rechtslage?

Gutachterliche Überlegungen

I. Anspruch auf Rückzahlung eines Teils des Kaufpreises aus §§ 437 Nr. 2, 441 Abs. 4 S. 2, 346 Abs. 1 BGB

J könnte gegen H einen Anspruch auf Rückzahlung eines Teils des Kaufpreises aus §§ 437 Nr. 2, 441 Abs. 4 S. 2, 346 Abs. 1 BGB haben.

1. Dann müsste zwischen J und H ein wirksamer Kaufvertrag zustande gekommen sein.

a) J und H haben sich über den Kauf des Gebrauchtwagens geeinigt.

b) Die Willenserklärung des J könnte aber gemäß §§ 107, 108 Abs. 1 BGB unwirksam sein. Ein Vertrag, den ein Minderjähriger ohne Zustimmung seiner Eltern schließt, ist unwirksam, wenn der Minderjährige dadurch nicht einen lediglich rechtlichen Vorteil erlangt.

J war, als er das Fahrzeug kaufte, noch minderjährig i.S.d. § 2 BGB und in der Geschäftsfähigkeit beschränkt (§ 106 BGB).

Der Kaufvertrag sollte ihn zur Zahlung des Kaufpreises verpflichten (§ 433 Abs. 2 BGB). Daher hat J durch seine Erklärung auch nicht lediglich einen rechtlichen Vorteil erlangt.

aa) Der Kauf wäre von vornherein wirksam, wenn J ihn mit Einwilligung seiner Eltern geschlossen hätte (§ 107 Abs. 1 BGB), die seine gesetzlichen Vertreter waren (§§ 1626 ff. BGB).[44]

Für die Einwilligung als vorheriger Zustimmung (vgl. § 183 BGB) hätte es ausgereicht, wenn die Eltern des J sie diesem gegenüber erklärt hätten (§ 182 Abs. 1 BGB). Die Eltern wussten aber von dem Kauf überhaupt nichts. Eine ausdrückliche Einwilligung liegt nicht vor. Sie könnte aber als stillschweigend oder konkludent, d.h. in schlüssiger Weise, erklärt[45] angesehen werden, weil die Eltern dem Erwerb des Führerscheins zugestimmt hatten. Indessen deckt die Zustimmung zum Erwerb eines Führerscheins nicht ohne weiteres auch die Risiken, die mit dem Erwerb und dem Betrieb eines Kfz verbunden sind.[46] Vor allem aber enthält die Erlaubnis, die Führerscheinprüfung schon vor dem 18. Geburtstag abzulegen, nicht auch die Ein-

---

[44] Die Zustimmung nach § 107 BGB ist kein Akt der gesetzlichen Vertretung des Kindes (§ 1629 Abs. 1 BGB), weil der Minderjährige eine eigene Willenserklärung abgibt, die lediglich zustimmungsbedürftig ist.

[45] Bitte merken Sie sich dieses Schema. Es gilt für sämtliche Willenserklärungen: zunächst prüfen Sie, ob eine Erklärung *ausdrücklich* abgegeben worden ist; muss dies verneint werden, prüfen Sie das Vorliegen einer Handlung, die *schlüssig* ist, aus der man also auf die Willenserklärung schließen kann (vgl. §§ 133, 157 BGB).

[46] So zu den Fällen der Anmietung von Kfz durch Minderjährige *BGH* NJW 1973, 1791; *OLG Celle* NJW 1970, 1850; *Pawlowski,* JuS 1967, 302.

willigung zum Erwerb von Kfz in einem Zeitpunkt, in dem diese legal noch gar nicht benutzt werden dürfen.

bb) Der Vertrag könnte aber gemäß § 110 BGB als von Anfang an wirksam gelten, wenn J die vertragsmäßige Leistung mit Mitteln bewirkt hat, die ihm zu diesem Zweck oder zur freien Verfügung von dem Vertreter oder mit dessen Zustimmung von einem Dritten überlassen worden sind.[47] J hat den Kaufpreis bezahlt und damit die vertragsmäßige Leistung bewirkt (§§ 362 Abs. 1, 433 Abs. 2 BGB).

Dies muss mit Mitteln geschehen sein, die ihm zur freien Verfügung von dem Vertreter oder mit dessen Zustimmung von einem Dritten überlassen worden sind. J hat das Auto mit dem von ihm selbst durch Nachhilfeunterricht verdienten Geld bezahlt. Als überlassene Mittel kommt neben dem Taschengeld auch das dem Minderjährigen belassene Arbeitseinkommen in Betracht.[48]

Fraglich ist aber, ob die Überlassung dieses Einkommens zur freien Verfügung auch den Erwerb des PKW abdeckt. Die Überlassung von Mitteln zur freien Verfügung kann richtigerweise nicht jede Verwendung erfassen, sondern nur eine solche, die sich noch im Rahmen des Vernünftigen hält und von einer konkludenten Einwilligung des gesetzlichen Vertreters gedeckt ist.[49] § 110 BGB wird als Unterfall des § 107 BGB verstanden, weil die Eltern mit der Überlassung der Mittel nicht jedem beliebigen Geschäft ihres Kindes die Zustimmung erteilen wollen.[50] Es kann nicht ohne weitere Anhaltspunkte davon ausgegangen werden, dass die Eltern mit dieser Verwendung der von J gesparten Gelder einverstanden waren. Es entstehen – abgesehen von den Gefahren und Haftungsrisiken, die mit dem Besitz eines Kraftfahrzeugs verbunden sind – erhebliche Folgekosten. Der Vertrag gilt daher nicht gemäß § 110 BGB von Anfang als wirksam.

cc) Eine Genehmigung des Kaufs durch nachträgliche Zustimmung (§§ 108 Abs. 1, 184 Abs. 1 BGB) der Eltern ergeben sich keinerlei Anhaltspunkte. Mindestbedingung für eine stillschweigende Zustimmung wäre die Kenntnis der Eltern. J hat den Wagen bis zur Erreichung der Volljährigkeit aber gerade bei L untergestellt, um ihnen den Kauf zu verheimlichen.

dd) Das Rechtsgeschäft des J könnte aber dadurch wirksam geworden sein, dass J in der Zwischenzeit volljährig geworden ist und er den Vertrag seinerseits genehmigt hat (§ 108 Abs. 3 BGB). J wurde am 28. 6. volljährig (§ 2 BGB). Damit wurde jedoch der Vertrag nicht „ipso iure" wirksam, sondern der Minderjährige muss selbst entscheiden, ob er den Vertrag genehmigt oder nicht. Eine konkludente Genehmigung ist insbesondere dann anzunehmen, wenn der volljährig Gewordene den Vertrag fortsetzt.[51] Erforderlich ist dafür jedoch, dass er mit Erklärungsbewusstsein handelte, also die schwebende Unwirksamkeit kannte bzw. mit ihr rechnete[52] oder doch bei Anwendung pflichtgemäßer Sorgfalt die Deutung seines Verhaltens als Willenserklärung hätte erkennen können.[53] J erklärte nach Erlangung der Volljährigkeit dem L

---

47 Die Vorschrift wird im Wortlaut wiedergegeben, weil es hier besonders auf die Einzelheiten ankommt. Es folgt wiederum die genaue Subsumtion unter die einzelnen Tatbestandsmerkmale.

48 *BGH* NJW 1977, 622, 623; *OLG Celle* NJW 1970, 1850.

49 Palandt/*Ellenberger*, § 110 Rn. 2.

50 RGZ 74, 234, 235; Palandt/*Ellenberger*, § 110 Rn. 1 m.w.N.

51 *LG Mainz* VersR 1967, 945.

52 BGHZ 47, 341, 351 f.; 53, 174, 178.

53 BGHZ 91, 324, 329 f.; 109, 171, 177; Palandt/*Ellenberger*, § 108 Rn. 4.

gegenüber, er sei froh, den Wagen nunmehr behalten zu können. Dies kann dahin verstanden werden, dass J bis dahin den Kauf als noch nicht wirksam angesehen hatte. Mit seiner Äußerung hat er zu erkennen gegeben, den Kaufvertrag nunmehr als vollgültig behandeln zu wollen. Damit hat der Kaufvertrag genehmigt. Entsprechend der Regelung in § 182 Abs. 1 BGB brauchte die Genehmigung auch nicht dem H gegenüber erklärt zu werden.

Im Ergebnis ist damit der Kaufvertrag zwischen J und H wirksam zustande gekommen.

2. Die Kaufsache müsste bei Gefahrübergang mangelhaft gewesen, § 437 BGB. Eine etwaige Mangelhaftigkeit des PKW wegen der abgefahrenen Winterreifen kommt von vornherein nur in Betracht, wenn die Reifen auch mitverkauft worden sind.

a) J und H haben die Winterreifen nicht ausdrücklich zum Vertragsgegenstand gemacht. Der Kaufvertrag erstreckt sich aber im Zweifel auch auf die Winterreifen, wenn diese Zubehör des Gebrauchtwagens sind, § 311 c BGB. Die Zubehöreigenschaft richtet nach § 97 Abs. 1 S. 1 und 2 BGB. Die Reifen sind bewegliche Sachen (§ 90 BGB), ohne Bestandteil des PKW zu sein. Dies wäre zwar für die am Fahrzeug befindlichen Reifen anders zu entscheiden. Deren Bestandteilseigenschaft würde auch nicht entfallen, wenn sie von der Hauptsache (z.B. während der Wintermonate) vorübergehend getrennt würden. Die Teile, aus denen ein Kfz zusammengesetzt ist, sind Bestandteile.[54] Aber das kann begriffsmäßig immer nur ein einziger Satz Reifen sein; da Winterreifen für eine Ausnahmesituation vorgesehen und das Fahrzeug mit normaler Bereifung ausgestattet war, scheiden die Winterreifen als Bestandteile des Wagens aus.

Die Winterreifen müssten ferner dem wirtschaftlichen Zweck der Hauptsache zu dienen bestimmt sein. Winterräder dienen dem Fortbewegungszweck, weil das Auto bei Straßenglätte sicherer gehandhabt werden kann und dadurch als Wirtschaftsgut eher erhalten bleibt. Damit dienen sie dem wirtschaftlichen Zweck des PKW.

Die Reifen befanden sich im Kofferraum des Pkw und damit auch im räumlichen Verhältnis zur Hauptsache. Winterreifen werden darüber hinaus auch im Verkehr als Zubehör angesehen, § 97 Abs. 1 S. 2 BGB.

Daher sind die Winterreifen im Zweifel mitverkauft. Für eine gegenteilige Auslegung sprechen keine Anhaltspunkte. Es ist auch lebensfremd anzunehmen, dass die im Kofferraum des PKW gelagerten und bei der Besichtigung vorhandenen Räder nicht mitverkauft werden sollten.

b) Die Mangelhaftigkeit des Wagens richtet sich nach § 434 BGB. Eine Vereinbarung über die Beschaffenheit i.S.d § 434 Abs. 1 S. 1 BGB liegt nicht vor.

Die Sache ist jedoch auch dann mangelhaft, wenn sie nicht für den nach dem Vertrag vorausgesetzte Verwendung eignet, § 434 Abs. 1 S. 2 Nr. 1 BGB. Wegen der winterlichen Verhältnisse ist ein verkehrssicheres Fortbewegen des PKW, der den eigentlichen Kaufgegenstand darstellt, ohne funktionstüchtige Winterreifen nicht möglich. Die gekauften Winterreifen dürfen nicht benutzt werden. Daher eignet sich die Kaufsache nicht zum vertraglich vorausgesetzten Verwendung.

Jedenfalls liegt ein Abweichen der Ist-Beschaffenheit von der gewöhnlichen Beschaffenheit der Kaufsache vor, § 434 Abs. 1 S. 2 Nr. 2 BGB. Soweit Gebrauchtwagen mit

---

[54] BGHZ 18, 226, 228 f.

Winterreifen verkauft werden, so kann von gewöhnlichen Winterreifen erwartet werden, dass sie funktionstüchtig sind und die gesetzlichen Anforderungen einhalten.

Daher war die Sache mangelhaft.

c) Ein Minderungsrecht entsteht gemäß § 437 Nr. 2 i.V.m. § 441 BGB nur, wenn die Voraussetzungen für einen Rücktritt vorliegen („statt zurückzutreten").

aa) Gemäß § 323 Abs. 1 BGB setzt der Rücktritt einen Fristsetzung zur Nacherfüllung voraus. J hat H zur Lieferung anderer Winterreifen aufgefordert und damit sein Nacherfüllungsbegehren deutlich gemacht. Eine Fristsetzung hat er damit nicht verbunden. Es kann jedoch dahinstehen, ob auch eine fehlende Fristsetzung eine angemessene Frist in Gang setzt.[55] H hat die Nacherfüllung endgültig und ernsthaft verweigert. Daher ist eine Fristsetzung gemäß § 323 Abs. 2 Nr. 1 BGB entbehrlich.

bb) J hat gegenüber H gesagt, er wolle den Kaufpreis mindern. Eine Minderungserklärung liegt daher vor.

cc) Die Minderung könnte indessen unwirksam sein, wenn ihr die Einrede des B aus § 218 Abs. 1 S. 1 BGB i.V.m. § 438 Abs. 5 BGB entgegensteht. J hat im April 2010 die Minderung erklärt.

Gemäß § 218 Abs. 1 S. 1 BGB ist der Rücktritt, und entsprechend über § 438 Abs. 5 BGB die Minderung unwirksam, wenn der Anspruch auf die Leistung oder Nacherfüllungsanspruch verjährt ist und der Schuldner sich hierauf beruft.

Gemäß § 438 Abs. 1 Nr. 1, Abs. 2 BGB verjährt der Anspruch auf Nacherfüllung bei beweglichen Sachen in zwei Jahren von der Ablieferung an.

Fraglich ist, ob die Verjährungsfrist schon abgelaufen ist. Die Ablieferung der Sache erfolgte im März 2011. Demnach wäre die Verjährungsfrist im März 2013 abgelaufen und J hätte die Verjährung nicht mehr durch Klageerhebung (§ 204 Abs. 1 Nr. 1 BGB) hemmen können.

Es könnte aber ausnahmsweise entgegen § 438 Abs. 2 BGB ein anderer Zeitpunkt für den Beginn der Verjährungsfrist maßgeblich sein, weil J den bis dahin schwebend unwirksamen Vertrag erst mit dem Erreichen der Volljährigkeit im Juni genehmigt hat. Die Verjährungsfrist für einen Anspruch kann begriffsmäßig (vgl. § 194 Abs. 1 S. 1 BGB) nicht eher zu laufen beginnen, als der Anspruch überhaupt entstanden ist. Die Verjährung setzt also grundsätzlich die Entstehung des Anspruchs voraus. Kommt es auf diesen Zeitpunkt an, so ist die Verjährungseinrede im April 2013 noch nicht entstanden bzw. die Verjährung des Anspruchs durch rechtzeitige Klageerhebung gehemmt. Die Genehmigung wirkt zwar auf den Zeitpunkt der Vornahme des Rechtsgeschäfts zurück (§ 184 Abs. 1 BGB). Es wird jedoch allgemein angenommen, dass die Verjährungsfrist erst vom Zeitpunkt der Erteilung der Genehmigung an zu laufen beginnt, weil vorher überhaupt keine Ansprüche vom „Käufer" erhoben werden können.[56] Daher beginnt die Verjährungsfrist nicht vor Vollwirksamkeit des Kaufvertrags zu laufen.

Der Anspruch auf Nacherfüllung war daher im April 2013 noch nicht verjährt.

Folglich ist auch die Minderung nicht gemäß § 218 BGB unwirksam.

---

[55] Palandt/*Grüneberg*, § 323 Rn. 14 m.N.; kritisch *Skamel*, JuS 2010, 671.

[56] RGZ 65, 245, 247; *BGH* BB 1967, 1394 f.; für das neue Recht MünchKomm/*Grothe*, § 199 Rn. 5.

d) Zwischenergebnis: Damit durfte J die Minderung erklären. Der Anspruch des J auf H auf Rückzahlung eines Teils des Kaufpreises gemäß § 441 Abs. 4, 346 BGB ist damit entstanden. Die Höhe des Anspruchs richtet sich nach § 441 Abs. 2 BGB.[57]

II. Ergebnis

J hat gegen H wegen der Mangelhaftigkeit der Winterreifen im Wege der Minderung einen Anspruch auf Rückzahlung eines Teils des Kaufpreises gemäß §§ 346 Abs. 1, 441 Abs. 4 BGB.

Ergänzende Hinweise

Der Fall zeigt, wie Fragen des Kaufrechts (hier: Minderung) mit allgemeinen Problemen der Rechtsgeschäftslehre (hier: Geschäftsfähigkeit) verknüpft werden können.

Schon das Lesen des Klausursachverhalts deutet das Ergebnis an. Da H meint, es sei etwas zu spät für das Rückzahlungsbegehren, muss der Fall förmlich auf die Verjährung hinauslaufen. Das aber bedeutet, dass der Anspruch zunächst im Übrigen entstanden sein und daher der Kaufvertrag wirksam sein muss.

1. Der Fall gibt Gelegenheit, Fragen der beschränkten Geschäftsfähigkeit zu wiederholen:

Anders als der Geschäftsunfähige kann der beschränkt Geschäftsfähige Rechtsgeschäfte u.U. wirksam vornehmen.

Ohne Einwilligung (= vorherige Zustimmung) des gesetzlichen Vertreters ist dies möglich, wenn

1. das Rechtsgeschäft **lediglich rechtlich vorteilhaft** ist, § 107 BGB oder
2. es sich um ein **objektiv neutrales Rechtsgeschäft oder** um ein Rechtsgeschäft, das den **§§ 112, 113 BGB** (selbständiger Betrieb eines Erwerbsgeschäfts, Dienst- oder Arbeitsverhältnis) unterfällt, handelt.

Lediglich rechtlich vorteilhaft i.S.v. § 107 BGB ist ein Rechtsgeschäft für den Minderjährigen, wenn es ihm ausschließlich rechtliche Vorteile bringt. Darauf, ob das Rechtsgeschäft wirtschaftlich vorteilhaft ist, kommt es in diesem Zusammenhang nicht an.

So kann ein Kaufvertrag zwar wirtschaftliche Vorteile bringen. Rechtlich gesehen ist er jedenfalls, da er den Minderjährigen entweder zur Übergabe und Übereignung der Kaufsache oder zur Kaufpreiszahlung verpflichtet, auch nachteilig, so dass zum Kaufvertragsschluss die Einwilligung des gesetzlichen Vertreters erforderlich ist.

Ebenso verhält es sich auch bei allen anderen gegenseitigen Verträgen. Lediglich rechtlich vorteilhaft sind nur solche Verträge, die keinerlei Verpflichtung des Minderjährigen mit sich bringen. Zu denken ist hier z.B. an die Schenkung, § 516 BGB oder die Leihe, § 598 BGB.

Andere Rechtsgeschäfte sind

1. wirksam, wenn die **Einwilligung** (= vorherige Zustimmung) des gesetzlichen Vertreters gem. § 107 BGB oder ein **Fall des § 110 BGB** (Taschengeldparagraf) vorliegt
   oder

---

[57] Die Berechnung braucht hier nicht durchgeführt zu werden, weil die Aufgabe keine Preis- und Wertangaben enthält.

2. **schwebend unwirksam** bis zur **Genehmigung** (= nachträgliche Zustimmung) des gesetzlichen Vertreters, vgl. § 108 BGB bzw., sofern es sich um ein einseitiges Rechtsgeschäft handelt, gem. § 111 BGB **nichtig**.

Die **Einwilligung** kann ausdrücklich oder stillschweigend erklärt werden. Eine stillschweigende (= konkludente) Einwilligung liegt vor, wenn das Verhalten des gesetzlichen Vertreters einen Erklärungswert hat, der auf eine Zustimmung schließen lässt. Ein Spezialfall der stillschweigenden Einwilligung ist in § 110 BGB geregelt. Danach gilt ein von einem Minderjährigen ohne Zustimmung des gesetzlichen Vertreters geschlossener Vertrag als Anfang an wirksam, wenn der Minderjährige die vertragsgemäße Leistung mit Mitteln bewirkt, die ihm zu diesem Zweck oder zur freien Verfügung von dem Vertreter oder mit dessen Zustimmung von einem Dritten überlassen worden sind.

Die **Genehmigung** kann grundsätzlich gegenüber beiden Vertragsteilen ausgesprochen werden, § 182 Abs. 1 BGB! Hat der andere Vertragspartner zur Genehmigung aufgefordert, kann sie jedoch nur noch ihm gegenüber erklärt werden.

Gem. **§ 108 Abs. 2 S. 2 BGB** gilt die Genehmigung nach zwei Wochen nach Aufforderung als verweigert.

Die Verweigerung der Genehmigung macht den Vertrag endgültig unwirksam. Ebenso wie die Genehmigung, kann auch deren Verweigerung ausdrücklich oder konkludent erfolgen. Auch die Verweigerung der Genehmigung kann gegenüber beiden Vertragsparteien erfolgen.

Bis zur Genehmigung ist der andere Teil zum **Widerruf** berechtigt, vgl. § 109 Abs. 1 BGB. Dieser kann wiederum sowohl gegenüber dem Minderjährigen als auch gegenüber dem Vertragspartner erfolgen, es sei denn, der Vertragspartner hat die Minderjährigkeit gekannt. Ist dies der Fall, so kann er nur widerrufen, wenn der Minderjährige zuvor wahrheitswidrig die Einwilligung des gesetzlichen Vertreters behauptet hat, vgl. § 109 Abs. 2 BGB.

Für einseitige Rechtsgeschäfte enthält § 111 BGB eine Sonderregelung. Ein einseitiges Rechtsgeschäft, das der Minderjährige ohne die erforderliche Einwilligung des gesetzlichen Vertreters vornimmt, ist gem. § 111 S. 1 BGB unwirksam.

Literaturhinweise: *Kleinhenz*, Der Widerruf der Vollmacht gegenüber dem beschränkt Geschäftsfähigen, Jura 2007, 810; *St. Lorenz*, Grundwissen – Zivilrecht: Rechts- und Geschäftsfähigkeit, JuS 2010, 11; *Timme*, Die Schenkung eines Tieres an einen beschränkt Geschäftsfähigen, JA 2010, 174.

2. Beachten Sie, dass die Minderung nach § 437 Nr. 2 BGB als solche kein Anspruch ist, sondern ein Gestaltungsrecht! Mit der Ausübung dieses Recht geht der Kaufpreisanspruch teilweise unter. Der eigentliche Rückzahlungsanspruch in Bezug auf bereits erbrachte Zahlung ergibt sich aus **§ 346 Abs. 1 BGB** i.V.m. § 441 Abs. 4 BGB!

Die Einordnung des Minderungsrechts als Gestaltungsrecht hat Folgen für die Verjährung, weil nur Ansprüche verjähren können, keine Rechte. § 438 BGB greift nicht unmittelbar ein, denn dort geht es nur um Ansprüche, und zwar solche nach § 437 Abs. 1 Nr. 1 und 3 BGB (beachte die Eingangsworte von § 438 Abs. 1 BGB). Es wäre aber seltsam, wenn zwar diese Ansprüche aus § 437 BGB verjähren könnten, das Rücktritts- und Minderungsrecht aber dauerhaft erhalten bliebe.

Über § 218 BGB wird für Rücktritt und Minderung daher eine konstruktive „Krücke“ geschaffen. Die Ausübung des Gestaltungsrechts ist unwirksam, wenn der Leistungsanspruch verjährt ist und sich der Schuldner (= Verkäufer) darauf beruft.

Beachten Sie weiter: Der hier geltend gemachte Anspruch aus §§ 346 Abs. 1, 441 Abs. 4 S. 2 BGB seinerseits verjährt gemäß §§ 195, 199 BGB nach allgemeinen Regeln; er ist nicht in § 438 BGB genannt. Damit man zur Verjährung des Rückzahlungsanspruchs kommt, muss natürlich die eben aufgezeigte Hürde des § 218 BGB erst einmal überwunden werden. Kann sich der Schuldner auf § 218 BGB berufen, ist die Minderungserklärung schon als solche unwirksam. In der Sache ist § 218 BGB, obwohl der Schuldner sich auf die Verjährung des Nacherfüllungsanspruchs berufen muss, daher keine rechtshemmende Einwendung in Bezug auf den Rückzahlungsanspruch, sondern ein Grund für die Unwirksamkeit der Minderung, die tatbestandliche Voraussetzung für den Rückzahlungsanspruch ist.

Machen Sie sich noch einmal die Grobstruktur des Falles deutlich. An ihr wird nicht nur der Anspruchsaufbau deutlich, sondern auch, welche „Gedankenmodule" jetzt an den passenden Stellen eingesetzt werden müssen:

I. Anspruch aus §§ 437 Nr. 2, 441 Abs. 4 S. 2, 346 Abs. 1 BGB entstanden?
  1. Kaufvertrag
    a) Vertragsschluss („Modul Vertragliche Einigung", siehe auch oben zu Fall 1; hier unproblematisch)
    b) Wirksamkeit der Einigung nach §§ 107, 108 BGB („Modul Geschäftsfähigkeit")
  2. Mangelhafte Kaufsache bei Gefahrübergang („Modul §§ 434 ff.")
    a) Winterreifen als Kaufsache
    b) Mangelhaftigkeit gemäß § 434
    c) Voraussetzungen der Minderung
      aa) Fristsetzung
      bb) Minderungserklärung
      cc) Unwirksamkeit der Minderung nach § 218 BGB. Verjährung des Nacherfüllungsanspruchs (§ 438 Abs. 1 Nr. 1 BGB) („Modul Verjährung")

II. Anspruch nicht untergegangen („Modul rechtsvernichtende Einwendungen" – hier nicht relevant)

III. Anspruch durchsetzbar („Modul rechtshemmende Einreden" – hier nicht relevant)

Ergebnis

Literaturhinweise: *Eckard/Torka*, Geschenkt ist Geschenkt, JA 2007, 497 (Examensübungsklausur); *Lögering*, Verlust etwaiger Schadensersatzrechte durch die Minderung des Kaufpreises?, MDR 2009, 664; *St. Lorenz*, Rücktritt, Minderung und Schadensersatz wegen Sachmängeln im neuen Kaufrecht – Was hat der Verkäufer zu vertreten?, NJW 2002, 2497; *Mansel/Budzikiewicz*, Einführung in das neue Verjährungsrecht, Jura 2003, 1; *Peters*, Verjährungsfristen bei Minderung und mangelbedingtem Rücktritt, NJW 2008, 119; *Wagner*, Die Verjährung gewährleistungsrechtlicher Rechtsbehelfe nach neuem Schuldrecht, ZIP 2002, 789; *Witt*, Schuldrechtsmordernisierung 2001/2002 – Das neue Verjährungsrecht, JuS 2002, 105.

6. Fall: Die unwirksame Schönheitsreparaturklausel[58] (Geschäftsführung ohne Auftrag, Bereicherungsrecht)

Sachverhalt

M mietet von V eine Wohnung. In dem Mietvertrag findet sich eine Renovierungsklausel, wonach der Mieter in bestimmten festen und starren Zeitintervallen Schönheitsreparaturen (Tapezieren, Streichen, Lackieren etc.) durchführen muss.

Als M das Mietverhältnis kündigt und auszieht, kommt er der im Mietvertrag vorgesehenen Renovierungspflicht nach. Mit den Schönheitsreparaturen betraut M den Maler und Tapezierer X, der die Wohnung tapeziert und streicht sowie die Heizkörper und die Türzargen lackiert. Dafür stellt ihm der X eine übliche Vergütung von € 2.000 in Rechnung, die der M begleicht.

Später erfährt M, dass die im Mietvertrag enthaltene Renovierungsklausel wegen der starren Zeitintervalle unwirksam ist, was zutrifft. M verlangt nunmehr von V die Zahlung von € 2.000.

Mit Recht?

Bearbeitervermerk: Ansprüche aus §§ 280, 987 ff. BGB sind nicht zu prüfen.

Gutachterliche Überlegungen

I. Anspruch des M gegen V auf Zahlung von € 2.000 gemäß §§ 539 Abs. 1 BGB i.V.m. 677, 683 S. 1, 670 BGB

M könnte gegen V einen Anspruch auf Zahlung von € 2.000 gemäß § 539 Abs. 1 BGB i.V.m. §§ 677, 683 S. 1, 670 BGB haben.

Gemäß § 539 Abs. 1 BGB kann der Mieter vom Vermieter Aufwendungen auf die Mietsache, die ihm der Vermieter nicht nach § 536a BGB zu ersetzen hat, nach den Vorschriften über die Geschäftsordnung ohne Auftrag ersetzt verlangen.

1. M und V haben einen Mietvertrag abgeschlossen.

Die Schönheitsreparaturen betrafen keinen Mangel, so dass eine Ersatzpflicht des V nach § 536a BGB für die gemachten Aufwendungen nicht in Betracht kommt.

Daher kann M die Aufwendungen nur nach den Vorschriften der §§ 677, 683 S. 1, 670 BGB oder §§ 677, 684 S. 1 BGB ersetzt verlangen. In § 539 Abs. 1 BGB handelt es sich um eine Rechtsgrundverweisung, so dass die tatbestandlichen Voraussetzungen der Geschäftsführung ohne Auftrag vorliegen müssen.

2. M müsste ein Geschäft für einen anderen geführt haben, § 677 BGB.

a) Ein Geschäft ist jede Tätigkeit mit wirtschaftlichem Bezug. M hat Schönheitsreparaturen mit entsprechenden Aufwendungen durchgeführt. Die Geschäftsführung muss nicht höchstpersönlich erfolgen; daher reicht es aus, dass M die Arbeiten durch X ausführen lässt.

---

[58] In Anlehnung an *BGH* NJW 2009, 2590.

b) M müsste das Geschäft aber gerade auch für V geführt haben. Dieses Merkmal setzt nach herrschender Meinung das Bewusstsein und den Willen voraus, zumindest auch im Interesse eines anderen zu handeln. Dieser Fremdgeschäftsführungswille wird von der Rechtsprechung vermutet, wenn es sich um ein objektiv fremdes oder ein auch-fremdes Geschäft handelt; bei neutralen Geschäften muss der Fremdgeschäftsführungswille positiv festgestellt werden.

Objektiv fremd ist ein Geschäft, wenn es schon äußerlich (zumindest auch: dann „auch-fremdes Geschäft“) in den Rechts- und Interessenkreis eines anderen fällt.

Für ein objektiv fremdes Geschäft könnte sprechen, dass M die Malerarbeiten in der für ihn fremden Wohnung des V ausführen ließ und die Arbeiten damit dem Eigentum des V zugute kommen. Andererseits ließe sich argumentieren, ein Mieter, der aufgrund vermeintlicher vertraglicher Verpflichtung Schönheitsreparaturen in der Mietwohnung vornimmt, führe damit kein Geschäft für den Vermieter, sondern werde nur im eigenen Rechts- und Interessenkreis tätig.

Dieser Argumentation ist zu folgen. Der für eine Fremdgeschäftsführung erforderliche unmittelbare Bezug zum Rechts- und Interessenkreis des Vermieters ist nicht schon deswegen gegeben, weil die Renovierungsmaßnahmen zu einer Verbesserung der Mietsache führen und damit dem Vermögen des Vermieters zugute kommen. Mit der Vornahme von Schönheitsreparaturen will der Mieter eine Leistung erbringen, die rechtlich und wirtschaftlich als Teil des von ihm für die Gebrauchsüberlassung an der Wohnung geschuldeten Entgelts anzusehen ist; d.h. weil der Mieter selbst die Schönheitsreparaturen leistet, muss er weniger Miete zahlen. Eine dadurch bewirkte Vermögensmehrung auf Vermieterseite stellt ebenso wenig wie die Zahlung der Miete eine Wahrnehmung von Vermieterinteressen und damit eine Geschäftsführung dar, welche eine Anwendung der Vorschriften über die Geschäftsführung ohne Auftrag rechtfertigen könnte.

Daher fehlt es an einem (auch) objektiv fremden Geschäft. Folglich tritt die Vermutungswirkung für das Vorliegen des Fremdgeschäftsführungswillens nicht ein. Das Bewusstsein und der Wille, für V tätig zu werden, muss daher positiv festgestellt werden. Aus dem Sachverhalt ergeben sich insoweit keine Anhaltspunkte. M hatte das Bewusstsein, seiner vertraglichen Verpflichtung nachzukommen. Daher war sein Bewusstsein und sein Wille auf die Führung eines eigenen Geschäfts ausgerichtet. Demnach fehlt es an einem Fremdgeschäftsführungswillen. M hat das Geschäft nicht für den V geführt.

(A.A. bei entsprechender Argumentation vertretbar; insbesondere ist darauf hinzuweisen, dass die Rechtsprechung früher bei nichtigen Verträgen zum Teil die Anwendung der GoA bejaht hat, was für eine Anwendung der GoA auch in diesem Fall spräche.[59] Der Bearbeiter muss dann aber konsequenterweise bei der Prüfung der §§ 812 ff. einen Rechtsgrund bejahen.)

Ergebnis: M hat gegen V keinen Anspruch aus § 539 Abs. 1 BGB i.V.m. §§ 677, 683 S. 1, 670 BGB.

II. Anspruch des M gegen V auf Zahlung von € 2.000 aus § 812 Abs. 1 S. 1 Alt. 1 BGB

M könnte aber gegen V einen Anspruch aus § 812 Abs. 1 S. 1 Alt. 1 BGB auf Zahlung von € 2.000 haben.

---

[59] BGHZ 101, 393, 399 f.; 111, 308, 311; 157, 168, 175; *BGH* NJW 1993, 3196; 1997, 47, 48; 2008, 3069, 3071, Tz. 27.

1. Dann müsste V etwas erlangt haben. Etwas ist zumindest jeder Vermögensvorteil. Durch die Schönheitsreparaturen ist die Mietsache verbessert worden. Daher hat V etwas erlangt.

2. Dies muss durch Leistung geschehen sein. Leistung ist die bewusste und zweckgerichtete Mehrung fremden Vermögens. M hat die Schönheitsreparaturen bewusst und zweckgerichtet erbracht, mit dem Ziel, die vermeintliche Verpflichtung aus dem Mietvertrag als Teil des geschuldeten Entgelts zu erfüllen. Daher hat er zur Erfüllung seiner vermeintlichen Verpflichtung gehandelt und damit geleistet.

3. Dies müsste ohne rechtlichen Grund geschehen sein. M war wegen der Unwirksamkeit der Klausel nicht verpflichtet, die Schönheitsreparaturen zu erbringen. Daher geschah die Leistung ohne rechtlichen Grund.

4. Als Rechtsfolge ist V zur Herausgabe des durch die Leistung Erlangten verpflichtet. Erlangt sind die die verkörperten Werkleistungen. Wegen der Beschaffenheit des Erlangten ist eine Herausgabe nicht möglich. Daher hat V Wertersatz nach § 818 Abs. 2 BGB zu leisten. Der Wert der Werkleistungen bemisst sich nach dem objektiven Wert. Das entspricht der üblichen Vergütung und damit dem Betrag von € 2.000.

(Es ließe sich noch problematisieren, ob nicht das Erlangte vielmehr die Wertsteigerung der Wohnung ist und der Wertersatz darin besteht, die Vorteile auszugleichen, die sich durch eine verbesserte Vermietung ergeben; die Frage war im zugrundeliegenden BGH-Urteil breit diskutiert worden. Der BGH hat das in der zugrundeliegenden Entscheidung abgelehnt und den Wertersatz an dem Wert der Leistung ausgerichtet. Das Problem ist hier aus didaktischen Gründen ausgespart worden.)

Ergebnis: M hat gegen V einen Anspruch auf Zahlung von € 2.000 aus §§ 812 Abs. 1 S. 1 Alt. 1, 818 Abs. 1 und 2 BGB.

Ergänzender Hinweis

Der Fall berührt Grundfragen der Geschäftsführung ohne Auftrag.

1. Es kommt auf eine richtige systematische Verortung der GoA-Fälle an:

Bei der sog. **echten GoA** muss man sich die Unterteilung in zwei Fallgruppen verdeutlichen.

Die **berechtigte GoA** ist in §§ 677, 683 BGB zugrunde gelegt. Hier geht es also um Fälle, in denen der Geschäftsführer „für einen anderen", also mit Fremdgeschäftsführungswillen handelt, und die Übernahme der Geschäftsführung im Interesse und Willen des Geschäftsherrn liegt.

Hätten Sie also bei der Fallbearbeitung den Fremdgeschäftsführungswillen beispielsweise mit Blick auf das auch-fremde Geschäft bejaht, hätten Sie also die Voraussetzungen des § 683 S. 1 BGB weiterprüfen müssen.

Bei der **unberechtigten GoA** handelt der Geschäftsführer zwar auch für den Geschäftsherrn, die Übernahme der Geschäftsführung liegt aber nicht im Willen und Interesse des Geschäftsherrn.

Davon zu unterscheiden sind zwei Fälle der **unechten** GoA, in denen in Wirklichkeit keine GoA vorliegt, weil es am Fremdgeschäftsführungswillen fehlt.

§ 687 Abs. 2 BGB erfasst den Fall der **angemaßten Eigengeschäftsführung** (nicht zu verwechseln mit der unberechtigten GoA i.S.d. § 684 BGB). Der Geschäftsführer handelt gerade nicht für den Geschäftsherrn, also mit Fremdgeschäftsführungswillen, sondern mit Eigengeschäftsführungswillen. Er behandelt das objektiv fremde Geschäft als eigenes, obwohl er weiß, dass er dazu nicht berechtigt ist.

Dieser Fall liegt hier aus zwei Gründen nicht vor: Erstens fehlt es, wenn man dem BGH folgen will, bei der Leistung auf unwirksame Verpflichtungen bereits an einem objektiv fremden Geschäft. Zweitens fehlt es, selbst wenn man ein objektiv fremdes Geschäft annehmen wollte, an der positiven Kenntnis von der Nichtberechtigung.

§ 687 Abs. 1 BGB ist keine Anspruchsgrundlage o.ä., sondern besagt, dass keine berechtigte oder unberechtigte GoA vorliegt, wenn der Geschäftsführer irrtümlich ein fremdes Geschäft als eigenes behandelt, es also am Fremdgeschäftsführungswillen fehlt. Das betrifft also anders als § 687 Abs. 2 BGB die **„fahrlässige" Eigengeschäftsführung**.

Beide Fälle von § 687 BGB meinen nur das objektiv fremde Geschäft. Warum? Die Begrenzung auf objektive Geschäfte ist sachlogisch geboten: Bei einem neutralen (subjektiv fremden) Geschäft entscheidet erst die Willensrichtung des Geschäftsführers, ob der Anwendungsbereich der GoA eröffnet ist.

Beispiel: Ankauf einer Konzertkarte. Ob der Käufer das Geschäft für einen anderen besorgen möchte, etwa für einen Freund, der Interesse an dem betreffenden Konzert signalisiert hatte, oder ob der Käufer das Geschäft für sich abschließen möchte, sieht man dem eigentlichen Kaufvorgang nicht an.
(Übrigens: Verwechseln Sie nicht die Beziehungsgeflechte: Gegenüber dem Verkäufer ist im Beispielsfall der Käufer verpflichtet, wenn er nicht in Vertretung handelt; die GoA betrifft nur die Frage, ob er gegen Überlassung der Konzertkarte vom Freund Kostenerstattung verlangen kann.)

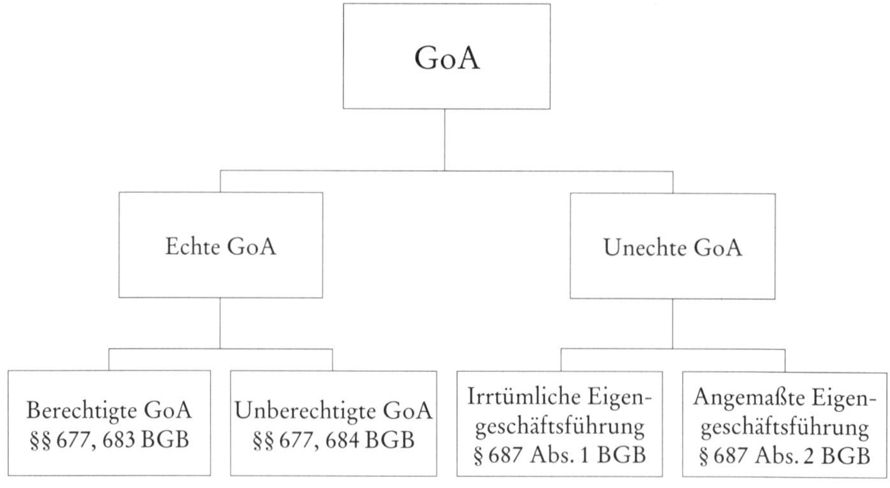

2. Im hiesigen Fall kommt es entscheidend darauf an, das Merkmal „für einen anderen" in § 677 BGB richtig zu interpretieren. Anders als häufig gelehrt, ist das „fremde Geschäft" kein eigenes Tatbestandsmerkmal des § 677 BGB. „Für einen anderen" meint nicht automatisch fremdes Geschäft, sondern es stellt auf den Willen zur Fremdgeschäftsführung ab. Die Fremdheit des Geschäfts ist nur für die Vermutung des Willens relevant. Dabei ist vor allem zwischen objektiv fremden und subjektiv fremden Geschäften zu unterscheiden. Sozusagen in der Mitte steht das sogenannte auch-fremde Geschäft. Die Grundsätze der Rechtsprechung sind im hier zugrundegelegten Urteil vom 29. 5. 2009 verständlich zusammengefasst[60]: Die Besorgung eines Geschäfts für einen anderen „*kann nach der Rechtsprechung des Bundesgerichtshofs bereits dann der Fall sein, wenn er das Geschäft nicht nur als eigenes, sondern auch als fremdes führt, das heißt in dem Bewusstsein und mit dem Willen, zumindest auch im Interesse eines anderen zu handeln. In diesem Zusammenhang wird zwischen objektiv und subjektiv fremden Geschäften unterschieden. Bei objektiv fremden Geschäften, die schon ihrem Inhalt nach in einen fremden Rechts- und Interessenkreis eingreifen (z.B. Hilfe für einen Verletzten, BGHZ 33, 251, 254 ff.; Abwendung der von einem unbeleuchteten Fahrzeug drohenden Gefahren, BGHZ 43, 188, 191 f.; Tilgung fremder Schulden, BGHZ 47, 370, 371; Veräußerung einer fremden Sache, RGZ 138, 45, 48 f.), wird regelmäßig ein ausreichender Fremdgeschäftsführungswille vermutet. Das gilt grundsätzlich auch für Geschäfte, die zugleich objektiv eigene als auch objektiv fremde sind. Dabei kann es genügen, dass das Geschäft seiner äußeren Erscheinung nach nicht nur dem Besorger, sondern auch einem Dritten zugute kommt, insbesondere wenn dessen Interesse an der Vornahme der Handlung im Vordergrund steht oder gar vordringlich ist. Hingegen erhalten objektiv eigene oder neutrale Geschäfte ihren (subjektiven) Fremdcharakter allenfalls durch einen Willen des Geschäftsführers zur vordringlichen Wahrnehmung fremder Interessen. Hierfür besteht grundsätzlich keine tatsächliche Vermutung; der Wille, ein solches Geschäft in erster Linie oder zumindest zugleich für einen anderen zu führen, muss vielmehr hinreichend deutlich nach außen in Erscheinung treten (BGH, Urteil vom 21. Oktober 2003 -X ZR 66/01, WM 2004, 1397, unter III 2 a aa m.w.N.).*“

In der Sache selbst ist es gut vertretbar, eine berechtigte GoA unter Hinweis auf das auch fremde Geschäft zu bejahen. Im Einzelnen ist die Rechtsprechung zur GoA wenig kohärent. Aus studentischer Sicht kommt es darauf, die Merkmale sauber durchzuprüfen und eine stimmige Lösung zu präsentieren. So wäre es fatal, sowohl §§ 677, 683 S. 1, 670 BGB als daneben auch einen Anspruch aus § 812 Abs. 1 BGB zu bejahen.

Literaturhinweise: *Hey*, Die Geschäftsführung ohne Auftrag, JuS 2009, 400; *B. Schmidt*, Der Anwendungsbereich der berechtigten Geschäftsführung ohne Auftrag, JuS 2004, 862; *Thole*, Die Geschäftsführung ohne Auftrag auf dem Rückzug – Das Ende des „auch fremden“ Geschäfts?, NJW 2010, 1243; *Wendlandt*, Der Dombrandfall – Unechte Gesamtschuld, GoA und Bereicherung, Jura 2004, 325.

7. Fall: Der Kauf des BGB-Kommentars (Mehrpersonenbeziehungen, Regress)

Sachverhalt

Der Student S kauft bei dem befreundeten Buchhändler B zur Vorbereitung auf sein Examen einen BGB-Kommentar. Den Kaufpreis muss S nicht sofort zahlen, sondern er erhält eine lange Zahlungsfrist. Als sein Vater V einen Tag später beim Besuch der Buchhandlung davon erfährt, bezahlt er – hocherfreut über den Studieneifer seines Sohnes – den noch offenen Kaufpreis an B mit der Bemerkung, er werde sich das Geld von S wiedergeben lassen. Wie ist die Rechtslage?

---

[60] *BGH* NJW 2009, 2590, 2591, Tz. 18.

Gutachterliche Überlegungen

A. Anspruch des B gegen S

I. Anspruch aus § 433 Abs. 2 BGB auf Zahlung des Buchpreises

B könnte gegen S einen Anspruch auf Zahlung des Kaufpreises aus § 433 Abs. 2 BGB haben.

1. Ein Kaufvertrag ist zustande gekommen. Der Anspruch ist entstanden.

2. Der Anspruch des V könnte jedoch durch Erfüllung untergegangen sein (§§ 362 Abs. 1, 267 BGB).

Indem V den von seinem Sohn vereinbarten Kaufpreis bezahlte, hat er die geschuldete Leistung an den Gläubiger bewirkt. V war jedoch nicht Schuldner des B. § 362 Abs. 1 BGB sagt jedoch nicht, dass zwingend der Schuldner selbst die Leistung bewirken muss. Gemäß § 267 Abs. 1 BGB kann auch ein Dritter die Leistung bewirken, wenn der Schuldner nicht in Person zu leisten hat. Es handelte sich um eine bloße Zahlungspflicht und nicht um eine höchstpersönliche Leistungspflicht (Bsp. Darbietung eines Konzerts durch einen Rockstar). Daher durfte V den Kaufpreis begleichen. Die Einwilligung des Schuldners war nicht erforderlich (§ 267 Abs. 1 S. 1 und 2 BGB). Erforderlich ist lediglich der Fremdtilgungswille des Dritten, d.h. der Wille des Dritten, gerade auf die fremde, und nicht auf eine eigene Schuld leisten zu wollen. V hat ausdrücklich mitgeteilt, er wolle nicht etwa eine eigene Verbindlichkeit dem B gegenüber tilgen, sondern zur Erfüllung der Verbindlichkeit seines Sohnes leisten.[61] Daher ist der Anspruch durch Erfüllung untergegangen.

II. Ergebnis: B hat keinen Anspruch gegen S.

B. Ansprüche des V gegen S

I. Anspruch aus § 433 Abs. 2 BGB i.V.m. § 268 Abs. 3 S. 1 BGB

V könnte gegen S einen Anspruch auf Kaufpreiszahlung aus § 433 Abs. 2 BGB haben.

Einen eigenen Kaufvertrag haben V und S nicht abgeschlossen. Ein Anspruch aus eigenem Recht aus dem Kaufvertrag kommt daher nicht in Betracht.

Der Anspruch des B gegen S auf Kaufpreiszahlung könnte jedoch auf V übergegangen sein. Soweit der Dritte den Gläubiger befriedigt, geht nach § 268 Abs. 3 S. 1 BGB die Forderung von Gesetzes wegen (also im Wege einer „cessio legis") auf ihn über. Voraussetzung dafür ist jedoch, dass dem Dritten ein Ablösungsrecht zustand. Dies ist gemäß § 268 Abs. 1 BGB der Fall, wenn dem Dritten durch die Zwangsvollstreckung eines Gläubigers der Verlust des Besitzes an einer dem Schuldner zwar gehörenden, jedoch – etwa aufgrund von Miete oder Pacht – in seinem Besitz befindlichen, Sache droht. Ein solcher Fall liegt nicht vor. Ein Forderungsübergang zugunsten des V scheidet daher aus.[62]

---

[61] Vgl. BGHZ 70, 389, 397; 72, 246, 249.

[62] Die Vorschrift des § 268 BGB braucht hier nicht unbedingt erwähnt zu werden; eine Arbeit, die darauf nicht einginge, wäre dadurch nicht fehlerhaft. Die Rechtsfigur der „cessio legis" vervollständigt nur das Bild der verschiedenen Rückgriffsregelungen des BGB.

II. Aufwendungsersatz aus berechtigter Geschäftsführung ohne Auftrag (§§ 670, 683 S. 1, 677 BGB)

Ein Anspruch auf Ersatz des gezahlten Kaufpreises könnte sich aber aus §§ 670, 683 S. 1, 677 BGB ergeben.

1. Dann müsste V ein Geschäft für S geführt haben. Ein Geschäft in diesem Sinne kann jegliche Art von Tätigkeit sein. Daher handelt es sich bei der Zahlung des Kaufpreises um eine Geschäftsbesorgung.

Das Geschäft müsste V aber gerade auch für den S geführt haben. Das setzt einen Fremdgeschäftsführungswillen voraus. Der Fremdgeschäftsführungswillen wird vermutet, wenn es sich bei dem Geschäft um ein für den Geschäftsführer objektiv fremdes Geschäft handelt. Objektiv fremd ist ein Geschäft, wenn es schon nach seinem äußeren Erscheinungsbild in den Rechts- und Interessenkreis eines anderen fällt.[63] Die Zahlung des Kaufpreises ist zuerst eine Verpflichtung des Schuldners. Daher ist die Zahlung des Kaufpreises, den eigentlich der S schuldete, durch seinen Vater V für diesen ein objektiv fremdes Geschäft, so dass der Fremdgeschäftsführungswille des V vermutet wird.[64]

2. Die Übernahme der Geschäftsführung muss ferner dem Interesse und Willen des S entsprochen haben (§ 683 S. 1 BGB).

a) Einen wirklichen Willen hat S nicht geäußert.

b) Maßgeblich ist deshalb der mutmaßliche Wille des Geschäftsherrn. Für den mutmaßlichen Willen kommt es darauf an, ob der Geschäftsherr bei objektiver Beurteilung der Gesamtumstände der Geschäftsübernahme zugestimmt hätte.[65] Anhaltspunkte zum persönlichen Verhältnis von Vater und Sohn gibt der Sachverhalt nicht her. Daher ist der mutmaßliche Willen nach der Interessensituation zu beurteilen. Der mutmaßliche Wille folgt dem objektiven Interesse. Im Interesse des Geschäftsherrn liegt eine Geschäftsführung dann, wenn sie ihm objektiv nützlich ist.

Zwar ist die Tilgung der Kaufpreisschuld für S nützlich. B hatte jedoch auf die sofortige Zahlung des Kommentars verzichtet und damit den Kaufpreisanspruch gestundet. Demgegenüber ist ein Erstattungsanspruch aus § 683 BGB in dem Augenblick fällig, in welchem der Geschäftsführer die Aufwendungen vornimmt. Der Käufer, der die Sache vom Verkäufer ausgehändigt erhält, ohne sogleich den Kaufpreis zahlen zu müssen, wird daher durch eine Geschäftsführung schlechter gestellt. Aus diesem Grund lag die Übernahme der Geschäftsführung nicht im Interesse des S.

Daher entsprach die Zahlung nicht seinem mutmaßlichen Willen. Anders läge die Situation lediglich dann, wenn der Vater darauf hätte verzichten wollen, sich das Geld bei dem Sohn wiederzuholen, was aber hier gerade nicht der Fall ist.

(Auch hier ist die Gegenansicht sehr gut vertretbar.)

Ergebnis: Ein Aufwendungsersatzanspruch aus berechtigter Geschäftsführung ohne Auftrag scheidet nach alledem aus.

---

63 *BGH* ZIP 2003, 1399, 1403.
64 BGHZ 47, 370, 371; *BGH* WM 1999, 2032, 2033; Jauernig/*Mansel*, § 677 Rn. 2 b, c.
65 Vgl. BGHZ 47, 370, 374; Jauernig/*Mansel*, § 683 Rn. 2.

III. Anspruch auf Erstattung des gezahlten Kaufpreises wegen unberechtigter Geschäftsführung ohne Auftrag, §§ 684 S. 1, 812, 818 Abs. 1, 2 BGB

Ein Anspruch auf Erstattung des Kaufpreises könnte sich aber aus §§ 684 S. 1 i.V.m. §§ 812, 818 Abs. 1 und 2 BGB ergeben. Entspricht die Übernahme der Geschäftsführung nicht dem Interesse und dem Willen des Geschäftsherrn, kann der Geschäftsführer gemäß § 684 S. 1 BGB Herausgabe des vom Geschäftsherrn Erlangten nach Maßgabe der Vorschriften über die ungerechtfertigte Bereicherung verlangen. Ob es sich hierbei um eine Rechtsgrundverweisung auf die §§ 812 ff. BGB oder um eine Rechtsfolgenverweisung handelt, ist umstritten.[66] Einer Entscheidung zwischen den konkurrierenden Meinungen bedarf es nur, wenn die Voraussetzungen des § 812 Abs. 1 BGB nicht vorlägen.

1. S hat die Befreiung von seiner Verpflichtung dem B gegenüber und damit „etwas" erlangt.

2. Ein Anspruch aus § 812 Abs. 1 S. 1 Alt. 1 BGB setzt eine Leistung des V voraus. Unter Leistung wird die bewusste und zweckgerichtete Mehrung fremden Vermögens verstanden.[67] Maßgebend ist dabei die Lehre vom Empfängerhorizont. Das Leistungsverhältnis, innerhalb dessen bei Fehlen eines Rechtsgrundes die Bereicherung rückgängig zu machen ist, richtet sich danach, als wessen Leistung sich die Zuwendung bei objektiver Betrachtungsweise aus der Sicht des Zuwendungsempfängers darstellt.[68] Zwar wusste B, dass der V mit der Zahlung seinem Sohn und nicht der Buchhandlung nützen wollte. Für die Bestimmung des Leistungsverhältnisses kommt es aber auf den unmittelbar erstrebten Zweck an. Der Zweck der Zahlung lag in der Erfüllung der Verbindlichkeit des Sohnes dem B gegenüber. Die Hilfe für den Sohn war nur das hinter dem eigentlichen Leistungszweck liegende Motiv des V. Eine Leistung des V an S liegt daher nicht vor.

3. In Betracht kommt aber eine Nichtleistungskondiktion (hier als sogenannte Aufwendungskondiktion). Durch die Befreiung von Verbindlichkeit ist S in sonstiger Weise, d.h. nicht durch Leistung, auf Kosten des V bereichert worden, § 812 Abs. 1 S. 1 Alt. 2 BGB.

4. Die Schuldbefreiung des S müsste auch ohne rechtlichen Grund erfolgt sein. Als solcher kommt eine Schenkung in Betracht. V hat dem B gegenüber aber zu erkennen gegeben, dass er sich das an diesen gezahlte Geld von seinem Sohn erstatten lassen wollte. Es fehlt daher bereits an einer unentgeltlichen Zuwendung und dem entsprechenden Angebot zum Abschluss eines Schenkungsvertrags gegenüber S.

Mithin liegen die Voraussetzungen des § 812 Abs. 1 S. 1 Alt. 2 BGB vor. V kann daher von S auch nach der Auffassung, die § 684 S. 1 BGB als Rechtsgrundverweisung auffasst, Herausgabe des Erlangten nach Maßgabe der §§ 818 ff. verlangen.

5. Gemäß § 818 Abs. 2 BGB ist Wertersatz zu leisten, wenn die Bereicherung wegen der Beschaffenheit des Erlangten nicht herausgegeben werden kann. Mit der Zahlung des Kaufpreises durch V hat S die Befreiung von seiner Verbindlichkeit gegenüber B

---

[66] Für Rechtsfolgenverweisung: *BGH* WM 1976, 1056, 1060; Jauernig/*Mansel,* § 684 Rn. 1; für Rechtsgrundverweisung: *Larenz/Canaris,* SchuldR II/2, § 69 III 1, S. 188; MünchKomm/*Seiler,* § 684 Rn. 4; *Gursky,* AcP 185 (1985), 13, 40. Dazu schon oben 1. Teil, § 2 V.

[67] Vgl. BGHZ 40, 277; 69, 188 f.; *Larenz/Canaris,* SchuldR II/2, § 67 II 1, S. 132.

[68] *BGH* NJW 1974, 1132; WM 1978, 1053; BGHZ 40, 272, 277 f.; Palandt/*Sprau,* § 812 Rn. 14 m.w.N.

erlangt. Diese Befreiung kann S nicht in Natur herausgeben. Er hat V daher gemäß § 818 Abs. 2 BGB Wertersatz zu leisten. Der objektive Wert der Befreiung von der Verbindlichkeit entspricht dem Kaufpreis.

(Der Umstand, dass S den Ausgleich der Kaufpreisschuld durch V gar erstrebt hatte, der Rückgriff ihm also gleichsam „aufgedrängt" wurde, führt nicht zur Minderung oder zum Ausschluss des Bereicherungsanspruchs gemäß § 818 Abs. 3 BGB, weil S rechtlich nicht gegen die Auswechselung seines Gläubigers B geschützt war, vgl. § 399 BGB.[69])

Ergebnis: V kann von S Erstattung des an B gezahlten Kaufpreises aus §§ 684 S. 1, 818 Abs. 1, 2 BGB verlangen.

Ergänzender Hinweis

Der Fall ist für Anfänger schwierig. Es geht darum, die verschiedenen Rechtsbeziehungen sauber voneinander zu trennen. Das Ergebnis ist ziemlich einleuchtend. B bekommt den Kaufpreis nicht noch einmal, sondern V muss sich mit S auseinandersetzen. Es handelt sich insoweit um einen typischen Regressfall. Schwierig wird der Fall durch die Wahl der passenden Anspruchsgrundlage. Teilweise hat die Rechtsprechung in vergleichbaren Fällen direkt den Weg über § 812 BGB gesucht;[70] das wäre hier gleichermaßen denkbar gewesen. In der Lösung ist die Prüfung des § 812 BGB in den § 684 BGB integriert. Es wäre auch denkbar gewesen, bei § 684 BGB ohne weiteres von einer Rechtsfolgenverweisung auszugehen. Dann wäre danach § 812 BGB noch kurz (!) gesondert als eigenständiger Anspruch zu prüfen gewesen.

In keinem Fall dürften §§ 683 S. 1, 670, 677 BGB und § 812 BGB bejaht werden, denn die berechtigte GoA wäre der Rechtsgrund für die erlangte Befreiung des S von seiner Verbindlichkeit; bei der unberechtigten GoA (§ 684 BGB) gilt das nicht.

Vergessen Sie also gerade bei einem solchen fremdnützigen Handeln nicht die Prüfung der GoA!

Inhaltlich sollten Sie den Fall zum Anlass nehmen, sich mit Rechtsfragen bei mehreren Schuldnern und den Formen des Ausgleichs zu beschäftigen, wenn einer der Schuldner oder ein Dritter die geschuldete Leistung bewirkt. Darüber hinaus sind Mehrpersonenbeziehungen vor allem dann bedeutsam, wenn sich der Dritte zunächst nur schuldrechtlich verpflichtet, die Schuld zu tilgen. Hätte V nicht gleich an H gezahlt und damit die Erfüllung bewirkt, sondern nur die Verpflichtung zur Kaufpreiszahlung übernommen, so hätte dies eine Schuldübernahme i.S.d. § 414 BGB darstellen können. Denkbar wäre auch ein gesetzlich nicht geregelter Schuldbeitritt gewesen, der zur Folge hätte, dass V neben S (statt: anstelle von S) zum Gesamtschuldner für die Kaufpreiszahlung würde.

Der Schuldbeitritt ist abzugrenzen von sonstigen Formen der Kreditsicherung, in denen ein Dritter keine eigene Schuld begründen möchte, sondern für fremde Schulden einstehen möchte, namentlich die Bürgschaft. Vergleichen Sie dazu das Problem § 3 I. im 4. Teil.

[69] *Medicus/Lorenz,* SchuldR II, Rn. 722.

[70] BGHZ 43, 1, 11 f.; BGHZ 70, 389, 396 f., 75, 299, 303; Palandt/*Grüneberg*, § 267 Rn. 7.

Literaturhinweise: *Beckhaus/Engel,* Referendarsexamensklausur – Zivilrecht: Vertrags- und Haftungsfragen im Besonderen Schuldrecht – Blitzblanke Zwerge, JuS 2009, 1113; *Peters,* Der Beginn der Verjährung bei Regressansprüchen, ZGS 2010, 154; *Schmolke*, Grundfälle zum Bürgschaftsrecht, JuS 2009, 784; *Stamm,* Die Gesamtschuld auf dem Vormarsch, NJW 2003, 2940 (Bespr. BGH NJW 2003, 2980); *Stamm,* Konkurrierende Bauunternehmer, JA 2003, 470; *Wendehorst,* Der Rückgriff, Jura 2004, 505.

Speziell zur Aufwendungskondiktion: *Behme/Vásárhelyi-Nagy,* Ersatzansprüche des Mieters bei unwirksamer Endrenovierungsklausel, StudZR 2010, 171 (Bespr. BGH NJW 2009, 2590); *Blank,* Zur Verjährung des mieterseitigen Anspruchs nach §§ 812 Abs. 1, 818 Abs. 2 BGB wegen rechtsgrundloser Renovierung, WuM 2010, 234 (Bespr. AG Freiburg WuM 2010, 232); *Canaris,* Das Verhältnis der §§ 994 ff. BGB zur Aufwendungskondiktion nach § 812 BGB, JZ 1996, 344 (Bespr. BGH JZ 1996, 366); *Dauner-Lieb/Dötsch,* Aufwendungsersatz für eine Mängelbeseitigung durch den Mieter, NZM 2004, 641; *Horst,* Aufwendungsersatz für Einbauten und Investitionen des Mieters, MDR 2007, 1117; *ders.*, Aufwendungsersatzansprüche und Wegnahmerechte des Gewerbemieters, MDR 2009, 477; *Podewils,* Von Portemonnaie zu Portemonnaie – Zivilrechtliche Folgen schwarz erbrachter Dienst- oder Werkleistungen, DB 2008, 1846 (Bespr. BGH DB 2008, 1855).

8. Fall: Das Fernglas auf der Reise (Anspruchshäufung, Mehrpersonenbeziehungen, Eigentumsverhältnisse)

Sachverhalt

Der Geologiestudent S bittet seinen Onkel O, ihm für eine Exkursion sein Fernglas zu leihen. Unterwegs zeigt der Assistent A so viel Interesse an dem Fernglas, dass S es ihm gegen Zahlung von € 200 überlässt, was dem Wert des Gegenstands entspricht. A hält S für den Eigentümer. Später schenkt A das Glas seiner Freundin F zum Geburtstag.

Wie ist die Rechtslage?

Gutachterliche Überlegungen

A. Ansprüche des O gegen F

I. Anspruch des O gegen F auf Herausgabe des Fernglases aus § 985 BGB

O könnte gegen F einen Herausgabeanspruch aus § 985 BGB haben.

1. F hat das Fernglas in ihrer tatsächlichen Gewalt (§ 854 Abs. 1 BGB) und ist damit Besitzerin.

2. O müsste noch Eigentümer des Glases sein.

a) Ursprünglich war O Eigentümer.

b) Er hat sein Eigentum auch nicht durch die Übergabe an den S verloren. Mit der Übergabe hat O dem S nur den unentgeltlichen Gebrauch des Fernglases gestattet. S sollte die Sache anschließend zurückgeben (vgl. §§ 598, 604 Abs. 1 BGB).

c) O hat das Eigentum aber verloren, wenn S das Fernglas wirksam an A übereignet hat. In Betracht kommt eine Übereignung nach § 929 S. 1 BGB.

aa) S und A müssten sich über den Eigentumswechsel geeinigt haben. Die Überlassung des Fernglases erfolgte gegen Entgelt. Dies spricht in Ermangelung anderer Anhaltspunkte dafür, dass A die Sache endgültig behalten sollte, §§ 133, 157 BGB, so dass eine Einigung über den Eigentumswechsel erfolgt ist.

bb) Die Übergabe ist ebenfalls erfolgt.

cc) S müsste aber auch Eigentümer der Sache oder sonst zur Verfügung berechtigt gewesen sein.

(1) S war aber nicht Eigentümer. Gemäß § 185 Abs. 1 BGB sind Verfügungen, die ein Nichtberechtigter über einen Gegenstand trifft, aber gleichwohl wirksam, wenn sie mit Einwilligung des Berechtigten erfolgen. O hat jedoch nicht in die Übertragung des Eigentums eingewilligt. O hat die Veräußerung seines Fernglases auch nicht etwa nachträglich gutgeheißen und damit die Verfügung des S genehmigt (§ 185 Abs. 2 BGB). Daher liegen die Voraussetzungen des § 185 BGB nicht vor.

(2) In Betracht kommt aber ein gutgläubiger Erwerb durch A gemäß § 932 Abs. 1 S. 1 BGB. Ein guter Glaube liegt gemäß § 932 Abs. 2 BGB nicht vor, wenn dem Erwerber bekannt oder infolge grober Fahrlässigkeit unbekannt war, dass die Sache nicht dem Veräußerer gehörte.

A besaß keine Kenntnis von den wirklichen Eigentumsverhältnissen.

Eine für die Fahrlässigkeit nach § 276 Abs. 1 S. 2 BGB erforderliche Außerachtlassung der im Verkehr erforderlichen Sorgfalt könnte man ihm allenfalls dann zum Vorwurf machen, wenn es sich um ein besonders wertvolles Fernglas gehandelt hätte und der Preis von € 200 dafür so niedrig angesetzt wäre, dass A Verdachtsmomente für das fehlende Eigentum des S entwickeln musste. Der Kaufpreis entsprach aber dem objektiven Wert der Sache. A musste keinen Argwohn bezüglich der Eigentümerstellung des S hegen. Somit war A gutgläubig.

(3) Der Eigentumserwerb könnte aber an § 935 Abs. 1 S. 1 BGB scheitern, wenn O das Fernglas abhanden gekommen ist. Abhandenkommen setzt den Verlust des Besitzes ohne oder gegen den Willen des Eigentümers voraus. O hat dem S das Fernglas aber freiwillig überlassen. Daher ist die Sache nicht abhandengekommen. O ist daher nicht mehr Eigentümer des Fernglases. Ein Anspruch auf Herausgabe gemäß § 985 BGB besteht nicht.

II. Anspruch auf Herausgabe des Fernglases aus § 812 Abs. 1 S. 1 Alt. 1 BGB

O könnte gegen F einen Herausgabeanspruch nach § 812 Abs. 1 S. 1 Alt. 1 BGB haben.

1. F hat Eigentum und Besitz an dem Gegenstand und damit etwas erlangt.

2. Das müsste aber durch Leistung des O geschehen sein. Die Eigentums- und Besitzübertragung geschah aber im Rahmen einer Zuwendung von Seiten ihres Freundes A, also durch die Leistung eines anderen (vgl. §§ 929 S. 1, 516 ff. BGB). Der Bereicherungsschuldner braucht wegen seiner eventuell erbrachten Gegenleistung nur damit zu rechnen, auf Rückgewähr von seinem Leistungspartner in Anspruch genommen zu werden. O hat nicht an F geleistet.

Ein Anspruch auf Herausgabe nach § 812 Abs. 1 S. 1 Alt. 1 BGB besteht daher nicht.

III. Anspruch auf Herausgabe des Fernglases aus § 812 Abs. 1 S. 1 Alt. 2 BGB

Wegen des Vorrangs der Leistungskondiktion steht O auch keine Nichtleistungskondiktion gemäß § 812 Abs. 1 S. 1 Alt. 2 BGB gegen A zu. F hat nicht in sonstiger Weise, sondern durch Leistung des A erworben.

IV. Anspruch auf Herausgabe des Fernglases aus § 816 Abs. 1 S. 2 BGB

Ein Anspruch aus § 816 Abs. 1 S. 2 BGB gegen F setzt voraus, dass wie bei § 816 Abs. 1 S. 1 BGB ein Nichtberechtigter über die Sache verfügt. A hatte jedoch Eigentum an dem Fernglas erworben. Er hat damit als Berechtigter verfügt.

Daher scheidet ein Anspruch auf Herausgabe des Fernglases aus § 816 Abs. 1 S. 2 BGB aus.

V. Anspruch auf Herausgabe des Fernglases aus § 822 BGB

Auch eine Herausgabepflicht der F aus § 822 BGB kommt nicht in Betracht. Die Bestimmung setzt voraus, dass der Empfänger das Erlangte dem Dritten unentgeltlich zuwendet. Empfänger ist der Bereicherungsschuldner, der sich durch unentgeltliche Weitergabe des Bereicherungsgegenstandes die Erfüllung der ihn eigentlich treffenden Herausgabepflicht unmöglich macht (§ 818 Abs. 3 BGB). F hat das Fernglas aber von A erhalten, der es seinerseits dem S abgekauft hatte. Der Erwerb des A erfolgte nicht ohne rechtlichen Grund, sondern aufgrund des mit S geschlossenen Kaufvertrages durch Leistung des S. A war daher nicht Bereicherungsschuldner des O. Daher greift auch § 822 BGB gegenüber F nicht ein.

B. Ansprüche des O gegen A

1. Ein Anspruch auf Herausgabe aus § 812 Abs. 1 S. 1 Alt. 2 BGB scheidet aus. A hat das Eigentum und Besitz an dem Fernglas durch Leistung des S und damit nicht in sonstiger Weise erlangt. Die Eingriffskondiktion ist gegenüber der Leistungskondiktion subsidiär.

2. Ein Schadensersatzanspruch des O gegen A wegen Eigentumsverletzung gemäß § 823 Abs. 1 BGB kommt nicht in Betracht, weil A das Eigentum an dem Fernglas gutgläubig erworben hat. Der Schutz des im Sinne von § 932 Abs. 2 BGB redlichen Erwerbers muss auch im Deliktsrecht verwirklicht werden. Der Eingriff in das Recht des vormaligen Eigentümers ist folglich nicht als rechtswidrig anzusehen.[71]

C. Ansprüche des O gegen S

I. Anspruch auf Schadensersatz in Höhe von € 200 aus §§ 280 Abs. 1, Abs. 3, 283 BGB

O könnte gegen S einen Schadensersatzanspruch nach §§ 280 Abs. 1, Abs. 3, 283 BGB haben.

1. Ein Schuldverhältnis liegt mit dem Leihvertrag vor.

2. S müsste gemäß § 275 Abs. 1–3 BGB nach Begründung des Schuldverhältnisses von seiner Leistungspflicht befreit sein. S war aus dem Leihvertrag verpflichtet, das Fernglas nach der Rückkehr an seinen Onkel zurückzugeben (§§ 604 Abs. 1, 598 BGB). Diese Leistung ist ihm nachträglich unmöglich geworden, da er das Glas an A wirksam veräußert hat, § 275 Abs. 1 BGB, und daher A nach Belieben mit der Sache verfahren darf.[72]

---

[71] So *BGH* JZ 1956, 490 f.; Palandt/*Bassenge,* § 932 Rn. 16.

[72] Achtung: Es geht hier um die Unmöglichkeit der Rückgabe, nicht der Eigentumsverschaffung, denn nach § 604 BGB war ja nur die Rückgabe an den Entleiher geschuldet, der meist ohnedies der Eigentümer der Sache ist.

3. Die Unmöglichkeit müsste auf einem Umstand beruhen, den S zu vertreten hat, § 280 Abs. 1 S. 2 BGB. Durch die Veräußerung des Fernglases an A hat er sich die Herausgabe vorsätzlich unmöglich gemacht (§ 276 Abs. 1 S. 1 BGB). Daher hat er die Unmöglichkeit der Leistung zu vertreten.

4. Der Schaden liegt in dem Verlust des Eigentums, der im Wert zu kompensieren ist (§§ 249 S. 1, 251 Abs. 1 BGB).

Er hat dem O danach den Wert der Sache von € 200 zu ersetzen.

II. Anspruch aus Herausgabe der € 200 aus §§ 285 Abs. 1 BGB

O könnte gegen S auch einen Anspruch auf Herausgabe der von A gezahlten € 200 gemäß § 285 Abs. 1 BGB haben.

1. S ist von der Rückgabepflicht aus dem Leihvertrag gemäß § 275 Abs. 1 BGB befreit.

2. Er müsste aufgrund des Umstandes, der die Rückgabe unmöglich gemacht hat, ein Surrogat für den geschuldeten Gegenstand erlangt haben. Die Unmöglichkeit ist wegen der Übereignung des Fernglases an A eingetreten. Aus dem zugrundeliegenden Kaufvertrag hatte S gegen A einen Anspruch auf Zahlung von € 200, den A erfüllt hat. Zwar folgt der Erwerb des Kaufpreises nicht direkt aus der Übereignung, sondern aus dem Kausalgeschäft. Gleichwohl ist die Surrogatsherausgabe auch auf das rechtsgeschäftliche Surrogat zu erstrecken. Dafür spricht, dass der Schuldner das Surrogat unter Einsatz der Sache erlangt hat, so dass in dem Kaufpreis der Wert der Sache verkörpert ist. Hätte der Schuldner noch leisten können, so wäre der Gläubiger nach erfolgter Leistung in der Lage gewesen, die Sache selbst entgeltlich zu veräußern. Darüber hinaus macht erst die Übereignung den Zahlungsanspruch einredefrei. Daher ist auch das rechtsgeschäftliche Surrogat von der Herausgabepflicht umfasst.

3. O kann von S auch Herausgabe der von A erhaltenen € 200 verlangen. Macht O diesen Anspruch geltend, mindert sich sein Anspruch aus §§ 280 Abs. 1, 3, 283 BGB auf Null, § 285 Abs. 2 BGB.

III. Anspruch auf Schadensersatz in Höhe von € 200 aus §§ 687 Abs. 2, 678 BGB

O könnte gegen S einen Anspruch auf Schadensersatz in Höhe von € 200 wegen unerlaubter Eigengeschäftsführung gem. §§ 687 Abs. 2 S. 1, 678 BGB haben.

1. Dann müsste S ein objektiv fremdes Geschäft als eigenes geführt haben. Objektiv fremd ist ein Geschäft, wenn es nach seinem äußeren Erscheinungsbild in den Rechts- und Interessenkreis eines anderen fällt.[73] Die Veräußerung einer Sache fällt in den Rechtskreis des Eigentümers. Mit der Veräußerung hat S daher ein nur dem O obliegendes Geschäft vorgenommen und sich damit ein fremdes Geschäft als eigenes angemaßt.

2. Unter den Voraussetzungen des § 678 BGB hat der Geschäftsherr daher Anspruch auf Schadensersatz. Die Übernahme der Geschäftsführung in Gestalt der Veräußerung stand mit dem wirklichen Willen des O in Widerspruch, was S erkennen musste. Die Voraussetzungen des § 678 BGB liegen mithin vor.

---

[73] Palandt/*Sprau*, § 677 Rn. 4a m.w.N.

Daher hat O einen Anspruch aus §§ 687 Abs. 2, 678 BGB auf Ersatz des Wertes der Sache in Höhe von € 200[74].

IV. Anspruch auf Herausgabe von € 200 aus §§ 687 Abs. 2 S. 1, 681 S. 2, 667 BGB

O könnte ferner einen Anspruch aus §§ 687 Abs. 2 S. 1, 681 S. 2, 667 BGB auf Herausgabe der € 200 haben.

S hat ein objektiv fremdes Geschäft als eigenes geführt (s.o. III.).

Gemäß §§ 681 S. 2, 667 BGB hat der Geschäftsführer alles herauszugeben, was er aus der Geschäftsführung erlangt. S hat den Kaufpreis in Höhe von € 200 erlangt.

Daher hat O gegen S einen Anspruch auf Herausgabe der € 200.

V. Anspruch auf Schadensersatz i.H.v. von € 200 aus §§ 990 Abs. 1 S. 1, 989 BGB

O könnte einen Anspruch auf Schadensersatz i.H.v. € 200 aus §§ 990 Abs. 1 S. 1, 989 BGB haben.

Das setzt zunächst eine Vindikationslage zum Zeitpunkt der Verschlechterung und des Untergangs der Sache i.S.d. § 989 BGB voraus. O war ursprünglich Eigentümer des Fernglases. S war unmittelbarer Besitzer. Indessen war S als Entleiher zum Besitz berechtigt, § 598 BGB. Demnach lag an sich keine Vindikationslage vor. Indessen hat S mit der Veräußerung des Fernglases seinen Besitzwillen geändert. Er besaß nunmehr nicht mehr für O als Fremdbesitzer, sondern er hat sich zum Eigenbesitzer aufgeschwungen, obwohl er dazu gegenüber O nicht berechtigt war. Es stellt sich daher die Frage, ob auch die Umwandlung von Fremd- in Eigenbesitz einen Besitzerwerb i.S.d. § 990 Abs. 1 S. 1 BGB begründen kann.

Die Rechtsprechung hat dies bejaht mit dem Argument, dass das Gesetz zwischen Eigen- und Fremdbesitz unterscheide, und derjenige, der sich nur leicht fahrlässig zum Eigenbesitzer aufschwinge, privilegiert werden müsse, weil dann § 990 BGB nicht eingreife und § 823 BGB wegen § 992 BGB nicht anwendbar sei.[75]

Demgegenüber lässt sich auch die Auffassung vertreten, dass es sich in diesen Fällen jedenfalls in der Regel um eine schlichte Vertragswidrigkeit des Besitzers handelt oder zumindest deliktische Ansprüche bestehen. Es besteht daher auch keine Notwendigkeit, Ansprüche aus dem Eigentümer-Besitzer-Verhältnis zu begründen. Der Fall ist nicht anders zu behandeln als sonstige Fälle, in denen der Besitzer sein Besitzrecht überschreitet. Außerdem stellt das Gesetz in § 990 BGB auf den Erwerb des Besitzes ab, ohne insoweit zu unterscheiden. Daher ist es vorzugswürdig, in der Umwandlung des Besitzwillens keinen neuen Besitzerwerb i.S.d. § 990 BGB anzuerkennen.

Folglich scheiden Ansprüche des O gegen S aus §§ 990 Abs. 1 S. 1, 989 BGB aus (a.A. gut vertretbar).

VI. Anspruch auf Schadensersatz in Höhe von € 200 gemäß § 823 Abs. 1 BGB

O könnte gegen S einen Anspruch gemäß § 823 Abs. 1 BGB auf Schadensersatz haben.

Eine Rechtsgutverletzung liegt in der Entziehung des Eigentums durch Veräußerung an den A vor. Die Verletzung des Eigentums muss nicht unbedingt in der Beschädigung der Sachsubstanz liegen.[76]

---

74 Die Darstellung ist hier leicht verkürzt.
75 BGHZ 31, 129, 134.
76 Jauernig/*Teichmann*, § 823 Rn. 10.

Zu der Verfügung war nur der Eigentümer berechtigt. Sie war daher rechtswidrig. Dies geschah vorsätzlich und damit schuldhaft.

Ergebnis: Daher hat O gegen S einen Anspruch auf Zahlung von € 200 aus § 823 Abs. 1 BGB.

VII. Anspruch auf Schadensersatz in Höhe von € 200 gemäß §§ 823 Abs. 2 BGB, 246 Abs. 1 und Abs. 2 StGB

Darüber hinaus hat S dem O wegen Unterschlagung des Fernglases im Wege der Veräußerung an A aufgrund der §§ 823 Abs. 2 BGB, 246 Abs. 1 und 2 StGB wegen veruntreuender Unterschlagung Schadensersatz zu leisten.[77]

VIII. Anspruch auf Herausgabe der € 200 gemäß § 816 Abs. 1 S. 1 BGB

O könnte gegen S einen Anspruch auf Herausgabe der erlangten € 200 gemäß § 816 Abs. 1 S. 1 BGB haben.

1. S hat als Nichtberechtigter das Fernglas übereignet und damit über die Sache verfügt.[78]

2. A hat gutgläubig das Eigentum[79] an dem Gerät erworben, so dass die Verfügung dem O gegenüber wirksam ist.

3. Der Herausgabeanspruch richtet sich auf das Erlangte. Durch die Verfügung wird der Anspruch auf den Kaufpreis voll durchsetzbar, da A nicht mehr die Einrede des nicht erfüllten Vertrags geltend machen kann. Man kann daher annehmen, dass auch der Veräußerungserlös in Gestalt des Kaufpreises herauszugeben ist. Die Frage ist indes umstritten. Die Gegenansicht geht davon aus, bei § 816 Abs. 1 S. 1 BGB sei die Herausgabepflicht auf den objektiven Wert der Sache begrenzt, da § 816 Abs. 1 S. 1 BGB nur eine spezielle Form der Eingriffskondiktion darstelle. Der Streit kann jedoch dahinstehen. Der erzielte Kaufpreis von € 200 entspricht dem objektiven Wert der Sache, so dass nach beiden Auffassungen dieser Betrag herauszugeben ist.

Ergebnis: O hat daher gegen S einen Anspruch auf Herausgabe von € 200 aus § 816 Abs. 1 S. 1 BGB.

D. Ansprüche des A

I. Ein Anspruch des A gegen S gemäß §§ 437 Nr. 1 BGB auf (Nach-)Erfüllung kommt nicht in Betracht, da S dem A wirksam Eigentum verschafft hat. Der Verkäufer hat seiner Eigentumsverschaffungspflicht auch dann Genüge getan, wenn der Käufer das Eigentum an der gekauften Sache nur kraft guten Glaubens erwirbt.[80]

II. Für einen Schadensersatzanspruch nach § 823 Abs. 2 BGB i.V.m. § 263 StGB fehlt es schon an einem Schaden des A.

---

77 Die Darstellung ist hier verkürzt; zur Qualität des Leihvertrags als „Anvertrauen" i.S.d. § 246 Abs. 2 StGB LK/*Vogel*, StGB, 12. Aufl. § 246 Rn. 61.

78 Verfügung ist die Übertragung, Belastung, Aufhebung oder Begründung eines dinglichen Rechts, hier des Eigentums. Auf den Kaufvertrag kommt es hier nicht an!

79 Bleiben Sie präzise und bezeichnen Sie den Anknüpfungspunkt des guten Glaubens und des Erwerbs, hier das Eigentum!

80 Erman/Westermann/*Grunewald*, § 433 Rn. 19.

Ergänzender Hinweis

Der Fall macht die Notwendigkeit deutlich, sich der Sinnhaftigkeit des Ergebnisses zu vergewissern. Ein sinnvolles Ergebnis wäre es nicht, wenn O Herausgabe des Fernglases *und* Abführung des Veräußerungserlöses verlangen könnte. Umgekehrt kann nicht F zum Schadensersatz oder Wertersatz herangezogen werden, wenn sie gutgläubig das Eigentum an der Sache erworben hat.

Im Übrigen zeigt der Fall eine Standardkonstellation:

Eine Sache wird von einem Nichteigentümer veräußert. Dann stellt sich regelmäßig die Frage nach dem gutgläubigen Erwerb des Erwerbers. Hier kommt es auf die §§ 929 ff. BGB und häufig auch auf § 935 BGB an.

Beachten Sie: §§ 932 ff. BGB überwinden nur das fehlende *Eigentum* des Veräußerers. Der gute Glaube muss sich gerade auf das Eigentum des Veräußerers beziehen. Hätte S dem A mitgeteilt, das Fernglas gehöre seinem Onkel, er dürfe es aber weiterveräußern, dann wäre der gute Glaube an die Verfügungsbefugnis nicht mit § 932 BGB überwindbar. Denkbar wäre eine Anwendung der §§ 932 ff. BGB in Bezug auf die *Verfügungsbefugnis*, d.h. die Befugnis über ein (ggf. auch fremdes) Recht im eigenen Namen (nicht als Stellvertreter) zu verfügen, nur über § 366 Abs. 1 HGB. Dessen Voraussetzungen liegen aber nicht vor, da S das Geschäft nicht im Rahmen seines Handelsgeschäfts getätigt hat.

Ist die Übereignung wirksam, dann richten sich die Ansprüche meist gegen den unberechtigten Veräußerer. Hier darf § 816 Abs. 1 BGB als spezielle Form der Eingriffskondiktion nicht übersehen werden! Diese Vorschrift tritt gewissermaßen an die Stelle des § 985 BGB. Die Wirksamkeit der Verfügung gerade gegenüber dem früheren Eigentümer ergibt sich gerade daraus, dass der Erwerber gutgläubig das Eigentum erworben hat, so dass der frühere Eigentümer gegen den Erwerber keinen Herausgabeanspruch hat und sich also beim Veräußerer schadlos halten muss. Läge kein gutgläubiger Erwerb vor, so könnte die Verfügung nur dadurch wirksam werden, dass der Eigentümer die unberechtigte Verfügung genehmigt (§ 185 Abs. 2 BGB).

Daneben war §§ 990, 989 BGB anzusprechen. Die Frage, ob die Umwandlung von Fremd- in unberechtigten Eigenbesitz zu einer Haftung nach den Regeln des EBV führt, ist eine klassische Streitfrage des Sachenrechts. Sie sollten sich unbedingt mit der Entscheidung BGHZ 31, 129 vertraut machen! Wer mit dem BGH die Anwendbarkeit der §§ 990, 989 BGB bejaht, muss konsequenterweise bei § 823 BGB den Einstieg über die Rechtsgrundverweisung in § 992 BGB nehmen (zur Konkurrenz oben 1. Teil § 2 VI. 6).

Der vorstehende Fall zeichnet sich durch eine Vielzahl in Betracht kommender Ansprüche aus. Wer hier die Vollständigkeit wahrt, kann sich bereits dadurch von anderen Prüflingen abheben.

Im Hinblick auf den Aufbau war es empfehlenswert, mit den Ansprüchen gegen F zu beginnen, weil sich unter § 985 BGB die Eigentumslage am einfachsten prüfen lässt. Dann war auch zugleich für den Anspruch des S gegen O festgestellt, dass die Rückgabe des Fernglases gemäß § 275 Abs. 1 BGB unmöglich geworden war.

Literaturhinweise: *Kempny*, Zum Verständnis und zur Prüfung des § 992 BGB, JuS 2008, 858; *Hellfeier*, Referendarexamensklausur – Bürgerliches Recht: Schadensersatz- und Herausgabeansprüche des Eigentümers gegen den unredlichen Besitzer, JuS 2005, 436; *Neumann/Engl*, Eigentümer-Besitzer-Verhältnis, JA 2002, 270 (Bespr. BGH NJW 2001, 2885); *Ranieri*, Original-Referendarexamensklausur – Bürgerliches Recht: Probleme des Eigentümer-Besitzer-Verhältnisses, JuS 2004, 53; *Roth*, Das Eigentümer-Besitzer-Verhältnis, JuS 2003, 937; *Schmolke*, Das Eigentümer-Besitzer-Verhältnis (§§ 987-1003 BGB), JA 2007, 101; *Stegmüller*, (Original-) Referendarexamensklausur – Zivilrecht: Kondiktion und Vindikation – Zwei Freunde, JuS 2010, 332.

4. Teil. Grundwissen und ausgewählte Klausurkonstellationen

§ 1. Probleme des Vertragsschlusses

I. Rechtsbindungswille (Erklärungsbewusstsein)

Literatur: *Brehmer,* Willenserklärung und Erklärungsbewusstsein (Bespr. BGH NJW 1984, 2279), JuS 1986, 440; *Habersack,* Fehlendes Erklärungsbewusstsein mit Wirkung zu Lasten des Erklärungsempfängers? (Bespr. BGH NJW 1995, 953), JuS 1996, 585; *Neuner,* Was ist eine Willenserklärung?, JuS 2007, 881.

1. Grundfall

A ist zu Besuch in Trier und betritt dort ein Lokal, in dem gerade eine Weinversteigerung stattfindet. Er entdeckt seinen Bekannten B und winkt diesem zur Begrüßung zu. Das Winken wird vom Auktionator als Abgabe eines Gebots interpretiert. A erhält daraufhin den Zuschlag für eine Kiste Wein.[1] Das Auktionshaus verlangt Zahlung von A.

2. Problemlage

Eine Willenserklärung besteht aus einem äußeren (objektiven) und einem inneren (subjektiven) Tatbestand, der Erklärung einerseits und der Wille andererseits. Eine „perfekte“ Willenserklärung setzt subjektiv einen Handlungswillen, Rechtsbindungswillen (das sog. Erklärungsbewusstsein) und den konkreten Geschäftswillen voraus, sowie objektiv ein Verhalten, das den Schluss auf diese drei Willenselemente zulässt.

Unter Handlungswillen versteht man den Willen und das Bewusstsein, überhaupt zu handeln. Der Handlungswille fehlt z.B. bei unbewusstem Handeln und bei Reflexen.[2] Typische Beispiele sind Handlungen unter Hypnose und beim Schlafwandeln. Fehlt es am Handlungswillen, so liegt keine Willenserklärung vor.

Ein tatsächlicher Rechtsbindungswille liegt vor, wenn die Erklärung nach dem Willen des Erklärenden Rechtsfolgen gleichwelcher Art herbeiführen soll und sich der Erklärende darüber bewusst ist. Der Rechtsbindungswille (Erklärungsbewusstsein) fehlt z.B. bei Gefälligkeiten und bei der *invitatio ad offerendum*, d.h. der bloßen Aufforderung zur Abgabe eines Angebots.[3]

Der Geschäftswille bezeichnet den Willen, mit der abgegebenen Erklärung eine ganz bestimmte Rechtsfolge herbeizuführen.

Es ist unbestritten, dass der Erklärende zur Anfechtung berechtigt ist, wenn sein subjektiver Geschäftswille von seiner Erklärung abweicht. Es ist indessen problema-

---

[1] Nach *Isay,* Die Willenserklarung im Thatbestande des Rechtsgeschäfts, 1899, S. 25.
[2] MünchKomm/*Kramer,* Vorb. §§ 116-144 Rn. 8.
[3] Staudinger/*Singer,* Vorb. §§ 116-144 Rn. 29.

tisch, ob die Anfechtung auch dann erforderlich und möglich ist, wenn es schon am Rechtsbindungswillen (Erklärungsbewusstsein) fehlt. Bedarf es dann überhaupt einer Anfechtung oder liegt bereits gar keine Willenserklärung vor?

Die Folgen eines fehlenden Erklärungsbewusstseins sind umstritten.

Vor allem früher wurde vertreten, das Erklärungsbewusstsein sei notwendiges Element der Willenserklärung: Ohne Erklärungswillen soll bereits keine Willenserklärung vorliegen. Als Argument wird § 118 BGB entsprechend herangezogen. Das fehlende Erklärungsbewusstsein stehe dem negativen Erklärungswillen der Scherzerklärung gleich.[4]

Die Gegenmeinung,[5] der auch der BGH folgt,[6] nimmt hingegen das Vorliegen einer Willenserklärung an, wenn der Erklärungsempfänger die Äußerung des Erklärenden nach Treu und Glauben und mit Rücksicht auf die Verkehrssitte als solche verstehen durfte. Ausreichend ist folglich bereits ein *potentieller* Rechtsbindungswille; er muss sich nicht notwendigerweise zu einem tatsächlichen Erklärungsbewusstsein konkretisiert haben. Dies gilt auch für konkludente Willenserklärungen.[7] Vorausgesetzt wird aber gewissermaßen eine „Erklärungsfahrlässigkeit“: Der Erklärende hätte unter Beachtung der pflichtgemäßen Sorgfalt erkennen können, dass der Erklärungsempfänger seine Äußerung als Willenserklärung auffasst.[8]

Allerdings ist die Willenserklärung wegen Inhaltsirrtums (§ 119 Abs. 1 Alt. 1 BGB) anfechtbar: Eine Erklärung dieses Inhalts will der Erklärende ja gerade nicht abgeben. Der Schutz des Erklärungsempfängers wird dann über die Anfechtungsfristen und die Schadensersatzpflicht des § 122 BGB bewerkstelligt.

3. Lösung

Der Zahlungsanspruch ergibt sich aus § 433 Abs. 2 BGB, wenn ein wirksamer Kaufvertrag zustande gekommen ist. A müsste eine entsprechende Willenserklärung abgegeben haben.

Nach außen hin hat A eine Willenserklärung abgegeben, indem er seine Hand hob und winkte. Dieses Verhalten lässt nach seinem äußeren Erscheinungsbilde den Schluss zu, dass A ein Angebot zum Kauf der Kiste Wein abgeben will. Der objektive Tatbestand der Willenserklärung ist gegeben. Diese Erklärung ist jedoch auf der „inneren“ Seite nicht durch einen entsprechenden Willen des A gedeckt. Zwar hatte A Handlungswillen. Allerdings wollte er mit dieser Bewegung keine rechtsgeschäftliche Erklärung abgeben. Ihm fehlte daher das Erklärungsbewusstsein. Es reicht jedoch auch das potentielle Erklärungsbewusstsein für das Vorliegen einer Willenserklärung aus. A hätte feststellen können, dass in dem Lokal gerade eine Versteigerung stattfand. Auch hätte er wissen können, dass Handzeichen bei Auktionen als Angebotsabgabe üblich sind. Daher besaß A potentielles Erklärungsbewusstsein. Er hat eine Willenserklärung in Form des Angebots zum Abschluss eines Kaufvertrags abgegeben.

Sofern A nicht anficht, ist mit dem Zuschlag ein Kaufvertrag zustande gekommen, so dass das Auktionshaus Zahlung von A verlangen kann.

---

4 *Canaris*, Vertrauenshaftung, 1971, S. 427.
5 MünchKomm/*Kramer*, § 119 Rn. 103.
6 *BGH* NJW 1984, 2279, 2280; 1990, 454, 456; 1995, 953.
7 *BGH* NJW 1990, 454, 456; 1995, 953.
8 *BGH* NJW 1984, 2279, 2280; Palandt/*Ellenberger*, Einf. § 116 Rn. 17.

II. Falsa demonstratio non nocet

Literatur: *Martinek,* Haakjöringsköd im Examinatorium, JuS 1997, 136; *Semmelmayer,* „Falsa demonstratio non nocet", JuS-L 1996, 9.

1. Grundfälle

a) Die Fischhändler A und B einigen sich über den Kauf einer Ladung „Haakjöringsköd". Beide Parteien gehen davon aus, dass „Haakjöringsköd" das norwegische Wort für Walfischfleisch sei. Tatsächlich handelt es sich dabei jedoch um den Begriff für Haifischfleisch.[9]

aa) A und B einigen sich über den Kauf eines Grundstücks mit der Flurnummer 742. In der notariellen Kaufvertragsurkunde wird das Grundstück jedoch aufgrund eines Versehens mit der Flurnummer 741 bezeichnet.[10]

bb) Im Grundbuch wird B als neuer Eigentümer des Grundstücks Flurnummer 741 eingetragen. Ist B Eigentümer des Grundstücks Flurnummer 741 oder 742 geworden?

b) A und B einigen sich über den Kauf eines Grundstücks zum Preis von € 200.000. Um Grunderwerbssteuer zu sparen, wird in der notariellen Kaufvertragsurkunde der Kaufpreis jedoch mit nur € 100.000 angegeben.

2. Problemlage

Bei der Auslegung einer empfangsbedürftigen Willenserklärung ist die Lehre vom objektiven Empfängerhorizont maßgeblich: Der Erklärende muss seine Willenserklärung so gegen sich gelten lassen, wie sie ein vernünftiger und objektiver Dritter verstanden hätte, wenn er Erklärungsempfänger gewesen wäre.[11] Nicht entscheidend ist, wie sie der Erklärungsempfänger tatsächlich verstanden hat; genauso wenig kommt es aber darauf an, welchen Sinn der Erklärende seiner Erklärung beilegen wollte.

Für die Lehre vom Empfängerhorizont spricht die Schutzwürdigkeit des Erklärungsempfängers. Er darf darauf vertrauen, dass die Erklärung so gewollt war, wie sie objektiv erklärt ist. Will der Erklärende seine Erklärung beseitigen, muss er die Erklärung anfechten mit der Folge der Schadensersatzpflicht des § 122 BGB.

Wenn die Parteien indessen das *übereinstimmend* Gewollte lediglich falsch bezeichnet haben, ergibt die Auslegung der Willenserklärungen, dass sie sich über den eigentlichen Kaufgegenstand einig geworden sind. Eine Schutzwürdigkeit des Erklärungsempfängers ist in diesem Fall nicht ersichtlich. Daher kann dann auf den wahren Geschäftswillen der Vertragsparteien abgestellt werden. Es gilt der Grundsatz: „Die falsche Bezeichnung schadet nicht" (**falsa demonstratio non nocet**). Es wäre absurd, wenn die Parteien an einem falsch bezeichneten Vertragsgegenstand festgehalten würden, den beide Parteien im Zeitpunkt des Vertragsschlusses überhaupt nicht wollten.

Problematisch ist die Anwendbarkeit der „falsa demonstratio"-Regel bei formbedürftigen Rechtsgeschäften, namentlich bei Kaufverträgen über Grundstücke, vgl. § 311b Abs. 1 BGB i.V.m. § 125 S. 1 BGB. Der Formzwang des § 311b BGB dient dem

---

9 Nach RGZ 99, 147.
10 Frei nach *BGH* NJW 2002, 1038; 1983, 1610; 1967, 701.
11 HK-BGB/*Dörner,* § 133 Rn. 8.

Zweck, die Beteiligten an die Tragweite eines solchen Geschäfts zu erinnern und vor übereilten Entscheidungen zu schützen.[12] Diese Schutzfunktion erfüllt die notarielle Beurkundung jedoch gleichermaßen, wenn versehentlich etwas anderes als das tatsächlich Vereinbarte beurkundet wird, solange die Parteien sich über den wirklich gewollten Vertragsinhalt einig sind.[13] Daher gilt auch bei formgebundenen Geschäften: Der tatsächliche Wille der Parteien ist letztlich entscheidend.[14] Die sonst von der Rechtsprechung vertretene Andeutungstheorie, nach der sich das Gewollte zumindest andeutungsweise in der Beurkundung widerspiegeln soll, tritt hier hinter der Falsa demonstratio-Regel zurück.[15] Dies gilt jedoch nicht für formbedürftige Rechtsgeschäfte, bei denen der Formzweck auch Dritte schützen soll.[16] So ist die falsche Bezeichnung nur im notariellen Grundstückskaufvertrag und bei der Auflassung unschädlich, nicht aber bei der Eintragung des Grundstückes, da das Grundbuch auch gegenüber Dritten wirkt.

Anders ist dies aber, wenn die Parteien *absichtlich* etwas Falsches beurkunden lassen. In diesem Fall gehen die Beteiligten nicht davon aus, dass das Beurkundete dem wirklich Gewollten entspricht.[17] Es handelt sich also gar nicht wirklich um eine Falschbezeichnung. Vielmehr liegt ein Scheingeschäft vor, welches das tatsächlich gewollte Geschäft verdecken soll. Anzuwenden sind daher die §§ 117 Abs. 1, Abs. 2, 125 S. 1 BGB: Das Scheingeschäft ist als solches gemäß § 117 Abs. 1 BGB nichtig. Ein dadurch verdeckter Grundstückskauf ist ebenfalls nichtig, weil ihm die notarielle Form fehlt (§§ 117 Abs. 2, 125 S. 1 BGB i.V.m. § 311b BGB). Der Formmangel des tatsächlich gewollten Vertrags wird allerdings geheilt, wenn die Übereignung mittels Auflassung und Einigung vorgenommen wird, § 311b Abs. 1 S. 2 BGB. Der Kaufvertrag wird dann ex nunc wirksam.[18]

3. Lösung

a) A und B wollten beide zum Zeitpunkt des Vertragsschlusses einen Kaufvertrag über Walfischfleisch schließen. Die falsche Bezeichnung als „Haakjöringsköd“ ist unschädlich. Es gilt der tatsächliche Wille der Parteien. A und B haben daher einen Kaufvertrag über die Lieferung von Walfischfleisch abgeschlossen.

Anders läge der Fall, wenn einer der beiden Vertragspartner seine Willenserklärung mit dem Wissen abgegeben hätte, dass es sich bei „Haakjöringsköd“ tatsächlich um Haifischfleisch handelt. Dann wäre die Willenserklärung des anderen unter Berücksichtigung des objektiven Empfängerhorizontes dahingehend auszulegen gewesen, dass ein Vertrag über Haifischfleisch gewollt gewesen wäre.

aa) Beide Parteien wollten einen Kaufvertrag über das Grundstück mit der Flurnummer 742 abschließen. Die falsche Flurnummer in der notariellen Kaufvertragsurkunde schadet trotz der Formbedürftigkeit des Rechtsgeschäfts nicht. Der Kaufvertrag

---

12 MünchKomm/*Kanzleiter/Krüger*, § 311b Rn. 1.

13 *BGH* NJW 1983, 1610, 1611; MünchKomm/*Kanzleiter/Krüger*, § 311b Rn. 67.

14 *BGH* NJW 1983, 1610, 1611; 2002, 1038; 2008, 1658, 1659; Staudinger/*Hertel*, § 125 Rn. 85.

15 *BGH* NJW 2000, 1569, 1570; 1996, 2792, 2793.

16 *Köhler*, AT, § 9 Rn. 16.

17 Jauernig/*Jauernig*, § 126 Rn. 8.

18 HK-BGB/*Schulze*, § 311b Rn. 23.

wurde für das gewollte Grundstück mit der Flurnummer 742 abgeschlossen und ist trotz der fehlerhaften Bezeichnung formwirksam. B hat also Anspruch auf Übergabe und Übereignung dieses Grundstücks mit der Nummer 742.

bb) B könnte Eigentum nach §§ 873 Abs. 1, 925 BGB erworben haben. Was das Grundstück Flurnummer 741 angeht, so liegt zwar die Eintragung vor, es fehlt aber an der Einigung. Bei dem Grundstück Flurnummer 742 ist es genau umgekehrt. Daher ist B noch nicht Eigentümer eines der beiden Grundstücke geworden.

b) Hier wollten A und B einen sogenannten „Schwarzkauf" vornehmen. Der beurkundete Vertrag über € 100.000 ist als Scheingeschäft gemäß § 117 Abs. 1 BGB nichtig, da ein solcher Vertrag von beiden Parteien nicht wirklich gewollt war. Der tatsächlich gewollte Grundstückskaufvertrag zum Preis von € 200.000 ist wiederum nach §§ 117 Abs. 2, 125 S. 1 BGB nichtig, weil er nicht notariell beurkundet wurde. Das Formerfordernis erstreckt sich auf sämtliche Abreden, die zum Gegenstand des Kaufvertrags gemacht werden. Somit liegt im Ergebnis weder ein wirksamer Vertrag über € 100.000 noch über € 200.000 vor.

III. Schweigen als Willenserklärung

Literatur: *Casper*, Die Zusendung unbestellter Waren nach § 241 a BGB, ZIP 2000, 1602; *Petersen*, Schweigen im Rechtsverkehr, Jura 2003, 687; *Lettl*, Das kaufmännische Bestätigungsschreiben, JuS 2008, 849; *Schärtl*, Das kaufmännische Bestätigungsschreiben, JA 2007, 567.

1. Grundfälle

a) Die Kaufleute A und B vereinbaren mündlich den Kauf einer Schiffsladung Reis. A sendet B daraufhin ein Bestätigungsschreiben, indem er sich auf den Kauf bezieht und auf die Einbeziehung seiner Allgemeinen Geschäfts- und Lieferbedingungen hinweist. B antwortet darauf nicht mehr.[19] Sind die AGB des A Bestandteil des Vertrages geworden?

b) Verbraucher A hat eine Zeitschrift beim Verlag B abonniert. Ohne eine diesbezügliche Bestellung wird A von B eine zusätzliche Sonderausgabe der Zeitschrift zugeschickt. Auf der beiliegenden Rechnung ist der reguläre Abonnementspreis und zusätzlich der Sonderausgabenpreis aufgeführt. A hat keine Verwendung für die Sonderausgabe und wirft sie in die Altpapiertonne.[20] Muss er den Preis für die Sonderausgabe bezahlen?

2. Problemlage

Willenserklärungen können meist sowohl ausdrücklich als auch konkludent – also durch schlüssiges Handeln – abgegeben werden. In der Regel stellt Schweigen keine Willenserklärung dar. Schweigen äußert auch keine rechtliche Bedeutung, sondern ist ein Nullum. Es gilt der Grundsatz: „Wer schweigt, scheint nicht zuzustimmen" (Qui tacet, consentire non videtur).

In Ausnahmefällen kann ein Schweigen aber doch rechtliche Wirkungen herbeiführen und als Zustimmung oder Annahme eines Angebots oder aber als Ablehnung

---

19 Nach *BGH* NJW 1952, 1369 f.
20 Frei nach *OLG Köln* NJOZ 2001, 971.

gewertet werden. So können Vertragspartner dem Schweigen eine Erklärungswirkung beimessen (sog. beredtes Schweigen). Vertraglich vereinbart werden kann beispielsweise, dass eine Nicht-Antwort innerhalb einer bestimmten Frist als Annahme gilt.

In einigen Fällen knüpft das Gesetz an das Schweigen eine bestimmte Rechtsfolge: So gilt das Schweigen z.B. in den §§ 108 Abs. 2 S. 2, 177 Abs. 2 S. 2, 415 Abs. 2 S. 2 BGB als Verweigerung, in den §§ 416 Abs. 1 S. 2, 516 Abs. 2 S. 2, 1943 BGB, §§ 362 Abs. 1, 75 h sowie 91 a HGB hingegen als Erteilung einer Genehmigung bzw. als Annahme.

Ein nicht gesetzlicher geregelter Fall von Rechtswirkungen des Schweigens ist das Schweigen auf ein sogenanntes **kaufmännisches Bestätigungsschreiben.**[21] Der fehlende Widerspruch gegen das Schreiben wird als Zustimmung gewertet.[22] Ein kaufmännisches Bestätigungsschreiben folgt auf vorangegangene Vertragsverhandlungen zwischen Kaufleuten und soll das zuvor – meist mündlich – Vereinbarte noch einmal schriftlich festhalten. Es kann jedoch auch weitere Vertragsdetails enthalten, sofern diese nicht wesentlich vom zuvor Verabredeten abweichen. Möglich ist so z.B. die Einbeziehung der eigenen Allgemeinen Geschäftsbedingungen durch den Absender.[23]

Es gelten zusammenfassend folgende **Voraussetzungen:**

1. Der Empfänger des kaufmännischen Bestätigungsschreibens muss Kaufmann sein oder wie ein Kaufmann im größeren Umfang selbständig am Geschäftsverkehr teilnehmen; es muss keine formelle Kaufmannseigenschaft vorliegen.[24]
2. Auch der Bestätigende muss ein Kaufmann sein oder wie ein Kaufmann im größeren Umfang am Geschäftsverkehr teilnehmen.[25]
3. Es müssen zuvor Vertragsverhandlungen stattgefunden haben, auf die in dem Schreiben Bezug genommen wird.[26] Die Absprache muss nicht wirksam gewesen sein. Sie kann also z.B. auch von jemandem verhandelt worden sein, der keine Vollmacht hatte.[27]
4. Der Absender muss redlich sein. Insbesondere muss er davon ausgehen, dass die Vertragsverhandlungen bereits zu einer wirksamen Absprache geführt haben, so dass das Schreiben aus seiner Sicht lediglich die Bestätigung eines bereits geschlossenen Vertrages darstellt.
5. Inhaltlich darf das Bestätigungsschreiben nicht derart weit von dem Ergebnis der Vorverhandlungen abweichen, dass mit einer Genehmigung durch den anderen Teil vernünftigerweise nicht zu rechnen ist.[28]
6. Der Zugang des Schreibens muss in zeitlich unmittelbarem Zusammenhang mit den Vorverhandlungen stehen.
7. Der Empfänger darf nicht unverzüglich (ohne schuldhaftes Zögern) widersprochen haben.

Abzugrenzen ist das kaufmännische Bestätigungsschreiben von einer Auftragsbestätigung. Dabei ist nicht die Benennung des Schreibens entscheidend.[29] Auch ein kaufmännisches Bestätigungsschreiben wird in der Praxis gelegentlich mit „Auftragsbestä-

---

[21] Zum kaufmännischen Bestätigungsschreiben: *BGH* NJW 1994, 1288; 1974, 991; NJW-RR 1991, 763, 764.
[22] *BGH* NJW 1963, 1922.
[23] Ebenroth/Boujong/Joost/Strohn/*Joost*, HGB, 2001, § 346 Rn. 89.
[24] *BGH* NJW 1987, 1940, 1941; WM 1955, 1285.
[25] *BGH* NJW 1963, 1922 f.; WM 1955, 1285.
[26] *BGH* NJW 1963, 1922, 1925.
[27] *BGH* NJW 2007, 987, 988; 1990, 386.
[28] *BGH* NJW 1994, 1288; 1963, 1922, 1923; 1973, 2106, 2107; 1985, 1333; 1987, 1940, 1942.
[29] *BGH* NJW 1974, 991, 992; NJW-RR 2001, 680.

tigung" überschrieben. Die Auftragsbestätigung im eigentlichen Sinne beinhaltet die Angebotsannahme, während das kaufmännische Bestätigungsschreiben sich auf die bereits getroffene Absprache bezieht. Weicht die Auftragsbestätigung von dem Angebot ab, handelt es sich nach § 150 Abs. 2 BGB sogar um die Ablehnung des Angebots, verbunden mit einem neuen, eigenen Angebot.[30] Schweigt der Kaufmann daraufhin, so ist dies – anders als beim Schweigen auf das kaufmännische Bestätigungsschreiben – daher keine Zustimmung.[31]

Ausdrücklich keine Rechtsfolgen knüpft das Gesetz an des Schweigen des Empfängers von unbestellten Leistungen im Verhältnis von Unternehmern zu Verbrauchern. Hier gilt § 241a Abs. 1 BGB: Ansprüche gegen den Verbraucher werden nicht begründet. Diese Norm ist aufgrund der EU-Richtlinie über den Verbraucherschutz bei Vertragsabschlüssen im Fernabsatz in das Gesetz aufgenommen worden.[32] § 241a Abs. 1 BGB gilt für den Fall der bewussten Lieferung von unbestellten Leistungen von Unternehmern an Verbraucher. Danach soll nicht nur das Ausbleiben einer Reaktion keine Zustimmung sein,[33] sondern auch das Benutzen, Verschenken oder Entsorgen der Sache keine Annahmeerklärung darstellen.[34] Eine konkludente Annahme, etwa durch die Ingebrauchnahme der unbestellt zugesandten Sache, reicht für einen Vertragsschluss also ausnahmsweise nicht aus, vgl. auch Fall Nr. 4. Der Verbraucher ist insoweit von jeder Verpflichtung zu befreien. Dies gilt für alle Arten von Ansprüchen; es entstehen also grundsätzlich weder schuldrechtliche oder dingliche, noch Schadens-, Aufwendungs- und Nutzungsersatzansprüche des Unternehmers;[35] der Verbraucher muss die Sache nicht aufbewahren.[36] Ein Vertrag zwischen Unternehmer und Verbraucher kann in diesem Fall nur durch eine ausdrückliche Annahme zustande kommen.[37]

Nach einer Mindermeinung soll allerdings ein dinglicher Herausgabeanspruch des Unternehmers gegenüber dem Verbraucher nach § 985 BGB denkbar sein, da sonst Besitz und Eigentum zwangsläufig dauerhaft auseinanderfielen.[38]

Ansprüche des Verbrauchers gegen den Unternehmer sind dem Wortlaut nach nicht ausgeschlossen.[39]

Ausnahmen von § 241a Abs. 1 BGB finden sich in § 241a Abs. 2 und 3 BGB. So ist die Zusendung eines Alternativangebots mit dem Hinweis, dass keine Abnahmepflicht besteht und die Rücksendekosten nicht zu tragen sind, noch nicht unbestellt (§ 241a Abs. 3 BGB). Eine irrtümliche Lieferung des Unternehmers schließt dessen Ansprüche nicht aus, wenn der Verbraucher diesen Irrtum bemerken konnte (§ 241a Abs. 2 BGB). Zur Lieferung mangelhafter Sachen vgl. den Fall Nr. 4.

---

30 *BGH* NJW 1955, 1794, 1795.

31 *BGH* NJW 1955, 1794, 1795; 1973, 2106.

32 Richtlinie 97/7/EG des Europäischen Parlaments und des Rates vom 20. Mai 1997 über den Verbraucherschutz bei Vertragsabschlüssen im Fernabsatz, ABl.EG Nr. L 144.

33 Art. 9 der Richtlinie 97/7/EG des Europäischen Parlaments und des Rates vom 20. Mai 1997 über den Verbraucherschutz bei Vertragsabschlüssen im Fernabsatz, ABl.EG Nr. L 144.

34 MünchKomm/*Kramer*, § 241a Rn. 13; Staudinger/*Olzen*, § 241a Rn. 32.

35 Staudinger/*Olzen*, § 241a Rn. 30 ff. (mit Ausnahme für GoA); MünchKomm/*Kramer*, § 241a Rn. 11 ff.; Jauernig/*Mansel*, § 241a Rn. 5.

36 Begründung des Regierungsentwurfs zum Gesetzes über Fernabsatzverträge und andere Fragen des Verbraucherrechts sowie zur Umstellung von Vorschriften auf Euro, BT-Drs. 14/2658, S. 46.

37 Staudinger/*Olzen*, § 241a Rn. 32; Palandt/*Gruneberg*, § 241a Rn. 6.

38 *Casper*, ZIP 2000, 1602, 1606.

39 MünchKomm/*Kramer*, § 241a Rn. 11.

3. Lösung

a) B könnte der Einbeziehung der Allgemeinen Geschäfts- und Lieferbedingungen (AGB) des A durch Schweigen zugestimmt haben. Die Voraussetzungen für eine Zustimmung durch Schweigen auf ein kaufmännisches Bestätigungsschreiben liegen vor: Sowohl A als auch B sind Kaufleute. Im Vorfeld des Schreibens hatten A und B einen mündlichen Vertrag geschlossen. Das Bestätigungsschreiben des A nimmt Bezug auf den Kaufvertrag. Bei der Einbeziehung der AGB handelt es sich lediglich um vertragliche Nebenregelungen, bei denen A vernünftigerweise nicht mit einem Widerspruch des B rechnen musste. Da B tatsächlich auch nicht unverzüglich widersprach, sind die AGB des A wirksamer Vertragsbestandteil geworden.

b) B könnte gegen A einen Anspruch auf Kaufpreiszahlung gemäß § 433 Abs. 2 BGB haben, sofern ein Kaufvertrag über die Sonderausgabe geschlossen wurde. Die Zusendung der Sonderausgabe durch B stellt ein entsprechendes Angebot dar. Ausdrücklich hat A dieses Angebot nicht angenommen. Auch eine konkludente Annahme liegt nicht vor.

Andere Ansprüche sind ebenfalls nicht ersichtlich. Die Sonderausgabe war eine Leistung des Unternehmers B an den Verbraucher A, die dieser nicht bestellt hatte. Daher gilt hier § 241a BGB, der Ansprüche des B gegen A ausschließt.

IV. Unentgeltlicher Erwerb eines Grundstücks durch einen beschränkt Geschäftsfähigen

Literatur: *Lorenz,* Grundwissen – Zivilrecht: Rechts- und Geschäftsfähigkeit, JuS 2010, 11; *Preuß,* Das für den Minderjährigen lediglich rechtliche vorteilhafte Geschäft, JuS 2006, 305; *Rastätter,* Grundstücksschenkungen an Minderjährige, BWNotZ 2006, 1; *Schmitt,* Der Begriff der lediglich rechtlich vorteilhaften Willenserklärung i.S. des § 107 BGB, NJW 2005, 1090; *Wilhelm,* Das Merkmal „lediglich rechtlich vorteilhaft" bei Verfügungen über Grundstücksrechte, NJW 2006, 2353.

1. Grundfälle

Die Eltern der 13-jährigen M wollen ihr ein Grundstück schenken und übereignen. Was ist zu beachten?

a) Die Eltern behalten sich ein Recht zum Rücktritt vom Schenkungsvertrag vor.[40]

b) Das Grundstück ist mit einer Grundschuld belastet.[41]

c) Das mit einem Wohnhaus bebaute Grundstück ist vermietet.[42]

2. Problemlage

Ist der Minderjährige beschränkt geschäftsfähig, so kann er selbst eine Willenserklärung abgeben. Wirksam ist diese nach § 107 BGB jedoch nur, wenn er durch seine Willenserklärung einen rechtlichen Vorteil erlangt oder wenn es sich um ein sog.

---

[40] Vgl. *BGH* NJW 2005, 415 ff.
[41] Vgl. *BGH* NJW 2005, 415 ff.
[42] Vgl. *BGH* NJW 2005, 1430 ff.

neutrales Rechtsgeschäft handelt.[43] Für ein rechtlich nachteilhaftes Rechtsgeschäft ist die Einwilligung der gesetzlichen Vertreter erforderlich; andernfalls ist das Rechtsgeschäft schwebend unwirksam, § 108 Abs. 1 BGB.

Wollen die gesetzlichen Vertreter des Minderjährigen (§ 1629 BGB) mit diesem einen Vertrag abschließen wollen, so sind zwei Möglichkeiten denkbar. Entweder gibt der Minderjährige selbst seine Willenserklärung ab oder er wird bei Abgabe seiner Willenserklärung von seinen gesetzlichen Vertretern vertreten.

Es stellt sich aber das Problem des Insichgeschäfts: Um Interessenskonflikte zu vermeiden, ist eine Vertretung des Minderjährigen durch die Eltern in diesem Fall wegen § 181 BGB unzulässig. Es muss daher grundsätzlich ein Ergänzungspfleger nach § 1909 Abs. 1 S. 1 BGB herangezogen werden; andernfalls ist das Geschäft schwebend unwirksam.

Eine Ausnahme von diesem Erfordernis ist anerkannt, sofern dem Minderjährigen aus dem Geschäft lediglich ein rechtlicher Vorteil erwächst.[44] Dies folgt aus einer teleologischen Reduktion des § 181 BGB, da in diesem speziellen Fall keine Interessenkollision vorliegt und der vertretene Minderjährige nicht schutzbedürftig ist.[45]

§ 181 BGB greift aber entsprechend auch dann, wenn der Minderjährige selbst seine Willenserklärung abgibt und es bei § 108 Abs. 1 BGB auf die Zustimmung der Eltern ankommt. Auch die Zustimmung der Eltern zu einem rechtlich nachteiligen Rechtsgeschäft des Minderjährigen ist nicht zulässig, wenn die Eltern gleichzeitig auf der anderen Vertragsseite stehen.[46]

Unabhängig davon, ob der Minderjährige selbst eine Willenserklärung abgibt oder ob er bei einem Rechtsgeschäft mit seinen gesetzlichen Vertretern von diesen vertreten wird, ist daher die Frage der rechtlichen Vorteilhaftigkeit der Annahme des Schenkungsversprechens und der Annahme der Übereignung entscheidend, um § 181 BGB auszuschalten und bei eigener Willenserklärung des Minderjährigen über § 107 BGB hinwegzubekommen.

Betrachtet man diese Rechtsgeschäfte zunächst getrennt voneinander, wie es dem Trennungsprinzip entspricht, so ist der Schenkungsvertrag normalerweise für den Minderjährigen lediglich rechtlich vorteilhaft, da er hierdurch einen Anspruch auf Übereignung gewinnt, ohne dass ihm **durch den Schenkungsvertrag** selbst irgendwelche Pflichten oder Lasten auferlegt würden.[47] Allerdings bringt nicht jede Schenkung nur rechtliche Vorteile. Nachteilhaft ist eine Schenkung z.B. dann, wenn sie mit einer Auflage (§ 525 BGB) verbunden ist.[48] Auch eine Schenkung unter Vorbehalt ist nicht unbedingt lediglich rechtlich vorteilhaft,[49] da z.B. ein Rücktrittsvorbehalt einen Rückübereignungsanspruch sowie gegebenenfalls Wertersatz- und Schadensersatzansprüche des Schenkenden auslösen könnte.[50]

Isoliert davon stellt sich die Frage des lediglich rechtlichen Vorteils bei der **Übereignung eines Grundstücks**. Erwirbt der Minderjährige Eigentum, so trägt er zumin-

---

43 Zum neutralen Geschäft z.B. MünchKomm/*J. Schmitt*, § 107 Rn. 33 ff.

44 Palandt/*Ellenberger*, § 181 Rn. 9. m.w.N.

45 MünchKomm/*Schramm*, § 181 Rn. 15.

46 *BGH* NJW 1981, 109, 110; Palandt/*Ellenberger*, § 181 Rn. 7 m.w.N.; Bamberger/Roth/*Bettin*, § 1795 Rn. 6.

47 So schon *BGH* NJW 1955, 1353.

48 Staudinger/*Knothe*, § 107 Rn. 10; MünchKomm/*J. Schmitt*, § 107 Rn. 48.

49 *BGH* NJW 2005, 415, 417.

50 *BGH* NJW 2005, 415, 416.

dest bestimmte öffentlich-rechtliche Lasten. Beispielsweise ist er zur Zahlung von Grundsteuern und ggf. Erschließungsbeiträgen o.ä. verpflichtet.

Eine Mindermeinung argumentiert, dies seien nur mittelbare Nachteile des Eigentumserwerbs. Sie folgten nicht aus dem Rechtsgeschäft, sondern träfen den Minderjährigen kraft Gesetzes wie alle anderen Grundstückseigentümer auch. Diese Unterscheidung der Mindermeinung kann jedoch im Rahmen des § 107 BGB nicht überzeugen. Das Vermögen des Minderjährigen wird auch durch gesetzliche Pflichten gefährdet.[51]

Allerdings will auch die h.M. nicht jede mit dem Eigentumserwerb verbundene öffentliche Grundstückslast berücksichtigen. Die gewöhnlichen öffentlichen Grundstückslasten sind „ihrem Umfang nach begrenzt, können in der Regel aus den laufenden Erträgen des Grundstücks gedeckt werden und führen typischerweise zu keiner Vermögensgefährdung".[52] Der BGH nimmt daher eine teleologische Reduktion des § 107 BGB vor und erkennt diese öffentlichen Lasten nicht als rechtlichen Nachteil im Sinne der Vorschrift.[53]

Ähnliches gilt auch für den Fall, dass das Grundstück mit einer Grundschuld belastet ist. Dabei handelt es sich um eine dingliche Belastung, die nur das erworbene Grundstück betrifft. Der Minderjährige haftet nicht persönlich. Es besteht allenfalls die Gefahr, dass der Minderjährige das erhaltene Grundstück wieder verliert. Sein sonstiges Vermögen ist aber nicht gefährdet. Daher ist auch hier § 107 BGB bzw. § 181 BGB teleologisch zu reduzieren.

Anders ist es aber, wenn das Grundstück (bebaut oder unbebaut) vermietet ist.[54] Durch den Eigentumserwerb würde der Minderjährige nach § 566 Abs. 1 BGB in die Vermieterstellung einrücken. Dies brächte diverse Verpflichtungen mit sich. Der Minderjährige würde für die übernommenen mietvertraglichen Pflichten persönlich mit seinem gesamten Vermögen und nicht nur mit dem erworbenen Grundstück haftbar. Daher ist die Übereignung in dieser Variante nicht lediglich rechtlich vorteilhaft.

Bei genauerer Sicht stellt sich bei Vertretung des Minderjährigen durch die gesetzlichen Vertreter ein weiteres Problem: § 181 BGB verbietet die Selbstkontrahierung, „es sei denn, dass das Rechtsgeschäft ausschließlich in der Erfüllung einer Verbindlichkeit besteht." Folglich könnten die Eltern gemäß § 181 BGB ihr minderjähriges Kind bei der Annahme ihres eigenen Übereignungsangebots vertreten:[55] Da der Schenkungsvertrag lediglich rechtlich vorteilhaft ist und somit eine wirksame Verbindlichkeit der Eltern gegenüber dem Kind begründet wird, würde demnach § 181 BGB auch eine nicht rechtlich vorteilhafte Übereignung zulassen. Die Übereignung stellt sich ja als Erfüllung der Verbindlichkeit aus dem Schenkungsvertrag dar. Das Selbstkontrahierungsverbot griffe also nicht ein.

Um dieses Ergebnis zu verhindern, führte der BGH 1980 die sog. **Gesamtbetrachtungslehre** ein:[56] Bereits bei der Frage nach der rechtlichen Vorteilhaftigkeit des schuldrechtlichen Verpflichtungsgeschäfts (hier: des Schenkungsvertrages) ist das dazugehörige dingliche Rechtsgeschäft (hier: die Grundstücksübereignung) mitzube-

---

51 *BGH* NJW 2005, 415, 418 m.w.N.

52 *BGH* NJW 2005, 415, 418.

53 *BGH* NJW 2005, 415.

54 Vgl. *BGH* NJW 2005, 1430. Beachte jetzt auch *BGH* NJW 2010, 3643: Erwerb einer Eigentumswohnung wegen des Eintritts in die Wohnungseigentümergemeinschaft nicht rechtlich vorteilhaft.

55 So auch noch *BGH* NJW 1955, 1353.

56 *BGH* NJW 1981, 109.

urteilen. Wenn das dingliche Rechtsgeschäft für den Minderjährigen rechtlich nachteilhaft ist, so ist auch das zugrunde liegende schuldrechtliche Verpflichtungsgeschäft als rechtlich nachteilig anzusehen. Der Minderjährige kann danach bereits das Schenkungsversprechen nicht wirksam annehmen. Einer Einwilligung oder Vertretung hierzu seitens der Eltern steht wiederum § 181 BGB im Wege.

Die „Gesamtbetrachtung" von schuldrechtlichem Verpflichtungsgeschäft und dinglichem Erfüllungsgeschäft wird in der Literatur mit dem Argument kritisiert, sie widerspreche dem Trennungs- und Abstraktionsprinzip.[57] Die h.L. löst das Problem daher unter Zuhilfenahme einer teleologischen Reduktion des § 181 letzter Halbsatz BGB.[58] Im Ergebnis führt dies gleichermaßen zu einem Vertretungsverbot der Eltern bei der Übereignung; für den Schenkungsvertrag bleibt es bei der Wertung als rechtlich vorteilhaft. Ebenso wie die Anwendung des Selbstkontraktionsverbots aus § 181 BGB ausnahmsweise abgelehnt wird, wenn ein Interessenskonflikt offensichtlich nicht vorliegt,[59] so soll auch die gesetzliche Ausnahme des § 181 letzter Halbsatz BGB im Einzelfall nicht angewendet werden, wenn eine Interessenskollision eben doch vorliegt. In seiner neuesten Rechtsprechung scheint sich jetzt auch der BGH in diese Richtung zu bewegen.[60]

3. Lösung

Die Annahme des Schenkungsversprechens ist gewöhnlich lediglich rechtlich vorteilhaft. M kann eine entsprechende Willenserklärung daher selbst abgeben oder sich durch ihre Eltern dabei vertreten lassen, ohne dass § 181 BGB dem entgegen stünde.

a) Aufgrund des Rücktrittsvorbehalts ist die Schenkung nicht mehr lediglich rechtlich vorteilhaft. Für die Erteilung der Zustimmung bzw. für die Vertretung der M müsste ein Ergänzungspfleger gemäß § 1909 Abs. 1 S. 1 BGB bestellt werden.

b) Die Annahme der Übereignung des Grundstücks ist im Normalfall lediglich rechtlich vorteilhaft und kann von M selbst oder in Vertretung durch ihre Eltern erklärt werden. Dies gilt auch, wenn das Grundstück mit einem rein dinglichen Recht belastet ist.

c) Hier ist die Übereignung nicht lediglich rechtlich vorteilhaft. Nach der Gesamtbetrachtungslehre wäre dann bereits die Schenkung schon nicht rechtlich vorteilhaft. Es wäre daher ein Ergänzungspfleger heranzuziehen. Zum ähnlichen Ergebnis käme man, wenn man der Gegenmeinung folgt, die § 181 letzter Halbsatz BGB teleologisch reduzieren möchte: Auch nach dieser Meinung ist die Bestellung eines Ergänzungspflegers notwendig, allerdings nicht für die Annahme des Schenkungsversprechens, sondern nur für die Annahme des Übereignungsangebots.

---

57 Staudinger/*Schilken*, § 181 Rn. 62.

58 Staudinger/*Schilken*, § 181 Rn. 62 m.w.N.; Jauernig/*Jauernig*, § 181 Rn. 10.

59 Nämlich, wenn das in Vertretung vorgenommene Rechtsgeschäft für den Vertretenen lediglich rechtlich vorteilhaft ist; siehe soeben im Text.

60 *BGH* NJW 2005, 1430, 1431. Hier ging es allerdings um eine Schenkung eines Großvaters an seinen Enkel. Die Einwilligung der Eltern richtet sich dann nach §§ 1629 Abs. 2 S. 1, 1795 Abs. 1 Nr. 1, Abs. 2 BGB. § 1795 Abs. 1 Nr. 1 BGB beinhaltet eine dem § 181 BGB entsprechende Ausnahmeregelung des Einwilligungserfordernisses, sofern lediglich eine Verbindlichkeit erfüllt werden soll.

V. Gefälligkeitsverhältnis und Vertrag

Literatur: *Schreiber*, Haftung bei Gefälligkeiten, Jura 2001, 810; *Willoweit*, Schuldverhältnis und Gefälligkeit, JuS 1984, 909.

1. Grundfälle

a) A lädt B auf ein Glas Wein bei sich zu Hause ein.

b) A nimmt B jeden Tag in seinem Auto mit zur Arbeit.[61]

c) A und B spielen jede Woche gemeinsam Lotto. Einmal vergisst A, den Spielschein abzugeben. In dieser Woche hätten sie mit ihren Zahlen sechs Richtige gehabt.[62]

2. Problemlage

Nicht jede Vereinbarung oder Verabredung bedeutet, dass die Beteiligten sich auch rechtlich binden wollen. Vor allem unentgeltliche Vereinbarungen und Abreden werden häufig aus rein gesellschaftlicher Motivation und Gefälligkeit eingegangen oder abgeschlossen. Der Leistende will sich die tatsächliche Erfüllung der versprochenen Leistung oft noch vorbehalten und für seine Gefälligkeit nicht auch noch mit einer schuldrechtlichen Haftung bedroht sein.

In diesem Fall liegt einer solchen Vereinbarung kein Rechtsbindungswillen zugrunde. Es handelt sich deshalb nicht um ein Schuldverhältnis, sondern lediglich um ein sogenanntes Gefälligkeits**verhältnis**. Aus einem solchen folgt kein Erfüllungsanspruch.

Abzugrenzen davon sind die Gefälligkeits**verträge**. Diese wiederum werden mit Rechtsbindungswillen geschlossen und sind daher gleichzeitig Schuldverhältnisse. Schenkung (§ 516 BGB), Leihe (§ 598 BGB), Auftrag (§ 662 BGB) und die unentgeltliche Verwahrung (§ 688 BGB) sind Beispiele für solche Gefälligkeitsverträge. Zwar erhält der Leistende in diesen Fällen keinen Anspruch auf eine Gegenleistung, dennoch verpflichtet er sich rechtlich zur Erfüllung der jeweiligen Leistung.

Das entscheidende Abgrenzungskriterium ist der Rechtsbindungswille.[63] Er ist im Zweifel durch Auslegung zu ermitteln.[64] Indizien sind nach Auffassung des BGH die „Art der Gefälligkeit, ihr Grund und Zweck, ihre wirtschaftliche und rechtliche Bedeutung, insbesondere für den Empfänger, die Umstände unter denen sie erwiesen wird, und die dabei bestehende Interessenlage der Parteien."[65] Aber auch die Bedeutung einer rechtlichen Bindung für die Gegenseite und vor allem das eventuelle Haftungsrisiko spielen eine Rolle.[66]

Dabei ist die Unterscheidung zwischen Gefälligkeitsvertrag und reinem Gefälligkeitsverhältnis nicht bloß für den Leistungsanspruch entscheidend. Praktisch bedeutsam ist vielmehr die Schadensersatzhaftung, wenn derjenige, der eine Leistung verspro-

---

61 Zum rechtsgeschäftlichen Charakter einer Fahrgemeinschaft: *BGH* NJW 1992, 498 f.
62 Frei nach *BGH* NJW 1974, 1705 ff.
63 Staudinger/*Bork*, Vorb. §§ 145-156 Rn. 80.
64 *BGH* NJW 1992, 498.
65 *BGH* NJW 1956, 1313 f.
66 *BGH* NJW 1974, 1705, 1706.

chen hatte, diese Leistung nicht erbringt oder sonstige Schutzpflichten verletzt. Handelt es sich um ein reines Gefälligkeitsverhältnis, so kommen vertragliche Schadensersatzansprüche (§ 280 BGB) grundsätzlich nicht in Betracht.[67]

Allerdings wird teilweise die Meinung vertreten, dass vertragsähnliche Ansprüche vorliegen könnten. Auch einem reinen Gefälligkeitsverhältnis soll ein besonderes Vertrauensverhältnis mit rechtsgeschäftlichem oder rechtsgeschäftsähnlichem Charakter zugrunde liegen können.[68] Das Gefälligkeitsverhältnis soll dann zwar nicht zu Leistungs-, wohl aber zu Schutz- und Sorgfaltspflichten führen können,[69] deren Verletzung eine Schadensersatzpflicht nach §§ 280, 241 Abs. 2, 311 Abs. 2 Nr. 3 BGB begründet.[70] Dagegen ließe sich einwenden, dass § 241 Abs. 2 BGB bewusst nicht auf soziale Kontakte erweitert wurde, sondern nach seinem Wortlaut auf „geschäftliche Kontakte“ beschränkt ist. Freilich sind die Unterschiede zwischen den Auffassungen gering, da auch die herrschende Meinung mit der Annahme eines Rechtsbindungswillens nach Maßgabe der oben genannten Kriterien vergleichsweise schnell und flexibel zur Annahme eines Schuldverhältnisses gelangt.

Sowohl beim Gefälligkeitsvertrag als auch beim Gefälligkeitsverhältnis kommt außerdem eine deliktsrechtliche Haftung in Betracht. Dabei wirkt sich bei Gefälligkeitsverträgen die gesetzlich teilweise auf grobe Fahrlässigkeit und Vorsatz beschränkte Haftung (vgl. §§ 521, 599, 690 BGB) auch auf das Deliktsrecht aus.[71] Der aufgrund eines Gefälligkeitsvertrages Leistende wird also im Deliktsrecht privilegiert.

In der Literatur wird gefordert, diese Privilegierung auch auf bloße Gefälligkeitsverhältnisse auszudehnen.[72] Der ohne Rechtsbindungswillen Handelnde soll nicht weitergehend haften als derjenige, der sich rechtsverbindlich auf den Abschluss eines Gefälligkeitsvertrags geeinigt hat. Die Rechtsprechung folgt dieser Ansicht jedoch nicht.[73] Nur derjenige, der sich vertraglich zur Leistung verpflichtet, soll auch in den Genuss der aus dem Vertrag folgenden Haftungserleichterungen kommen. Denkbar ist daher für vertragslose Fälle nur, dass die Parteien konkludent und stillschweigend die Haftung ausschließen oder beschränken.

3. Lösung

a) Es handelt sich offensichtlich um ein reines Gefälligkeitsverhältnis. Wenn A doch nicht zu Hause sein sollte oder den B nicht empfangen wollte, so hätte B keine Ansprüche gegen A.

b) Bei der Fahrgemeinschaft verlässt sich B auf A. Er hat ein verständliches Interesse daran, dass dieser ihn regelmäßig jeden Morgen abholt, weil er wiederum seinem Arbeitgeber gegenüber verpflichtet ist, pünktlich zur Arbeit zu erscheinen. Dies ist für A auch ersichtlich. Die beiden haben hinsichtlich der Fahrgemeinschaft einen Gefälligkeitsvertrag in der Form eines Auftrags, § 662 BGB, abgeschlossen.

---

67 Palandt/*Grüneberg*, Einl. § 241 Rn. 8.

68 *Willoweit*, JuS 1986, 96, 106; 1984, 909, 915; differenziert Staudinger/*Bork*, Vorb. §§ 145-156 Rn. 84, 86.

69 MünchKomm/*Kramer*, Einl. §§ 241 ff. Rn. 36; im Grundsatz Staudinger/*Bork*, Vorb. §§ 145-156 Rn. 84 f.

70 *OLG Hamm* NJW-RR 1987, 1109; vgl. auch Staudinger/*Bork*, Vorb. §§ 145-156 Rn. 84 f.

71 *BGH* NJW 1992, 2474, 2475; *OLG Zweibrücken* NJW-RR 2002, 1456, 1457.

72 MünchKomm/*Häublein*, § 599 Rn. 6.

73 *BGH* NJW 1992, 2474, 2475; 1959, 1221, 1223; 1980, 587.

c) Bei der Lottogemeinschaft handelt es sich um eine „atypische Innengesellschaft des bürgerlichen Rechts."[74] Es ist anerkannt, dass sich die Mitspieler grundsätzlich rechtlich verpflichten.[75] Sie sind verpflichtet, z.B. die Beiträge zu erbringen und die erzielten Gewinne untereinander zu verteilen.[76] Daraus folgt jedoch nicht ohne weiteres auch eine rechtliche und schadensersatzbewehrte Bindung in Bezug auf die Abgabe des Lottoscheins bei der Annahmestelle. Die Auslegung ergibt vielmehr, dass hier keine rechtsgeschäftliche Bindung gewollt ist. Bei Verletzung einer solchen Pflicht träfe A ein erhebliches Haftungsrisiko. Es ist daher auf das Interesse des Leistenden abzustellen. A möchte das Haftungsrisiko eines möglichen entgangenen Lottogewinns nicht auf sich nehmen. Er hatte daher diesbezüglich keinen Rechtsbindungswillen, als er sich mit B auf den Modus der Spielscheinabgabe verständigte. B hat daher keine Ansprüche gegen A.

VI. Abgrenzung zwischen Stellvertretung und Botenschaft

Literatur: *Lipp,* Der praktische Fall – Bürgerliches Recht: Die beschränkt geschäftsfähige Stellvertreterin, JuS 2000, 267; *Lorenz*, Grundwissen – Zivilrecht: Stellvertretung, JuS 2010, 382; *Mock,* Grundfälle zum Stellvertretungsrecht, JuS 2008, 309; *Petersen,* Stellvertretung und Botenschaft, Jura 2009, 904.

1. Grundfall

Unternehmer A schickt seinen kaufmännischen Angestellten B zum Lieferanten C, um dort eine teure Wasserpumpe zu kaufen. Ist B Bote oder Stellvertreter und wovon hängt das ab?

2. Problemlage

Oft werden Verträge unter Einbeziehung Dritter geschlossen. Dies ist möglich, sofern es sich nicht um ein höchstpersönliches Geschäft handelt. Der Dritte kann dabei insbesondere als Bote oder als Stellvertreter agieren.

Der Unterschied liegt darin, dass der Stellvertreter eine eigene Willenserklärung im Namen des Vertretenen abgibt, während der Bote lediglich die bereits abgegebene Willenserklärung des Geschäftsherrn übermittelt. Der Bote handelt also nicht selbst rechtsgeschäftlich. Er muss deshalb auch nicht geschäftsfähig sein; schon ein Kleinkind kann bereits als Bote handeln.

Hingegen ist für den Stellvertreter – wie sich aus § 165 BGB ergibt – zumindest eine beschränkte Geschäftsfähigkeit Voraussetzung. Da der Stellvertreter eine eigene Willenserklärung abgibt, hat er ggf. auch einen eigenen Spielraum hinsichtlich des „was", „ob" und „wie" des Geschäftsabschlusses, den er im Rahmen seiner Vertretungsmacht ausüben darf. Es gibt allerdings auch den „Vertreter mit gebundener Marschroute" (§ 166 Abs. 2 BGB), der an bestimmte Weisungen des Vertretenen gebunden ist.

---

[74] *OLG München* NJW-RR 1988, 1268; *BayObLG* NJW 1971, 1664.
[75] *BGH* NJW 1974, 1705, 1706.
[76] *OLG München* NJW-RR 1988, 1268.

Überschreitet der Stellvertreter seine Vertretungsmacht, so gelten die §§ 177 ff. BGB. Das Geschäft ist dann bis zur Genehmigung oder Verweigerung der Genehmigung schwebend unwirksam. Lehnt der Vertretene das Geschäft ab, so haftet der Vertreter, der außerhalb seiner Vertretungsmacht handelte, ggf. nach § 179 BGB. Bei Minderjährigen ist dabei der mögliche Haftungsausschluss des § 179 Abs. 3 BGB zu beachten.

Wegen der Abgabe einer eigenen Willenserklärung des Stellvertreters ist auch auf seine Kenntnis oder Unkenntnis abzustellen, § 166 BGB. Dies gilt insbesondere für Willensmängel. War ein Irrtum gerade des Stellvertreters ursächlich für die Abgabe seiner Willenserklärung, so kann der Vertretene die Erklärung mit der Rechtsfolge des § 142 BGB anfechten.

„Willensmängel" des Boten sind hingegen nur im Fall des § 120 BGB relevant. Es handelt es sich bei dem dort geregelten „Übermittlungsirrtum" eigentlich um eine Form des Erklärungsirrtums. Ein anderer Irrtum ist beim Boten nicht denkbar, da er mit der Willensbildung gar nicht in Berührung kommt, sondern lediglich bei der Willensäußerung „hilft". Möglich bleibt es natürlich, dass der Geschäftsherr das Rechtsgeschäft wegen eines eigenen Willensmangels anficht.

Die Abgrenzung von Boten und Stellvertreter kann in einzelnen Fällen schwierig sein.

Eine früher vertretene Mindermeinung nimmt die Abgrenzung nach dem Innenverhältnis von Auftraggeber und Ausführendem vor.[77] Soll dieser als Bote handeln, so wird er als Bote behandelt, auch wenn er sich nach außen als Stellvertreter geriert; soll er dagegen Stellvertreter sein, so ist er Stellvertreter. Dagegen spricht jedoch der gesetzliche Wortlaut:[78] Auch derjenige, der ohne Vertretungsmacht handelt, wird als Vertreter bezeichnet.[79] Daraus folgt, dass es auf das tatsächliche Auftreten ankommen muss und nicht auf die Intention des Auftraggebers.[80]

Die herrschende Meinung[81] stellt daher auf das Auftreten des Boten bzw. Stellvertreters im Außenverhältnis ab. Bote ist derjenige, der durch sein Auftreten den Eindruck vermittelt, dass er eine bereits abgegebene Willenserklärung lediglich übermittele. Anderenfalls liegt Stellvertretung vor.

Geriert sich ein Bote als Stellvertreter, so handelt er gerade ohne Vertretungsmacht. Auch in diesem Fall sind die §§ 177 ff. BGB anzuwenden.

3. Lösung

Im Grundfall kommt es darauf an, ob B eine eigene Willenserklärung abgibt oder nicht. Das ist anhand der Gesamtumstände zu würdigen. Ist dem B ein Entscheidungsspielraum eingeräumt, beispielsweise in Bezug auf die Auswahl der Wasserpumpe, so spricht dies u.a. dafür, das es Stellvertreter des A werden soll und damit

---

77 *Hueck*, AcP 152 (1953), 432, 441.

78 Dazu MünchKomm/*Schramm*, Vorb. §§ 164 ff. Rn. 44.

79 Vgl. §§ 177–179 BGB; MünchKomm/*Schramm*, Vorb. §§ 164 ff. Rn. 44.

80 MünchKomm/*Schramm*, Vorb. §§ 164 ff. Rn. 44; im Erg. Staudinger/*Schilken*, Vorb. §§ 164 ff. Rn. 76.

81 *BGH* NJW 1954, 797, 798; *Kohler*, AT, § 11 Rn. 16; Jauernig/*Jauernig*, § 164 Rn. 14; Soergel/*Leptien*, Vorb. § 164 Rn. 44; MünchKomm/*Schramm*, Vorb. §§ 164 ff. Rn. 43 f.; Staudinger/*Schilken*, Vorb. §§ 164 ff. Rn. 74.

von A bevollmächtigt ist. Ist ihm jedoch keinerlei Entscheidungsspielraum überlassen, so soll er hingegen als Bote des A auftreten und ihm ist Botenmacht eingeräumt.

Ob er tatsächlich dann als Bote oder Stellvertreter auftritt, hängt vom Inhalt der von ihm abgegebenen Erklärung ab. Der bloße Umstand, dass B auf den A hinweist, sagt noch nichts aus: das Handeln in fremden Interesse ist ja bei der Botenschaft und Stellvertretung gleichermaßen gegeben. Erklärt er aber beispielsweise: „A lässt Ihnen mitteilen, er möchte eine Wasserpumpe vom Typ XY kaufen", so liegt eine Botenschaft vor. Hingegen spricht die Erklärung: „Ich kaufe eine Wasserpumpe vom Typ XY für A" für eine Stellvertretung.

Beachten Sie auch den folgenden Abschnitt zum „Geschäft für den, den es angeht".

VII. Geschäft für denjenigen, den es angeht

Literatur: *St. Lorenz,* Grundwissen – Zivilrecht: Stellvertretung, JuS 2010, 382; *Mock,* Grundfälle zum Stellvertretungsrecht, JuS 2008, 309.

1. Grundfall

A bittet seinen Bruder B, ihm aus der Buchhandlung C die neueste Auflage eines bestimmten Lehrbuches zu besorgen und gibt ihm das dafür nötige Geld. Im Geschäft erwirbt B das Buch, ohne auf den Auftrag des A hinzuweisen. Noch am selben Tag stellt A fest, dass mehrere Seiten nicht bedruckt sind. Daraufhin verlangt er von C Nachlieferung eines fehlerfreien Buches.

2. Problemlage

Nach § 164 Abs. 1 BGB setzt die Stellvertretung voraus, dass der Vertreter im Namen des Vertretenen handelt („im fremden Namen"). Die etwas dunkle Vorschrift des § 164 Abs. 2 BGB bestätigt dies, denn danach wird der Stellvertreter selbst Vertragspartner, wenn er bei Vertragsschluss nicht deutlich macht, dass er für einen anderen handelt. Es ist gleichgültig, ob er dies ausdrücklich tut oder ob sich die Vertretungssituation aus den Umständen ergibt, § 164 Abs. 1 S. 2 BGB. Damit ist das sog. Offenkundigkeitsprinzip beschrieben. Der Geschäftsgegner muss sich darauf einrichten können, wer sein Vertragspartner werden soll.

Das Offenkundigkeitsprinzip kennt jedoch eine wichtige Ausnahme: Regelmäßig hat der Verkäufer oder sonstige Schuldner einer Sachleistung kein Interesse an der Person des Käufers, wenn ein Bargeschäft des täglichen Lebens von beiden Seiten sofort erfüllt wird. Es liegt dann ein sog. **Geschäft für den, den es angeht**, vor. Es betrifft sowohl das Verpflichtungs- als auch das Verfügungsgeschäft. Sowohl der Kaufvertrag als auch die dingliche Übereignung der Kaufsache wirken für denjenigen, den es angeht, auch wenn der Käufer nicht zu erkennen gibt, dass er für einen anderen handelt.[82]

Dogmatisch handelt es sich dabei um eine teleologische Reduktion des § 164 Abs. 1 und 2 BGB.[83] Danach ist das Offenkundigkeitsprinzip entbehrlich, weil der Vertrags-

---

[82] *Larenz/Wolf,* AT, § 46 Rn. 42.
[83] *BGH* NJW-RR 2003, 921, 922; Staudinger/*Schilken,* § 164 Rn. 19.

partner hinsichtlich der Offenlegung des Vertretungsverhältnisses nicht schutzbedürftig ist.[84] Nicht der Vertreter wird Vertragspartei, wie dies § 164 Abs. 2 BGB verlangte, sondern der Vertretene.

Dies gilt sowohl für das schuldrechtliche als auch für das dingliche Rechtsgeschäft.[85] Der Stellvertreter wird demnach nicht Eigentümer der Kaufsache, selbst wenn er die Sache für den Vertretenen vorläufig in Besitz nimmt.

Abzugrenzen ist das Geschäft für den, den es angeht, von der **mittelbaren Stellvertretung**. Auch der mittelbare Stellvertreter handelt für einen Dritten und legt dies nicht offen. Allerdings wird in diesem Fall der Dritte nicht Partei des Vertrages. Der mittelbare Stellvertreter handelt im fremden Interesse und auf fremde Rechnung;[86] er schließt jedoch den Vertrag in eigenem Namen ab. Beispiele für die mittelbare Stellvertretung finden sich v.a. im HGB, so handelt es sich z.B. bei der Kommission[87] im Regelfall um einen Fall der mittelbaren Stellvertretung.[88]

3. Lösung

A könnte wegen der nicht bedruckten Seiten einen Nacherfüllungsanspruch nach §§ 437 Abs. 1 Nr. 1, 439 BGB haben. Dazu müsste er Vertragspartner des C geworden sein. Eine Stellvertretung des A durch B könnte zunächst an der fehlenden Offenkundigkeit scheitern, da B beim Kauf des Buches nicht zum Ausdruck gebracht hat, für A zu handeln.

Dem C wird es im Grundfall gleichgültig sein, ob er das Buch letztlich an A oder B verkauft. Das Geschäft wird in bar abgewickelt. Es handelt sich um ein Geschäft des täglichen Lebens. Daher liegt ein Geschäft für den, den es angeht, vor. Der Kaufvertrag kommt zwischen A und C zustande. Daher kann A seine Mängelrechte gegen C geltend machen.

VIII. Handeln unter fremdem Namen

Literatur: *Lorenz*, Grundwissen – Zivilrecht: Stellvertretung, JuS 2010, 382; *Mock*, Grundfälle zum Stellvertretungsrecht, JuS 2008, 309; *Weber*, Das Handeln unter fremdem Namen, JA 1996, 426.

1. Grundfälle

a) Popstar P sucht das Hotel des H in Tübingen auf und bucht ein Zimmer unter dem Namen „Hans Müller, Tübingen“, um Belästigungen durch Fans zu vermeiden. Einen Hans Müller gibt es in Tübingen tatsächlich.

---

[84] MünchKommBGB/*Schramm*, § 164 Rn. 49; Soergel/*Leptien*, Vorb. § 164 Rn. 29; Palandt/*Ellenberger*, § 164 Rn. 8.
[85] MünchKomm/*Schramm*, § 164 Rn. 58.
[86] MünchKomm/*Schramm*, Vorb. §§ 164 ff. Rn. 13.
[87] §§ 383 ff. HGB, vgl. § 383 Abs. 1 HGB.
[88] Ebenroth/Boujong/Joost/Strohn/*Krüger*, HGB, 2001, § 383 Rn. 36.

b) Kunst- und Antiquitätenhändler A verkauft nur an bedeutende Sammler. Der unbekannte Hobbysammler B bedient sich daher des Namens des bekannten Kunstliebhabers C, um ein Bild bei A zu kaufen.

2. Problemlage

Die Stellvertretung setzt voraus, dass der Stellvertreter **in** fremdem Namen handelt, § 164 Abs. 1 S. 1 BGB. Davon zu unterscheiden ist ein „Handeln **unter** fremdem Namen". In diesem Fall gibt der Handelnde einen anderen Namen an. Das jeweilige Geschäft möchte er aber für sich selbst abschließen.

Für die Frage, ob der Handelnde tatsächlich auch selbst aus dem Geschäft verpflichtet wird, wird auf die Sicht des Geschäftsgegners abgestellt.[89] Dabei wird zwischen dem Fall der bloßen **Namenstäuschung** (Handeln unter fremder Namensangabe) und dem Fall der **Identitätstäuschung** unterschieden.[90]

Bei der bloßen Namenstäuschung bzw. einem Handeln unter fremder Namensangabe kommt es dem Geschäftsgegner auf die Person des Vertragspartners nicht an – seine Willenserklärung bezieht sich auf den tatsächlich **Handelnden**. Demgegenüber ist der Geschäftsgegner in Fällen der Identitätstäuschung regelmäßig an einem Abschluss gerade mit dem **Namensträger** interessiert, weil für die Vertragsabwicklung bestimmte Eigenschaften dieser Person von Bedeutung sind. Fälle, bei denen es auf den bestimmten Namensträger ankommt, sind z.B. Fernabsatzverträge, da hier Name und Anschrift oft die alleinigen Anhaltspunkte zur Identifikation des Vertragspartners sind. Dies gilt insbesondere, wenn der Geschäftsgegner in Vorleistung tritt. Hier hat er ein berechtigtes und verständliches Interesse daran, zu wissen, mit wem er Geschäfte macht. Nur mit dieser Information kann er sich über die Bonität des anderen informieren und bei einem Ausbleiben der Gegenleistung (z.B. der Bezahlung) diese auf dem Klagewege und ggf. mit Hilfe der Zwangsvollstreckung einfordern. Anders liegt es, wenn das Geschäft über ein Internetauktionsportal abgeschlossen wird, bei dem die Beteiligten typischerweise unter anonymisierten Mitgliedsnamen und „nicknames" auftreten. Hier kann der Geschäftsgegner nicht davon ausgehen, dass der Mitgliedsname auch die tatsächliche Identität des Handelnden widerspiegelt.[91]

Im Falle der Namenstäuschung kommt der Vertrag mit dem tatsächlich Handelnden zustande. Im Fall der Identitätstäuschung werden hingegen die §§ 164 ff., 177 ff. BGB analog angewandt:[92] Der Täuschende wird wie ein Vertreter ohne Vertretungsmacht behandelt. Das Geschäft ist zunächst entsprechend § 177 Abs. 1 BGB schwebend unwirksam. Der „Vertretene", also der wahre Namensinhaber, kann das Geschäft aber genehmigen und so die Vertragsposition für sich beanspruchen.[93]

---

89 *BGH* NJW-RR 1988, 814 f.
90 *Köhler*, AT, § 11 Rn. 23; *Larenz/Wolf*, AT, § 46 Rn. 54 ff.
91 *LG Kassel* NJW-RR 2009, 781 f.
92 *BGH* NJW 1966, 1069 f.
93 HK-BGB/*Dörner*, § 164 Rn. 9.

3. Lösung

Sowohl im ersten als auch im zweiten Grundfall hat sich der jeweils Handelnde beim Geschäftsabschluss des Namens einer anderen Person bedient. Dabei handelt es sich nicht um „Handeln **in** fremdem Namen" (Stellvertretung, § 164 Abs. 1 S. 1 BGB), sondern um „Handeln **unter** fremdem Namen".

a) Dem Hotelier H geht es nicht darum, mit Hans Müller einen Beherbergungsvertrag zu schließen. Vielmehr möchte er den Vertrag mit der vor ihm stehenden Person, also mit P, abschließen. Daher ist irrelevant, welchen Namen P angibt. Der Vertrag kommt zwischen H und P zustande.

b) In diesem Fall legt A Wert darauf, mit wem er einen Vertragsabschluss tätigt. B täuscht A daher nicht bloß bezüglich seines Namens, sondern vielmehr hinsichtlich seiner Identität. Daher gelten hier die §§ 164 ff., 177 ff. BGB entsprechend. Der Vertrag ist schwebend unwirksam. C kann das Geschäft als „sein" Geschäft genehmigen.

IX. Missbräuchliche Blankettausfüllung

Literatur: *Büchler,* Referendarexamensklausur – Zivilrecht: Zwangsvollstreckung gegen die „Blankettbürgin", JuS 2008, 804; *Schmolke,* Grundfälle zum Bürgschaftsrecht, JuS 2009, 585.

1. Grundfall

A ist Gesellschafter und Geschäftsführer der A-GmbH. Die A-GmbH soll von der B-Bank ein Darlehen i.H.v. € 50.000 erhalten. A soll für dieses Darlehen bürgen. A hat gegenüber seinem Mitgesellschafter C bereits deutlich gemacht, dass er für höchstens € 30.000 die Bürgschaft übernimmt. Er unterschreibt ein Blanko-Bürgschaftsformular der B-Bank, in dem die Höhe der Bürgschaftsverpflichtung noch nicht eingetragen ist.[94] Dieses Blankett gibt A dem C, der es abredewidrig mit einem Höchstbetrag von € 40.000 ausfüllt und an die B-Bank weiterleitet. In der Folge kann die A-GmbH das Darlehen nicht zurückzahlen. Kann die B-Bank den A als Bürgen in Anspruch nehmen?

2. Problemlage

Eine Urkunde, die zwar bereits unterschrieben ist, in ihrer Erklärung jedoch noch unvollständig ist, wird als „Blankett" bezeichnet. Indem er das Blankett aus der Hand gibt, ermächtigt der Unterzeichner den Inhaber zur abredegemäßen Ausfüllung.

Nach früherer ständiger Rechtsprechung[95] wurde die z.B. bei der Bürgschaft notwendige Schriftform als durch die Namensunterschrift gewahrt angesehen, auch wenn der Urkundeninhalt erst später vervollständigt wurde. Dies folgt aus § 167 Abs. 2 BGB, wonach eine Vollmacht – und daher entsprechend eine Ausfüllungsermächtigung für ein Blankett – eigentlich nicht der Form des Hauptgeschäfts bedarf.

---

[94] Nach *BGH* NJW 1996, 1467 ff.
[95] Z.B. *BGH* NJW 1984, 798.

Diese Rechtsprechung hat der BGH seit 1996 jedoch aufgegeben.[96] Eine als Blankett abgegebene Bürgschaft wird nun als formunwirksam und daher als nichtig (§ 125 S. 1 BGB) angesehen,[97] es sei denn, die Ermächtigung zur Ausfüllung des Blanketts entspricht wiederum der erforderlichen Schriftform.[98] § 167 Abs. 2 BGB wird insoweit teleologisch reduziert.[99] Der Formzwang soll den Bürgen schließlich an das Risiko erinnern und ihn vor einer übereilten Eingehung der Bürgschaftsschuld warnen.[100] Diese Warnfunktion erfüllt eine blanko ausgefüllte Bürgschaft nicht.

Der Blankettgeber muss die formwidrige Urkunde allerdings dennoch gegen sich gelten lassen. Durch die Blankounterschrift hat er einen Rechtsschein gesetzt, der eine Vertrauenshaftung analog § 172 Abs. 2 BGB begründet.[101] Das gilt auch bei einer abredewidrigen Ausfüllung.[102] Der Vertragspartner kann der Urkunde nicht ansehen, dass sie ein Blankett war, welches abredewidrig vervollständigt wurde. Daher ist er in gleicher Weise schutzwürdig, wie er es bei Vorliegen einer schriftlichen Vollmachtsurkunde gewesen wäre. Eine Anfechtung durch den Blankettgeber wegen Erklärungsirrtums ist daher auch nicht möglich.

In der Lehre[103] wird die Rechtsscheinhaftung teilweise kritisch gesehen, weil sie im Ergebnis den Schutz des Formerfordernisses doch wieder „kassiert“. Demnach soll das formnichtige Rechtsgeschäft zunächst analog § 177 Abs. 1 BGB schwebend unwirksam sein.[104]

Schutzwürdig ist stets nur der Dritte, nicht derjenige, der die Urkunde selbst (bösgläubig) vervollständigt.[105] Die Haftung entsprechend § 173 BGB gilt diesem gegenüber nicht.

3. Lösung

Für einen Anspruch der B-Bank gegen A müsste eine wirksam erteilte Bürgschaft vorliegen. Die von A erteilte Bürgschaft ist formnichtig, § 766 BGB i.V.m. § 125 S. 1 BGB. A kann daher nicht aufgrund der Bürgschaft in Anspruch genommen werden. Allerdings haftet A aufgrund des durch Abgabe der Blankourkunde gesetzten Rechtsscheins bis zu dem in Urkunde eingetragenen Betrag von € 40.000 in entsprechender Anwendung des § 172 Abs. 2 BGB. Für die B-Bank war nicht ersichtlich, dass A die Bürgschaft als Blankett verfasst hatte; auch von der Abrede im Innenverhältnis zwischen A und C wusste B nichts.

---

96 *BGH* NJW 1996, 1467 ff.; 2000, 1179 ff.

97 *BGH* NJW 2000, 1179, 1180; 1997, 1779, 1780.

98 *BGH* NJW 1996, 1467, 1468; MünchKomm/*Einsele*, § 126 Rn. 11.

99 Staudinger/*Schilken*, § 167 Rn. 20.

100 *BGH* NJW 1996, 1467, 1468; 2000, 1179, 1180.

101 *BGH* NJW 1996, 1467, 1469; Ebenroth/Boujong/Joost/Strohn/*Füller*, HGB, Bd. 2, Rn. IV 481.

102 *BGH* NJW 1963, 1971.

103 Ebenroth/Boujong/Joost/Strohn/*Füller*, HGB, Bd. 2, Rn. IV 481; *Bülow*, ZIP 1996, 1694, 1695.

104 *Keim*, NJW 1996, 2774, 2776; Ebenroth/Boujong/Joost/Strohn/*Füller*, HGB, Bd. 2, Rn. IV 482.

105 *BGH* NJW 1996, 1467, 1469.

X. Duldungs- und Anscheinsvollmacht

Literatur: *Mock*, Grundfälle zum Stellvertretungsrecht (Teil 2), JuS 2008, 391; *Musielak*, Referendarexamensklausur – Bürgerliches Recht: Probleme der Rechtsscheinshaftung, JuS 2004, 1081; *Pfeifer*, Übungsklausur – Bürgerliches Recht: Probleme aus dem Recht der Stellvertretung und der Rechtsgeschäftslehre, JuS 2004, 694.

1. Grundfälle

A hilft regelmäßig bei B aus, der ein Weinfachgeschäft betreibt. Obwohl er keine Vollmacht hierzu hat, bestellt A dabei gelegentlich im Namen des B Waren bei Lieferanten.

a) B weiß von den Bestellungen des A.

b) B weiß nichts von den Bestellungen, könnte aber davon wissen, wenn er seine Bücher ordnungsgemäß führen würde.

2. Problemlage

Hat der Vertretene den Vertreter nicht ausdrücklich bevollmächtigt (§§ 166, 167 BGB), so kommt eine Duldungs- oder eine Anscheinsvollmacht in Betracht.

Bei der **Duldungsvollmacht** weiß der Vertretene, dass ein anderer für ihn wie ein Vertreter auftritt und duldet dieses Verhalten. Der Geschäftsgegner darf dieses Dulden nach Treu und Glauben daher dahingehend verstehen, dass der als Vertreter Handelnde bevollmächtigt ist.[106]

Umstritten ist, ob es sich dabei um eine schlüssige Bevollmächtigung durch den Vertretenen handelt[107] oder um einen Rechtsscheinstatbestand.[108] In der Rechtsprechung und der h.L. wird die Duldungsvollmacht als Rechtsscheinsvollmacht angesehen. Die besseren Argumente sprechen aber für eine Annahme einer schlüssig erklärten Vollmacht: Wer wissentlich den Tatbestand einer Duldungsvollmacht setzt, kann sich später nicht auf einen fehlenden Bevollmächtigungswillen berufen.[109] Diese Ansicht ist zudem konsequent, wenn man das tatsächliche Erklärungsbewusstsein nicht als notwendigen Teil der Willenserklärung betrachtet.[110]

Auswirkungen hat dieser Streit auf eine mögliche Anfechtung:[111] Sieht man die Duldungsvollmacht als Willenserklärung an, ist sie anfechtbar. Geht man dagegen von einem gesetzten Rechtsschein aus, ist eine Anfechtungsmöglichkeit abzulehnen, da nur Willenserklärungen der Anfechtung unterliegen.

Im Gegensatz zur Duldungsvollmacht liegt eine bloße **Anscheinsvollmacht** vor, wenn der Vertretene das Handeln seines angeblichen Vertreters nicht kennt, er es

---

106 Palandt/*Ellenberger*, § 172 Rn. 8; *BGH* NJW 2002, 2325, 2327; NJW-RR 2004, 1275, 1277.

107 Palandt/*Ellenberger*, § 172 Rn. 8; Staudinger/*Schilken*, § 167 Rn. 29a f.

108 Soergel/*Leptien*, § 167 Rn. 17; st. Rspr., z.B. *BGH* NJW 1997, 312, 314; 2002, 2325, 2327; 2003, 2091, 2092; NJOZ 2004, 1498, 1501.

109 Palandt/*Ellenberger*, § 172 Rn. 8.

110 Staudinger/*Schilken*, § 167 Rn. 29a; Jauernig/*Jauernig*, § 167 Rn. 8, Palandt/*Ellenberger*, § 172 Rn. 8; zum Erklärungsbewusstsein vgl. s.o. Problem § 1 I.

111 Staudinger/*Schilken*, § 167 Rn. 45.

aber bei pflichtgemäßer Sorgfalt hätte erkennen und verhindern können, und wenn ferner der Geschäftsgegner nach Treu und Glauben annehmen durfte, der Vertretene dulde und billige das Handeln seines Vertreters.[112] Der Vertretene haftet nicht aufgrund einer abgegebenen Willenserklärung, sondern aufgrund eines Rechtsscheintatbestands. **Voraussetzungen für die Anscheinsvollmacht** sind daher:[113]

1. Setzung eines Rechtsscheins durch den Vertretenen, beispielsweise indem er dem „Vertreter" eine entsprechende Position in seinem Betrieb zuweist.[114] In den meisten Fällen wird der Rechtsschein nur dadurch gesetzt, dass der Vertretene das Handeln des „Vertreters" nicht unterbindet.[115]
2. Zurechenbarkeit dieses Rechtsscheins: Der Vertretene muss seine Sorgfaltspflicht verletzt haben, also fahrlässig gehandelt haben. Die Sorgfaltspflichtverletzung muss ursächlich dafür sein, dass der Vertretene das Handeln des Anscheinsvertreters nicht bemerkt und deshalb nicht eingreift.
3. Gutgläubigkeit des Geschäftsgegners.

Teilweise wird die Möglichkeit einer Rechtsscheinsvollmacht auch ganz abgelehnt, da es keine „fahrlässigen" Willenserklärungen gebe.[116] An die Verletzung von Sorgfaltspflichten können nach dieser Auffassung nicht die Folgen eines Rechtsgeschäfts geknüpft werden, sondern allenfalls Schadensersatzansprüche gegen den „Vertretenen" aus culpa in contrahendo (§§ 280 Abs. 1, 241 Abs. 2, 311 Abs. 2 BGB). Dagegen spricht, dass bereits die §§ 170–172 BGB die Möglichkeit einer Haftung auf Erfüllung aufgrund eines Rechtsscheins vorsehen, der auch in fahrlässiger Weise gesetzt werden kann.[117]

3. Lösung

a) Nach einer Auffassung hat B durch das Wissen um die Bestellungen und deren Duldung dem A konkludent bevollmächtigt. Nach anderer Ansicht fehlt es zwar an einer Vollmachtserteilung, B muss sich das Handeln des A aber nach Rechtsscheinsgrundsätzen zurechnen lassen. Es liegt eine sogenannte Duldungsvollmacht vor.

b) Auch in dieser Fallvariante muss B das Handeln des A gegen sich gelten lassen. Indem er ihn in seinem Büro arbeiten ließ, setzte B einen Rechtsschein hinsichtlich einer Vollmachtserteilung. Diesen muss er sich zurechnen lassen: Bei hinreichender Sorgfalt hätte er die Bestellungen des A bemerken können. Dass die Geschäftsgegner, mit denen A korrespondierte, bösgläubig waren, ist nicht ersichtlich. Es liegt eine Anscheinsvollmacht vor, so dass A mit Vertretungsmacht gehandelt hat.

XI. Irrtümer

Literatur: *Cziupka,* Die Irrtumsgründe des § 119 BGB, JuS 2009, 887.

---

112 *BGH* NJW 2007, 987, 989; 1956, 460.
113 *Köhler,* BGB AT, § 11 Rn. 33 ff.; MünchKomm/*Schramm,* § 167 Rn. 57 ff.
114 *BGH* NJW-RR 1987, 308, 309; *OLG Stuttgart* NJW 1966, 1461.
115 MünchKomm/*Schramm,* § 167 Rn. 58.
116 *Medicus,* BGB AT, Rn. 971; hinsichtlich der Anscheinsvollmacht auch: Staudinger/*Schilken,* § 167 Rn. 31.
117 *Larenz/Wolf,* AT, § 48 Rn. 30.

1. Grundfälle

a) A verkauft Computer und Zubehör. Hierfür nutzt er die Plattform eines Internetauktionshauses. Er möchte einen neuen Laptop für € 800 zum Verkauf einstellen. A nutzt die „Sofort-Kaufen"-Option. Bei der Erstellung des Angebots kommt es jedoch zu einem Softwarefehler. Ein falscher Preis erscheint im Angebot. Statt € 800 steht nun ein Preis von nur € 80 im Internet.[118] B entdeckt das Angebot, freut sich über das „Schnäppchen" und klickt auf die „Sofort-Kaufen"-Schaltfläche. Muss A den Laptop an B liefern?

aa) Im Ausgangsfall wählt A einen Startpreis von € 1, um möglichst viele Bieter anzulocken. Dabei geht er davon aus, dass der Preis auf jeden Fall bis ca. € 800 steigen wird. Bei Angebotsende liegt das Höchstgebot, welches von B abgegeben wird, jedoch bei lediglich € 26.[119] Muss A den Laptop an B liefern?

bb) Im Ausgangsfall stellt A den Laptop für € 800 ins Internet. In der Artikelbeschreibung schreibt er: „Neu". B kauft den Laptop. Nach Erhalt der Ware stellt er fest, dass der Laptop zwar noch nie benutzt wurde und auch fehlerfrei ist, allerdings bereits ein Jahr alt ist. Inzwischen ist ein neueres, besseres Modell auf dem Markt erhältlich. Aus der Artikelbeschreibung ging das genaue Modell nicht hervor. Muss B den Kaufpreis an A zahlen?

b) A muss sich einer Krankenhausbehandlung unterziehen. Er ist gesetzlich versichert. Im Krankenhaus wird ihm eine Erklärung zur Unterschrift vorgelegt. A schaut flüchtig darüber und denkt, es handele sich um ein Formular für den Nachweis hinreichender Belehrung. In Wahrheit unterschreibt A aber einen Vertrag für eine privatärztliche Behandlung. Anfechtbar?

2. Problemlage

Lag der Abgabe einer Willenserklärung ein Irrtum zugrunde, so kommt eine Anfechtung nach § 119 BGB in Betracht. Unterschieden wird zwischen dem Inhaltsirrtum (§ 119 Abs. 1 Alt. 1 BGB), dem Erklärungsirrtum (§ 119 Abs. 1 Alt. 2 BGB) und dem Irrtum über eine verkehrswesentliche Eigenschaft (§ 119 Abs. 2 BGB). § 120 BGB ist ein Sonderfall des Erklärungsirrtums.

In beiden Fällen des § 119 Abs. 1 BGB weicht die objektive Erklärung vom subjektiv Gewollten ab. Es liegt also eine Diskrepanz zwischen innerer Vorstellung und äußerer Bedeutung der Erklärung vor. Beim Erklärungsirrtum ist diese Diskrepanz auf Seiten der äußeren Bedeutung begründet. Der Erklärende äußert nicht das, was er äußern möchte („Er weiß schon nicht, was er sagt"). Typische Fälle dieses Irrtums sind Fälle, in denen sich der Erklärende verspricht, verschreibt oder vertippt.

Beim Inhaltsirrtum ist dagegen die innere Vorstellung irrtumsauslösend: Der Erklärende verbindet mit dem von ihm benutzten Ausdruck subjektiv einen anderen Sinn, als dem Ausdruck nach der Verkehrsanschauung oder den internen Verhandlungen der Parteien zukommt. Er äußert, was er äußern möchte, hat aber eine falsche innere Vorstellung hinsichtlich dieser Äußerung („Er weiß, was er sagt, aber er weiß nicht, was er damit sagt").

---

[118] Frei nach *BGH* NJW 2005, 976.
[119] Frei nach *OLG Köln* MMR 2007, 446.

Die Fälle des § 119 Abs. 1 BGB sind abzugrenzen vom Eigenschaftsirrtum nach § 119 Abs. 2 BGB. Bei diesem Anfechtungsgrund geht es um einen ausnahmsweise beachtlichen Motivirrtum.[120] Der Erklärende erklärt, war er erklären möchte, er irrt sich aber über einen vorgelagerten Umstand. Das objektiv Erklärte und das zu diesem Zeitpunkt subjektiv Gewollte stimmen also überein. Lediglich das Motiv zur Abgabe der Erklärung ist fehlerhaft gebildet worden.

Ein beachtlicher Motivirrtum im Sinne des § 119 Abs. 2 BGB liegt vor, wenn sich der Erklärende über eine verkehrswesentliche Eigenschaft einer vertragsrelevanten Person oder Sache irrt. Eigenschaften sind nicht nur vorübergehende Umstände, Merkmale oder rechtliche oder tatsächliche Beziehungen einer Sache oder einer Person zu einer anderen; also nicht nur die natürlichen (körperlichen) Eigenschaften, sondern auch solche tatsächliche und rechtliche Verhältnisse einer Sache, die zufolge ihrer Beschaffenheit und vorausgesetzten Dauer nach den Verkehrsanschauungen einen Einfluss auf die Wertschätzung der Sache auszuüben pflegen.[121] Erfasst sind mithin alle wertbildenden Faktoren wie das Alter, die Qualität oder die Beschaffenheit, nicht aber der Wert einer Sache an sich. Nicht erfasst sind Umstände, die nur mittelbar einen Einfluss auf die Bewertung der Sache auszuüben vermögen.[122]

Verkehrswesentlich ist eine Eigenschaft, wenn ihr Vorliegen für das Rechtsgeschäft typischerweise von Relevanz ist. Dies bezieht sich dabei stets auf das jeweilige Rechtsgeschäft. So kann die gleiche Eigenschaft einmal verkehrswesentlich sein und bei einem anderen Geschäft nicht.

Bezog sich der Irrtum auf einen Umstand, der entweder keine Eigenschaft oder jedenfalls nicht verkehrswesentlich war, so ist dieser Motivirrtum – wie es der Regelfall ist – unbeachtlich. Der Erklärende trägt das Risiko; er kann und soll sich vor Abgabe seiner Erklärung informieren.[123]

Irrt sich der Erklärende über die Mangelfreiheit eines Kaufgegenstandes, so läge zwar eigentlich ein Irrtum über eine verkehrswesentliche Eigenschaft vor. Die §§ 437 ff. BGB gehen jedoch der Anfechtung vor (siehe oben 1. Teil, § 2 VI. 2.). Das Gesetz sieht bei Mängeln ein Recht des Verkäufers zur Nacherfüllung oder Nachbesserung (Recht auf „zweite Andienung") vor, das durch eine Anfechtung – die den Kaufvertrag ja ganz vernichten würde – nicht umgangen werden darf. Genau das wäre aber der Fall, wenn eine Rückabwicklung des Vertrags nach § 812 Abs. 1 S. 1 Alt. 1 BGB erfolgte. Auch die verkürzte Verjährungsfrist nach § 438 Abs. 1 Nr. 3 BGB (bei beweglichen Sachen grundsätzlich zwei Jahre ab Ablieferung der Sache, § 438 Abs. 2 BGB) darf durch die Anfechtung (§ 121 BGB: Anfechtungsfrist: Unverzüglich ab Kenntnis, innerhalb von zehn Jahren nach Abgabe der Willenserklärung) nicht umgangen werden.

Außerdem muss in allen Fällen des § 119 BGB anzunehmen sein, dass der Erklärende seine Willenserklärung „bei Kenntnis der Sachlage und bei verständiger Würdigung des Falles" so nicht abgegeben hätte. Daraus folgt zum einen, dass der Irrtum kausal für die Erklärung gewesen sein muss. Zum anderen ergibt sich aus der Formulierung der „verständigen Würdigung des Falles", dass nicht nur der tatsächliche Erklärende, sondern auch eine objektive Person vernünftigerweise die Willenserklärung ohne den Irrtum nicht abgegeben haben dürfte. Willkürliche Anfechtungen aus Launenhaftigkeit sollen

120 Palandt/*Ellenberger*, § 119 Rn. 23; Jauernig/*Jauernig*, § 119 Rn. 11.
121 RGZ 64, 266, 269.
122 RGZ 149, 235, 238; näher MünchKomm/*Kramer*, § 119 Rn. 5.
123 HK-BGB/*Dörner*, § 119 Rn. 1.

durch dieses Erfordernis vermieden werden.[124] Eine verständige Würdigung führt beispielsweise zur Bejahung der Kausalität, wenn der Erklärende aufgrund seines Irrtums einen wirtschaftlichen Nachteil durch das Rechtsgeschäft erleidet.[125]

Soll nur ein Teil der Erklärung angefochten werden, so ist das möglich, wenn das Rechtsgeschäft i.S.d. § 139 BGB teilbar ist,[126] d.h. der nicht-angefochtene Teil als eigenes Rechtsgeschäft stehen bleiben kann.[127]

Die Anfechtung wirkt grundsätzlich *ex tunc*, d.h. die angefochtene Willenserklärung ist als von Anfang an nichtig anzusehen, § 142 Abs. 1 BGB. Ausnahmsweise kann die Rückwirkung der Anfechtung jedoch ausgeschlossen sein. So wirkt die Irrtumsanfechtung von bereits in Vollzug gesetzten Arbeitsverträgen und Gesellschaftsverträgen *ex nunc*, also vom Anfechtungszeitpunkt an, da eine Rückabwicklung – insbesondere hinsichtlich gegebenenfalls betroffener Drittinteressen – zu kompliziert und nicht praxisgerecht wäre.[128]

Auch bei der Anfechtung sind Verpflichtungs- und Verfügungsgeschäft zu trennen. Betrifft der Anfechtungsgrund nur das Verpflichtungsgeschäft, so kann auch nur dieses angefochten werden. Das Verfügungsgeschäft muss dann gegebenenfalls nach den §§ 812 ff. BGB rückabgewickelt werden. In Einzelfällen kann der Anfechtungsgrund aber auch für beide Geschäfte gelten. Man spricht dann von einer „Fehleridentität;“[129] siehe dazu Fall Nr. 1.

3. Lösung

a) Erforderlich für einen Kaufvertrag sind zwei übereinstimmende, wirksame Willenserklärungen. Dies gilt auch bei Internet-„Versteigerungen“. Diese sind keine Versteigerungen im Sinne des § 156 BGB.[130] Die Einstellung eines Artikels stellt vielmehr ein bindendes Angebot im Sinne des § 145 BGB dar.[131] Angenommen wird dieses Angebot durch das Höchstgebot bei Angebotsende[132] oder das Anwählen der „Sofort-Kaufen“-Schaltfläche. Teilweise wird auch angenommen, dass das höchste Gebot bei Angebotsablauf das Angebot im Sinne des § 145 BGB ist, das durch eine antizipierte Annahmeerklärung des Verkäufers bereits bei Einstellen des Artikels angenommen wird.[133] Entscheidend ist, dass jedenfalls zwei Willenserklärungen abgegeben werden. Welche davon als Angebot und welche als Annahme zu qualifizieren ist, ist letztlich für die Falllösung nicht relevant.[134]

Daher ist in allen Fallvarianten zunächst ein Kaufvertrag geschlossen worden, aus dem ein Liefer- bzw. Zahlungsanspruch folgen könnte. Möglicherweise können die

---

124 *BAG* NJW 1991, 2723, 2726; *BGH* NJW 1988, 2597, 2599; MünchKomm/*Kramer*, § 119 Rn. 138; Staudinger/*Singer*, § 119 Rn. 98.

125 *BGH* NJW 1988, 2597, 2599.

126 Jauernig/*Jauernig*, § 142 Rn. 1.

127 Jauernig/*Jauernig*, § 139 Rn. 4.

128 MünchKomm/*Busche*, § 142 Rn. 17.

129 Staudinger/*Roth*, § 142 Rn. 22.

130 *BGH* NJW 2002, 363, 364; 2005, 53, 54.

131 *BGH* NJW 2005, 53, 54.

132 *BGH* NJW 2005, 53, 54.

133 So wohl *BGH* NJW 2002, 363, 364.

134 *BGH* NJW 2002, 363, 364.

Willenserklärungen jedoch wirksam angefochten werden, § 142 BGB. Neben einer Anfechtungserklärung (§ 143 BGB) innerhalb der Anfechtungsfrist (§ 121 BGB, unverzüglich) ist hierfür das Vorliegen eines Anfechtungsgrundes notwendig.

Im Ausgangsfall liegt der „Fehler" nicht im Bereich der Willensbildung. A hatte seinen Willen auch zunächst korrekt geäußert, indem er die richtige Zahl in den Computer eingab. Jedoch gab das Softwareprogramm die Willenserklärung des A fehlerhaft wieder. Somit liegt das Problem hier im Bereich der Willensübermittlung. Dass hier die Übermittlung nicht durch eine menschliche Instanz geschah, sondern durch ein Computerprogramm ist nicht entscheidend. Daher liegt ein Übermittlungsirrtum nach § 120 BGB vor. Der Übermittlungsirrtum wird wie ein Erklärungsirrtum im Sinne des § 119 Abs. 1 Alt. 2 BGB behandelt.[135]

In **Fallvariante aa)** liegt weder ein Äußerungsfehler vor noch irrt sich A über die Bedeutung seiner Eingabe. Bei der Annahme des A, der Preis werde noch auf ca. 800,- € steigen, handelt sich um einen Motivirrtum, der unbeachtlich ist. Das Risiko eines ungünstigen Versteigerungsverlaufs ist A bewusst eingegangen.

In **Fallvariante bb)** ist B derjenige, der anfechten möchte. In Betracht kommt eine Anfechtung nach § 119 Abs. 2 BGB wegen eines Irrtums über eine verkehrswesentliche Eigenschaft des Laptops. Das Modell einer Sache ist eine Eigenschaft dieser Sache und zugleich verkehrswesentlich. Insbesondere bei Computern, deren Technik sich in kurzer Zeit verbessert, ist das Modell ein kaufentscheidender und auch wertbildender Faktor.

Ein Vorrang der Sachmängelhaftung kommt nicht in Betracht, da der Laptop keinen Mangel im Sinne des § 434 BGB aufweist. Dass der Laptop veraltet ist, begründet noch keinen Mangel; die Lieferung eines bestimmten Modells im Sinne einer Beschaffenheitsvereinbarung (§ 434 Abs. 1 S. 1 BGB) war nicht vereinbart.

b) Hier liegt ein Inhaltsirrtum vor (Irrtum über den Geschäftstyp).[136]

XII. Begriff des „Dritten" in § 123 Abs. 2 S. 1 BGB

Literatur: *Martens,* Wer ist „Dritter"? – Zur Abgrenzung der §§ 123 I und II 1 BGB, JuS 2005, 887; *Petersen*, Die Wissenszurechnung, Jura 2008, 915.

1. Grundfälle

a) A möchte einen PKW bei dem Gebrauchtwagenhändler G kaufen. Der bei G angestellte Verkäufer V täuscht den A bewusst über die Unfallfreiheit des PKW. G weiß davon nichts. A erwirbt den PKW von G.

b) A möchte einen Bagger beim Landmaschinenhändler B kaufen und den Kauf mit einem Darlehen der C-Bank finanzieren. Die C-Bank besteht darauf, dass das Darlehen durch eine Bürgschaft abgesichert wird. A tritt an D heran und täuscht diesen über seine Vermögens- und Einkommensverhältnisse. Daraufhin bürgt D gegenüber der C-Bank für das Darlehen des A.[137]

---

[135] MünchKomm/*Kramer*, § 120 Rn. 1.
[136] *LG Köln* NJW 1988, 1518, 1519.
[137] Frei nach *BGH* NJW 1968, 986.

2. Problemlage

Eine Willenserklärung, die aufgrund einer Täuschung durch den Erklärungsempfänger abgegeben wurde, ist gegenüber diesem nach § 123 Abs. 1 BGB anfechtbar.

Täuscht ein Dritter den Erklärenden, so ist die Willenserklärung gemäß § 123 Abs. 2 S. 1 BGB gegenüber dem Erklärungsempfänger hingegen nur anfechtbar, wenn dieser die Täuschung kannte oder kennen musste.

Dabei ist jedoch nicht jeder Nicht-Stellvertreter als „Dritter“ im Sinne des § 123 Abs. 2 BGB anzusehen. Auch Täuschungen, die von anderen, in enger Beziehung zum Erklärungsempfänger stehenden Hilfspersonen veranlasst werden, muss sich der Erklärungsempfänger ohne Rücksicht auf die Kenntnisanforderung des § 123 Abs. 2 S. 1 BGB zurechnen lassen.[138] Als Zurechnungsgrundlage dient § 166 BGB,[139] der in entsprechender Anwendung als allgemeiner Grundsatz der Kenntniszurechnung bei sogenannten **Wissensvertretern** verwendet wird, die zwar keine Vertretungsmacht besitzen, aber im Bereich des Geschäftsherrn tätig sind.[140]

Wenn der Erklärungsempfänger keine Kenntnis oder fahrlässige Unkenntnis von der Täuschung hatte, hängt die Frage der Anfechtungsmöglichkeit des Erklärenden also entscheidend davon ab, ob der Täuschende Dritter im Sinne des § 123 BGB war. Je enger der Begriff des „Dritten“ in § 123 Abs. 2 S. 1 BGB insgesamt gezogen wird, desto mehr erweitern sich die Anfechtungsmöglichkeiten wegen einer Täuschung.[141]

Abgegrenzt wird nach heutiger Auffassung danach, ob die Beziehungen des Täuschenden zum Erklärungsempfänger im Einzelfall so eng sind, dass dieser die Täuschung wie eine eigene zu vertreten hat.[142] Dritte sind daher nur am Geschäft Unbeteiligte,[143] wie z.B. Makler und andere Personen, die für beide Vertragsparteien vermittelnd tätig werden.[144] Wird der vermeintliche Dritte bei Abschluss oder der Abwicklung eines Geschäfts für den Erklärungsempfänger tätig, so ist er hingegen nicht als Dritter anzusehen. Dies gilt insbesondere bei verbundenen Verträgen und anderen Finanzierungshilfen durch den Erklärungsempfänger, wie z.B. finanzierten Abzahlungskäufen[145] oder Leasingverträgen.[146] Dabei ist es nicht erforderlich, dass die Geschäftsverbindung zwischen Erklärungsempfänger und Täuschendem eine ständige ist.[147]

Bei einer Täuschung eines Sicherungsgebers durch den Hauptschuldner ist der Hauptschuldner dagegen Dritter; er ist nicht dem Lager des Sicherungsnehmers zuzurechnen.[148] Das Sicherungsgeschäft kommt zwischen dem Sicherungsgeber und dem Gläubiger zustande. Der Hauptschuldner handelt in eigenem In-

---

138 *BGH* NJW-RR 1987, 59, 60.
139 *BGH* NJW 2006, 2839; NJW-RR 2008, 1649, 1650.
140 *Larenz/Wolf*, AT, § 46 Rn. 102; Palandt/*Ellenberger*, § 166 Rn. 6.
141 Staudinger/*Singer/v. Finckenstein*, § 123 Rn. 46.
142 *BGH* NJW 1967, 1026, 1027.
143 Palandt/*Ellenberger*, § 123 Rn. 13.
144 So bereits RGZ 101, 97, 99; Staudinger/*Singer/v. Finckenstein*, § 123 Rn. 50.
145 *BGH* NJW 1967, 1026; 1956, 705.
146 *BGH* NJW 1989, 287 ff.
147 *BGH* NJW 1967, 1026.
148 *BGH* NJW 2002, 956, 957; 1968, 986, 987; Staudinger/*Singer/v. Finckenstein*, § 123 Rn. 54.

teresse,[149] da z.B. Darlehen ohne Sicherung regelmäßig nicht oder jedenfalls zu schlechteren Konditionen vergeben werden.

3. Lösung

a) Die Täuschung des A ist G (entsprechend § 166 BGB) zurechenbar, auch wenn dieser nichts davon wusste. A kann den Kaufvertrag mit G anfechten. Die Anfechtung ist nicht durch den Vorrang der Mängelrechte des § 437 BGB ausgeschlossen. § 123 BGB ist anders als § 119 Abs. 2 BGB stets neben dem Leistungsstörungsrecht anwendbar.

b) Der Bürgschaftsvertrag kommt zwischen D und der C-Bank zustande, § 765 BGB. A ist Dritter i.S.d. § 123 Abs. 2 BGB. A steht nicht auf Seiten der Bank, sondern handelt im eigenen Interesse. Darüber hinaus berechtigt ein bloßer Irrtum des Bürgen über die Zahlungsfähigkeit des Hauptschuldners auch nicht zur Anfechtung nach § 119 Abs. 2 BGB. Das Risiko, dass der Hauptschuldner die Hauptschuld nicht tilgen kann, ist ja gerade das typische Bürgschaftsrisiko und kann daher keine Anfechtung tragen.[150]

§ 2. Ausgewählte Probleme des Leistungsstörungsrechts

I. Nachlieferung und Stückkauf

Literatur: *Dauner-Lieb/Arnold*, Die Falschlieferung beim Stückkauf, JuS 2002, 1175; *Kimmelmann/Winter*, Nacherfüllung durch Ersatzlieferung beim Stückkauf, JA 2003, 532; *Lettl*, Die Falschlieferung durch den Verkäufer nach der Schuldrechtsreform, JuS 2002, 866; *Lorenz*, Aliud, peius und indebitum im neuen Kaufrecht, JuS 2003, 36; *Musielak*, Die Nacherfüllung beim Stückkauf, NJW 2008, 2801; *Tiedtke/Schmitt*, Die Ersatzlieferung beim Stückkauf, JuS 2005, 583; *Tröger*, Grundfälle zum Sachmangel nach neuem Kaufrecht, JuS 2005, 503; *Zerres*, Der Begriff des Sachmangels im neuen Kaufrecht, JA 2002, 713.

1. Grundfälle

Händler K kauft bei Händler H nach kurzer Besichtigung einen gebrauchten, blauen Jahreswagen Golf VI für € 10.000, da das Modell in dieser Farbe besonders gut läuft. Die Lieferung an K soll eine Woche später erfolgen. Eine Woche später liefert H den Golf VI aus. Wie K jedoch erst nach Lieferung bemerkt, hat der Golf am linken unteren Heck einen 60 cm langen und tiefen Kratzer. Nachdem K den Schaden bemerkt hat, verlangt er von H Lieferung eines gleichartigen Jahreswagens Golf VI. Auf eine Nachbesserung will er sich wegen der unsicheren Wirkung auf potentielle Kunden nicht einlassen. H meint, er könne einen gleichartigen Jahreswagen derzeit nicht auftreiben. Rechtslage?

a) K liefert dem H nicht den gekauften blauen Golf VI, sondern versehentlich einen blauen Golf V. Der blaue Golf VI steht noch auf dem Hof des H.

---

149 *BGH* NJW 1962, 1907, 1908; *Medicus*, BGB AT, Rn. 803.
150 MünchKomm/*Kramer*, § 119 Rn. 129; Staudinger/*Singer*, § 123 Rn. 23.

b) Wie Variante 1, nur hat ein Angestellter des H den blauen Golf VI just in dem Zeitpunkt, als der Golf V ausgeliefert wird, anderweitig verkauft und übereignet. H könnte jedoch beim Großhändler G kurzfristig einen gleichalten, blauen Golf VI mit nahezu demselben Kilometerstand besorgen.

c) Der Kaufvertrag wird erst nach einer gründlichen Besichtigung und technischen Untersuchung des Golfs durch den K auf dem Hof des H geschlossen. K hatte das Auto zum möglichen Weiterverkauf an einen Stammkunden ausersehen, wovon er dem H anlässlich der Untersuchung auch berichtet. Zwei Tage später verkauft und übereignet H das Auto anderweitig. Die Ersatzbeschaffung bei G wäre ihm auch in dieser Variante möglich.

2. Problemlage

a) Mangelhaft erfüllte Stückschulden gem. § 434 Abs. 1 und Abs. 2 BGB

Der Käufer einer mangelhaften Sache kann gem. §§ 437 Nr. 1, 439 Abs. 1 BGB von dem Verkäufer die Nachlieferung einer mangelfreien Sache oder die Nachbesserung der gelieferten Sache verlangen. Die Wahl liegt – unter den Einschränkungen des § 439 Abs. 3 BGB – beim Käufer. Wählt der Käufer Nachlieferung, ist dies bei Gattungsschulden unproblematisch. Der Verkäufer kann in diesem Fall auf eine andere, mangelfreie Sache derselben Gattung zurückgreifen. Handelte es sich um einen Stückkauf, so scheint eine Nachlieferung von vornherein auszuscheiden, weil die ordnungsgemäße Erfüllung ja offenbar nur mit der zum Vertragsgegenstand gemachten Sache möglich ist.

Gleichwohl darf man nicht übersehen, dass die Grenzen zwischen Gattungskauf und Stückschuld mitunter fließend sind. Ob der Käufer dem Verkäufer sagt „Liefere aus der Gattung", oder ob er gleich selbst ein einzelnes Stück aus einer Gattung auswählt und dieses erwirbt, ist mitunter von Zufälligkeiten abhängig. Vor diesem Hintergrund erkennt die h.M. in bestimmten Fällen auch beim Stückkauf eine Nachlieferungsmöglichkeit und einen dahingehenden Anspruch des Käufers an.

Der **BGH** (NJW 2006, 2839) hat bestätigt, dass auch beim Stückkauf eine Nacherfüllung grundsätzlich möglich ist. Dies gilt zunächst für neue und neuwertige Sachen. Begründet wird dies mit dem unterschiedslosen Wortlaut des § 439 Abs. 1 BGB sowie den Erörterungen des Problems in den Materialien des Gesetzgebungsverfahrens und in den Erwägungen zur Verbrauchsgüterkaufrichtlinie. In den Materialien heißt es, dass eine Ersatzlieferung für gebrauchte Sachen „im Regelfall" und „zumeist"[151] bzw. „im Allgemeinen"[152] ausgeschlossen sei, woraus der BGH den Gegenschluss zieht, dass sie für neue und neuwertige Sachen nicht grundsätzlich ausgeschlossen ist. Darüber hinaus beruft sich der BGH auf die tragende Rolle des „Rechtes zur zweiten Andienung", einem Kernstück der Kaufrechtsreform im Zuge der Schuldrechtsmodernisierung. Daher müsse auch dem Interesse des Verkäufers Rechnung getragen werden, ggf. durch Nachlieferung seiner Erfüllungspflicht nachzukommen.

---

[151] Begründung des Regierungsentwurfs, BT-Drs. 14/6040, 232.

[152] Erwägungsgrund 16 zur VerbrauchsgüterkaufRL, ABl.EG Nr. L 171 vom 7.7.1999, S. 12 ff.

Insgesamt gelten für die Möglichkeit einer **Nachlieferung bei Stückschulden** folgende Voraussetzungen:[153]

1. Die Ersetzbarkeit der Sache
2. Ein gattungsähnlicher Kauf
3. Erfüllungstauglichkeit der ersetzenden Sache
4. Verkäufer muss zur Beschaffung in der Lage sein (das bloße Fehlen einer vergleichbaren Sache im aktuellen Bestand des Verkäufers genügt noch nicht für eine Unmöglichkeit der Nacherfüllung gem. § 275 BGB, wenn er eine solche mit vertretbarem Aufwand beschaffen kann)[154]

Nach Maßgabe dieser Grundsätze ist der BGH demgegenüber bei gebrauchten Kaufsachen zurückhaltend. Im Fall des BGH ging es um einen zuvor vom Käufer besichtigten Gebrauchtwagen, der sich später als mangelhaft herausstellte. Der Senat verneint die Möglichkeit einer Nachlieferung mit dem Argument, die Umstände der Fahrzeugbesichtigung legten den Schluss nahe, dem Käufer sei es gerade auf das konkrete Fahrzeug angekommen, von dessen technischem Zustand und Erscheinungsbild er sich persönlich habe überzeugen können. Die Nachlieferung mit einem vermeintlich gleichwertigen Wagen komme in solchen Fallkonstellationen deswegen „in der Regel" nicht in Betracht.[155] Auch bei gebrauchten Gegenständen ist demnach das die Nachlieferung nicht zwingend ausgeschlossen. Immerhin kann es Fälle geben, in denen durchaus ein gleichartiges, wirtschaftlich gleichwertiges Äquivalent durch den Verkäufer beschafft werden könnte. Hier kann es *im Einzelfall* interessengerecht sein, einen Anspruch auf Nachlieferung anzunehmen, da z.B. ein Gebrauchtwagenkäufer möglicherweise nur am Kauf und Erwerb eines Autos einer bestimmten Marke, in einem bestimmten Alter, Zustand sowie mit einer gewissen Kilometerleistung interessiert ist.

Doch wie die Zurückhaltung des BGH zeigt, treten beim Kauf gebrauchter Güter – auch jenseits des Gebrauchtwagenkaufs – regelmäßig Schwierigkeiten auf, ob eine andere gebrauchte Sache tatsächlich gleichartig und gleichwertig ist sowie ob deren Lieferung wirklich im Interesse beider Parteien liegt und als Erfüllung des Vertrages verstanden werden kann.[156]

Eine **andere, im Schrifttum vertretene Ansicht** lehnt den Anspruch auf Nachlieferung beim Stückkauf ganz grundsätzlich ab, da jede andere Sache aufgrund der Parteivereinbarung zur Erfüllung der vertraglichen Verpflichtung nicht geeignet sei.[157] Folgt man dieser Ansicht, wäre die Erfüllung des Anspruchs auf Nachlieferung unmöglich, und der Käufer auf den Anspruch auf Nachbesserung beschränkt.

b) Die Aliudlieferung gem. § 434 Abs. 3 Alt. 1 BGB

Die rechtliche Beurteilung des Stückkaufs wird weiter verkompliziert, wenn der Verkäufer nicht mit der vom Käufer ausgewählten Sache erfüllen will, sondern mit einem Aliud.

Bevor ein Anspruch auf Nachlieferung gemäß §§ 437 Nr. 1, 439 BGB in Betracht kommt, ist zunächst zu klären, ob überhaupt eine mangelhafte Sache i.S.d. § 434 BGB geleistet worden ist. Nur wenn man dies bejaht, stehen dem Käufer die Män-

---

153 Angelehnt an PWW/*Schmidt*, § 439 Rn. 27.
154 *OLG Braunschweig* NJW 2003, 1053, 1054.
155 So der Leitsatz von *BGH* NJW 2006, 2839.
156 Mit ähnlichen Erwägungen: *Wertenbruch*, LMK 2007, 209557.
157 *Lorenz*, JZ 2001, 742, 744; *Gruber*, JZ 2005, 707, 709 ff.

gelrechte einschließlich des Anspruchs auf Nachlieferung zu, der sich dann auf die Lieferung der im Kaufvertrag festgelegten Sache richtet. Verneint man die Frage, besteht der primäre Erfüllungsanspruch, d.h. der Anspruch aus § 433 Abs. 1 S. 1 BGB auf Übergabe und Übereignung der gekauften Sache, fort, weil das Aliud schon im Ansatz nicht erfüllungstauglich war.

Die Frage ist unter § 434 Abs. 3 Alt. 1 BGB zu lösen. Danach steht es einem Sachmangel gleich, wenn der Verkäufer eine andere (als die gekaufte) Sache liefert.

Nach dem Gesetzeswortlaut, den Begründungen der Regierungsvorlage und der inzwischen wohl **herrschenden Meinung**[158] gilt § 434 Abs. 3 Alt. 1 BGB nicht nur für die Lieferung aus der falschen Gattung, sondern auch für den Stückkauf. Das soll sogar bei extremen Abweichungen gelten, so z.B. bei der Lieferung eines Schafes anstelle eines Pferdes. Durch diese sehr weite Auslegung werden Schwierigkeiten bei der Abgrenzung zwischen Aliud (Falschlieferung) und Minus (Schlechtleistung i.S.d. § 434 Abs. 1 BGB) vermieden. Vorausgesetzt wird allerdings der Wille des Verkäufers, mit der Lieferung des Aliuds seine Pflicht aus dem zwischen den Parteien geschlossenen Kaufvertrag zu erfüllen (Tilgungsbestimmung). Zudem bleibt das Recht des Käufers unberührt, die Lieferung schon gar nicht anzunehmen, sondern von vornherein zurückzuweisen – dann kommt es nicht zum Gefahrübergang und es bleibt bei dem Anspruch aus § 433 Abs. 1 S. 1 BGB.

Eine **andere Auffassung** lehnt die Anwendung von § 434 Abs. 3 Alt.1 BGB auf Stückschulden ab.[159] Begründet wird dies unter anderem damit, dass in diesen Fällen die Durchführung sämtlicher vom Gesetz angeordneter Mangelfolgen gar nicht möglich sei. Eine verhältnismäßige Minderung sei beispielsweise ausgeschlossen, wenn statt bestellten Rotweins ein Pferd geliefert werde. Folgt man dieser Auffassung, so erlischt der primäre Erfüllungsanspruch des Käufers (§ 433 Abs. 1 S. 1 BGB) durch die Aliudlieferung nicht. Die gelieferte Sache muss nach § 812 Abs. 1 S. 1. Alt. 1 BGB zurückgegeben werden.

Im Ergebnis bekommt bzw. behält der Käufer nach beiden Ansichten zu allererst einen Anspruch auf Lieferung der vertraglich vereinbarten Sache. Der Unterschied liegt v.a. auf dem Gebiet der Verjährung. Der Nachlieferungsanspruch des §§ 437 Nr. 1, 439 Abs. 1 BGB verjährt gem. § 438 Abs. 1 Nr. 3 BGB in zwei Jahren ab Ablieferung der Sache. Belässt man demgegenüber bei dem primären Erfüllungsanspruch, so verjährt dieser gem. §§ 195, 199 BGB in drei Jahren.

3. Lösung

Bei dem Kauf handelt es sich um einen Stückkauf. Der gelieferte Golf ist mangelhaft i.S.d. § 434 Abs. 1 S. 2 Nr. 1 BGB. Auch bei einem Stückkauf gebrauchter Sachen kommt nach Auffassung des BGH ein Anspruch auf Nachlieferung gem. §§ 437 Nr. 1, 439 BGB ausnahmsweise in Betracht, wenn es sich um einen gattungsähnlichen Kauf handelt und das Erfüllungsinteresse des K auf diese Weise befriedigt werden kann. Davon mag man im Ausgangsfall ausgehen, weil es K vor allem auf die

---

158 Palandt/*Weidenkaff*, § 434 Rn. 52a; Bamberger/Roth/*Faust*, § 434 Rn. 107; *Musielak*, NJW 2003, 89; *Tiedke/Schmitt*, JZ 2004, 1092 f.

159 *Medicus/Petersen*, Bürgerliches Recht, Rn. 288, der jedenfalls bei extremen Abweichungen den primären Erfüllungsanspruch bestehen lassen will.

Farbe ankam. Allerdings ist die Nachlieferungspflicht gemäß § 275 Abs. 1 BGB ausgeschlossen, weil dem H die Beschaffung eines gleichartigen und gleichwertigen Golf VI unmöglich ist. K ist mithin auf die übrigen Mängelrechte beschränkt.

a) Nach den Grundsätzen der herrschenden Meinung ist der gelieferte blaue Golf V als Aliud zum gekauften Golf VI mangelhaft gem. § 434 Abs. 3 Alt. 1 BGB, so dass K von H die Nachlieferung des richtigen Golfes aus §§ 437 Nr. 1, 434 Abs. 3 Alt. 1, 439 Abs. 1 BGB verlangen kann. Der ursprüngliche Anspruch auf Übergabe und Übereignung des Golf VI aus § 433 Abs. 1 S. 1 BGB setzt sich daher im Nacherfüllungsanspruch fort. Dieser Anspruch verjährt gem. § 438 Abs. 1 Nr. 3 BGB in 2 Jahren ab Ablieferung der Sache, § 438 Abs. 2 BGB. Da der richtige Golf VI noch auf dem Hof des H steht, kann er den Nachlieferungsanspruch unproblematisch erfüllen.

b) Auch in dieser Konstellation hat K einen Nachlieferungsanspruch aus §§ 437 Nr. 1, 434 Abs. 3 Alt. 1, 439 Abs. 1 BGB. Dieser Anspruch bezieht sich zunächst auf die Lieferung des gekauften Golf VI. Da dieser jedoch anderweitig wirksam übereignet wurde, ist die Lieferung mit diesem Golf unmöglich geworden. Fraglich ist daher, ob H den Nachlieferungsanspruch mit einem gleichartigen Golf VI erfüllen darf und kann. Dazu sind die oben vorgestellten Voraussetzungen zu prüfen und der Vertrag zwischen den Parteien gem. §§ 133, 157 BGB auszulegen. Grundsätzlich ist ein gebrauchter, blauer Golf VI eine ersetzbare Sache, da es davon eine größere Menge am Markt gibt. Im konkreten Fall spricht das Interesse des K, sein Sortiment den Marktwünschen anzupassen, dafür, dass es ihm nicht ausschließlich auf den konkreten Golf VI ankam. Mit einem gleichwertigen Auto ist seinen Zwecken genauso gedient [stets Einzelfallfrage, a.A. vertretbar]. Insoweit handelte es sich um einen gattungsähnlichen Kauf. Der von G beschaffte Golf ist erfüllungstauglich. Im Ergebnis hat K einen Anspruch auf Nachlieferung, den H mit dem bei G zu beschaffenden Wagen erfüllen kann.

c) In der Variante 3 ist problematisch, ob es sich bei dem zwischen K und H geschlossenen Vertrag um einen gattungsähnlichen Kauf handelt. Die Frage ist zu verneinen. Das Interesse des K richtete sich gerade auf jenen Golf, den er bei dem H auf dem Hof besichtigt und inspiziert hatte. Ihm war gerade daran gelegen, einen einwandfreien Gebrauchtwagen an seinen Stammkunden weiterzuveräußern. Der bei G beschaffbare Golf ist daher kein tauglicher Gegenstand, um die Nachlieferungspflicht des H aus §§ 437 Nr. 1, 434 Abs. 3 Alt. 1, 439 Abs. 1 BGB zu erfüllen. Daher ist die Nacherfüllung insgesamt unmöglich.

K kann von H Schadensersatz gem. §§ 437 Nr. 3, 280 Abs. 1, 283 S. 1 BGB verlangen. Alternativ kann er gemäß § 275 Abs. 4 i.V.m. § 326 Abs. 5 BGB vom Vertrag zurücktreten, der dann gemäß §§ 437 Nr. 2, 323, 346 ff. BGB zurückabgewickelt wird. Gem. § 325 BGB schließt der Rücktritt die Geltendmachung von Schadensersatz nicht aus, so dass K beide Ziele parallel verfolgen kann.

II. Abgrenzung von Schadensersatz statt der Leistung und Schadensersatz neben der Leistung

Literatur: *Betz*, Die Möglichkeit der Schadensberechnung entweder nach der Differenzmethode oder nach der Surrogationsmethode, JA 2006, 60; *Grigoleit/Riehm*, Der mangelbedingte Betriebsausfallschaden im System des Leistungsstörungsrechts, JuS 2004, 745; *Hirsch*, Schadensersatz statt der Leistung, Jura 2003, 289; *St. Lorenz*, Schadensarten bei der Pflichtverletzung, JuS 2008, 203; *Mankowski*, Die Anspruchsgrundlage für den Ersatz von „Mangelfolgeschäden" (Integritätsschäden), JuS 2006, 481; *Schulze/Ebers*, Streitfragen im neuen Schuldrecht, JuS 2004, 265, 366, 462.

1. Grundfälle

Kunde K kauft bei Verkäufer V einen neuen Flachbildfernseher und zahlt sogleich den Kaufpreis. Da der Fernseher sehr groß und schwer ist, vereinbaren V und K, dass V dem K das Gerät in seine Wohnung liefern soll. Bei der Lieferung stoßen die Angestellten des V grob fahrlässig mit dem Gerät an eine teure Ming-Vase des K im Wert von € 2.500, die herunterfällt und zerbricht. Wenige Tage später bemerkt K, dass es bei dem Gerät immer wieder zu Bildstörungen kommt, die den Fernsehgenuss ganz erheblich mindern. Er verlangt von V die Lieferung eines neuen, mangelfreien Gerätes unter Setzung einer angemessenen Frist sowie Zahlung von € 2.500 für die Ming-Vase. V reagiert wochenlang überhaupt nicht, ignoriert auch eine zweite Frist und zahlt die verlangte Summe nicht.

a) Das gelieferte Gerät hat einen Elektronikdefekt. Nach wenigen Wochen kommt es zu einem Kabelbrand. Das Gerät fängt Feuer und wird zerstört. Außerdem fangen die teuren Gardinen des K Feuer. Sie brennen ebenfalls ab.

b) (nach *BGH* NJW 2009, 2674): K kauft von V ein bebautes Grundstück, das bisher als Bürohaus und Lager eines Verlagshauses genutzt wurde. Im Kaufvertrag garantiert V dem K, dass der gegenwärtigen Nutzung keine öffentlich-rechtlichen Vorschriften entgegenstehen. Einige Wochen nach dem Kaufabschluss schließt K mit A einen Mietvertrag über das Grundstück. Darin garantiert K dem A seinerseits die fortgesetzte Nutzbarkeit des Hauses als Büro und Lager. K und A einigen sich auf eine Monatsmiete von € 9.000 für eine Laufzeit von zehn Jahren. Wenig später muss K feststellen, dass er Schwierigkeiten hat, eine amtliche Bescheinigung zu erhalten, die ihm bestätigt, dass in der geplanten Nutzung keine Zweckentfremdung von Wohnraum vorliegt. Außerdem stellt sich heraus, dass für die Nutzung des Gebäudes als Büro keine Baugenehmigung vorliegt. Wegen dieser Probleme wird der Vertrag mit A nicht mehr vollzogen und einverständlich aufgehoben. Zwar gelingt es K innerhalb von drei Monaten, einen anderen Mieter zu finden, nachdem V die zur Erteilung der Bescheinigungen erforderlichen Unterlagen nachgereicht hat. Der neue Mieter ist jedoch nur zur Zahlung von € 7.000 im Monat über eine Laufzeit von 10 Jahren bereit. Den dadurch entstandenen Schaden (€ 240.000) verlangt K von V ersetzt.

2. Problemlage

Das BGB kennt in § 280 Abs. 3, 281-283, 311a Abs. 2 BGB den Begriff des „Schadensersatzes statt der Leistung" sowie denjenigen des „Schadensersatzes statt der ganzen Leistung" (§ 281 Abs. 1 S. 3 BGB). Ein Anspruch auf Schadensersatz statt der Leistung setzt gemäß § 280 Abs. 3 BGB voraus, dass neben § 280 Abs. 1 BGB auch noch die Anforderungen nach §§ 281–283 BGB erfüllt sein müssen; § 311a Abs. 2 BGB behandelt den Sonderfall des anfänglichen Unvermögens.

Als Gegenbegriff zum Schadensersatz statt der Leistung wird häufig der Begriff „Schadensersatz neben der Leistung" gebraucht. Er umfasst namentlich die Schadenspositionen, die sich aus einer Verletzung einer Pflicht i.S.d. § 241 Abs. 2 BGB ergeben, sowie ferner die nach §§ 280 Abs. 2, 286 BGB ausgleichfähigen Verzögerungsschäden. Die wichtigsten Fälle des Schadensersatzes neben der Leistung betreffen den Ersatz von Schäden an Gegenständen und Rechtsgütern des Gläubigers, die mit dem Hauptleistungsgegenstand nicht identisch sind, sowie Schutzpflichtverletzungen.

Das Gesetz kennt den Begriff des Schadensersatzes neben der Leistung allerdings nicht, so dass gar die Auffassung vertreten wird, der Begriff habe keine klärende Funktion und man solle am besten ganz auf ihn verzichten.[160]

Ein Charakteristikum des Schadensersatzes statt der Leistung in den Fällen des § 281 BGB ist, dass Schadensersatz statt der Leistung grundsätzlich erst nach erfolgloser Fristsetzung verlangt werden darf. Auf diese Weise wird vor allem das „Recht zur zweiten Andienung" des Schuldners der Sachleistung abgesichert, das dazu führt, dass ein Schuldner erst nach erfolgloser Fristsetzung Schadensersatz nach §§ 280 Abs. 1, 3, 281 Abs. 1 BGB verlangen kann. Verlangt der Gläubiger sodann Schadensersatz statt der Leistung, ist der Anspruch auf die Leistung, d.h. z.B. der Anspruch nach § 433 Abs. 1 S. 1 BGB auf Übergabe und Übereignung, ausgeschlossen, § 281 Abs. 4 BGB.

Schwierig ist mitunter die Abgrenzung zwischen Schadensersatz statt der Leistung unter § 281 BGB und Schadensersatz neben der Leistung unter §§ 280 Abs. 1, 241 Abs. 2 BGB sowie Ersatz des Verzögerungsschadens unter §§ 280 Abs. 1, 2, 286 BGB.

Hierfür gelten beim Kauf folgende **Grundsätze:**

1. Geht es um Schäden, die aus einem Mangel der Kaufsache herrühren, so gilt § 281 BGB (bzw. ggf. §§ 283, 311a Abs. 2 BGB bei Unmöglichkeit der Nacherfüllung) für den eigentlichen Mangelschaden (über die Verweisung in § 437 Nr. 3 BGB). Der Mangelfolgeschaden, d.h. der Schaden, der an anderen Rechtsgüter des Käufers als am Kaufgegenstand selbst eintritt, wird demgegenüber über §§ 280 Abs. 1, 241 Abs. 2 BGB ersetzt (ebenfalls! über die Verweisung in § 437 Nr. 3 BGB). Geht es nämlich um die körperliche Integrität des Käufers oder um den Schutz seiner Vermögensinteressen, lautet der primäre Vorwurf, dass der Käufer auf diese Rechtsgüter und Interessen nicht genügend Rücksicht genommen hat.

Als Faustformel für die Abgrenzung bietet sich die Überlegung an, ob ein Schadensersatzanspruch an die Stelle der Leistung tritt oder neben dem Leistungsanspruch geltend gemacht werden soll.[161] Letzteres trifft vor allem auf Verletzungen des Integritätsinteresses des Käufers zu. Ferner gilt: Was durch Nacherfüllung nicht behoben/beseitigt werden kann, führt in jedem Fall zum Schadensersatz neben der Leistung (so beispielsweise die Ming-Vase im Ausgangsfall oder die Gardinen in Variante 1).

2. Schwierig ist die Beurteilung des sogenannten Betriebs- oder Nutzungsausfallschadens. Der **Betriebsausfallschaden** kennzeichnet den Schaden, der beim Gläubiger dadurch entsteht, dass er wegen der Mangelhaftigkeit der Sache diese nicht in der angestrebten Weise nutzen kann, solange die Nacherfüllung nicht erfolgt ist.

Hier geht es um die Frage, unter welchen Voraussetzungen ein Käufer, der am Vertrag festhält und daher keinen Schadensersatz statt der Leistung verlangt (sonst gilt

---

160 PWW/*Schmidt-Kessel*, § 280 Rn. 7.

161 *Looschelders*, Schuldrecht AT, Rn. 565 und 572.

§ 281 BGB![162]), den Nutzungsausfall ersetzt verlangen kann: nach § 280 Abs. 1 BGB oder nur nach §§ 280 Abs. 2, 286 BGB?

Eine Ansicht[163] sieht in der Lieferung einer mangelhaften Sache eine Verzögerung der geschuldeten mangelfreien Leistung. Schäden die aus dieser Verzögerung resultierten, seien erst mit Eintritt des Verzugs ersatzfähig, so dass eine Mahnung zur Nacherfüllung erforderlich sei. Begründet wird dies vor allem mit der Überlegung, ein Käufer, der gar nichts liefere, dürfe nicht besser stehen als derjenige, der immerhin mangelhaft leiste.

Die wohl **herrschende Meinung einschließlich des BGH**[164] geht hingegen davon aus, dass der Käufer Ersatz vom Verkäufer nach §§ 437 Nr. 3, 280 Abs. 1 BGB verlangen kann, so dass es auf die Voraussetzungen des Verzugs nicht ankommt. Die Schlechtleistung soll danach nicht der verzögerten Erfüllung gleichzustellen sein, sondern sie sei dazu gewissermaßen ein Aliud. Die h.M. begründet dieses Ergebnis vor allem mit dem Willen des Gesetzgebers.[165] In den Gesetzgebungsmaterialien findet sich das Beispiel einer mangelhaften Maschine, deren verzögerte Inbetriebnahme zu einem Betriebsausfallschaden führt. Dieser Schaden soll laut den Materialien unmittelbar nach § 280 Abs. 1 BGB zu ersetzen sein. Darüber hinaus wird vom BGH die Interessenlage betont. Es sei zu unterscheiden, ob der Schuldner lediglich untätig bleibt oder ob er zwar leistet, die Leistung aber fehlerhaft erbringt. Vor den Folgen einer Säumnis könne sich der Käufer regelmäßig dadurch schützen, dass er einen kalendermäßig bestimmten Termin für die Lieferung vereinbart oder den Verkäufer bei Ausbleiben der Leistung mahnt. Diese Möglichkeiten bestünden bei einer mangelhaften Lieferung regelmäßig nicht, weil der Mangel vielfach erst bemerkt werden könne, wenn die Kaufsache ihrer Verwendung zugeführt wird. Ein mangelbedingter Nutzungsausfall lasse sich dann häufig nicht mehr abwenden. Im Ergebnis liege deshalb in der Haftung nach § 280 Abs. 1 BGB keine unangemessene Benachteiligung des Verkäufers.

3. Der Anspruch auf Schadensersatz statt der Leistung ist auf das positive Interesse gerichtet. Der Gläubiger ist so zu stellen, wie er stünde, wenn ordnungsgemäß erfüllt worden wäre.[166] Die Abwicklung des Schadensersatzes statt der Leistung erfolgt bei gegenseitigen Verträgen nach Wahl des Gläubigers entweder nach der sog. Surrogationstheorie oder nach der Differenzmethode. Der Gläubiger kann entweder seine eigene Gegenleistung noch erbringen bzw. die Gegenleistung beim Schuldner belassen und dann wegen eines darüber hinausgehenden Schadens Ausgleich in Geld verlangen. Alternativ darf der Gläubiger darauf verzichten, seine Gegenleistung noch zu erbringen und dann wegen seines gesamten Schadens, der durch Ausfall der Leistung entsteht, Schadensersatz verlangen.

Geht es um die Leistung „nicht wie geschuldet", also um Fälle mangelhafter Leistung, so ist die Einschränkung des § 281 Abs. 1 S. 3 BGB zu beachten. Ein Anspruch auf Schadensersatz statt der ganzen Leistung (der „große Schadensersatz") ist bei lediglich unerheblichen Pflichtverletzungen ausgeschlossen. Der Gläubiger ist auf Ersatz des mangelbedingten Nachteils beschränkt und kann über den Schadensersatz nicht den gesamten Leistungsaustausch hinfällig machen. Liefert V z.B. einen

---

162 *BGH* ZIP 2010, 1449.

163 Ausführliche Nachweise bei *BGH* NJW 2009, 2674, 2675.

164 *BGH* NJW 2009, 2674, 2675 m.w.N.

165 Begründung des Regierungsentwurfs, BT-Drs. 14/6040, 224 f.

166 *BGH* NJW 1998, 2901, 2903.

PKW mit defektem Navigationssystem und handelt es sich dabei annahmegemäß um eine lediglich unerhebliche Pflichtverletzung, darf K nach erfolgloser Nacherfüllung die Kosten für die Anschaffung eines anderen Navigationssystems verlangen, nicht aber gleich einen anderen PKW im Wege eines Deckungsgeschäfts kaufen und dann Ersatz der Mehrkosten verlangen.[167]

3. Lösung

Wegen des defekten Fernsehers hat K einen Anspruch auf Schadensersatz statt der ganzen Leistung gem. §§ 280 Abs. 1, 3, 281 Abs 1 S. 1 BGB. Eine angemessene Frist zur Nacherfüllung hat K gesetzt. Auch die Voraussetzungen von § 280 Abs. 1 BGB (Schuldverhältnis, Pflichtverletzung, Vertretenmüssen) liegen vor. Der Anspruch auf Schadensersatz statt der ganzen Leistung ist auch nicht gem. § 281 Abs. 1 S. 3 BGB ausgeschlossen. Eine Bildstörung in dem beschriebenen Ausmaß ist nicht lediglich unerheblich.

Wegen der Zerstörung seiner Ming-Vase steht K ein Anspruch auf Schadensersatz neben der Leistung aus §§ 280 Abs. 1, 241 Abs. 2 BGB zu. Die Zerstörung der Vase ist eine Pflichtverletzung, die dem V über § 278 S. 1 BGB zugerechnet wird. Der V kann sich auch nicht gem. § 280 Abs. 1 S. 2 BGB exkulpieren, da ihm die grobe Fahrlässigkeit seiner beiden Angestellten, die in Erfüllung seiner Lieferpflicht aus dem Kaufvertrag gehandelt haben, ebenfalls über § 278 S. 1 BGB zugerechnet wird.

In der Klausur sollten Sie hinsichtlich der Ming-Vase auch noch an mögliche Ansprüche wegen unerlaubter Handlung gem. §§ 823 ff. BGB denken.

a) Der Unterschied zum Ausgangsfall liegt darin, dass der Einstieg über § 437 Nr. 3 BGB zu suchen ist. Bestand im Ausgangsfall keinerlei Zusammenhang zwischen dem Sachmangel (der Bildstörung) und der Zerstörung der Ming-Vase, liegt der Fall hier anders: Die Zerstörung der teuren Gardinen ist eine direkte und unmittelbare Folge des Sachmangels (Elektronikdefekt), weil dieser den Brand verursachte (Mangelfolgeschaden). Wegen dieses Schadens kann Ersatz aus §§ 437 Nr. 3, 280 Abs. 1, 241 Abs. 2 BGB verlangt werden. Eine Fristsetzung nach § 281 BGB ist in diesem Fall nach ganz h.M. entbehrlich. Sie verspräche auch kein sinnvolles Ergebnis: Die Zerstörung der Gardinen ist unwiederbringlich und kann durch Nachbesserung oder Nachlieferung auch nicht mehr verhindert werden.[168]

Wegen des defekten Fernsehers selbst kann K von V die Nachlieferung eines neuen, mangelfreien Geräts gem. §§ 437 Nr. 1, 434 Abs. 1 S. 2 Nr. 1, 439 Abs. 1 BGB verlangen.

b) Nach Auffassung des BGH[169] kann K von V den mangelbedingten Nutzungsausfall nach §§ 437 Nr. 3, 280 Abs. 1 BGB ersetzt verlangen und damit unabhängig von den Verzugsvoraussetzungen. Der Schaden tritt in dem Zeitraum vor der durch Vorlage der Unterlagen erfolgten Nacherfüllung durch V ein.

---

167 Fallbeispiel bei *Looschelders*, Schuldrecht AT, Rn. 627.
168 PWW/*Schmidt-Kessel*, § 280 Rn. 53.
169 *BGH* NJW 2009, 2674.

III. Beiderseits zu vertretende Unmöglichkeit

Literatur: *Coester-Waltjen*, Die Gegenleistungsgefahr, Jura 2007, 110; *Faust*, Von beiden Teilen zu vertretende Unmöglichkeit, JuS 2001, 133; *Looschelders*, Die Verteilung des Schadens bei beiderseits zu vertretender Unmöglichkeit, JuS 1999, 949; *Stoppel*, Die beiderseits zu vertretende Unmöglichkeit, Jura 2003, 224.

1. Grundfall

K kauft bei V eine Vase. Als V dem K die Vase übergeben will, fällt diese durch die Ungeschicklichkeit von Verkäufer und Käufer herunter und zerspringt in viele Einzelteile. Die Verantwortlichkeit an dem Missgeschick verteilt sich auf Käufer und Verkäufer im Verhältnis $^1/_3$ zu $^2/_3$.

2. Problemlage

Die Unmöglichkeit der Leistung kann vom Gläubiger oder vom Schuldner oder von beiden zu vertreten sein. Der Fall der von beiden Parteien zu vertretenden Unmöglichkeit ist im Gesetz nicht eindeutig geregelt. Die §§ 326 Abs. 1 S. 1 und 326 Abs. 2 S. 1 Alt. 1 BGB regeln nur die Fälle, in denen eine Partei alleine, oder jedenfalls weit überwiegend, die Unmöglichkeit zu vertreten hat. Von einer überwiegenden Verantwortlichkeit geht man dann aus, wenn eine Abwägung nach § 254 BGB zur gänzlichen Entlastung des Schuldners führen würde[170]; der Beitrag des anderen Teils muss also vernachlässigenswert gering sein. Daher hat die beiderseits zu vertretende Unmöglichkeit in § 326 Abs. 2 BGB keine abschließende Regelung erfahren.

Die direkte und unreflektierte Anwendung der §§ 326 Abs. 1 und Abs. 2 BGB auf Fälle der beiderseits zu vertretenden Unmöglichkeit erscheint nicht sachgerecht, da sie in jedem Fall eine der beiden Parteien benachteiligen würde: bei Anwendung von § 326 Abs. 1 BGB verlöre der Schuldner (Verkäufer) seinen Gegenleistungsanspruch vollständig, bei § 326 Abs. 2 BGB behielte er ihn. Zur sachgerechten Lösung des Problems werden daher mehrere Wege vorgeschlagen, u.a. die folgenden:

Eine Ansicht[171] belässt dem Schuldner der unmöglich gewordenen Leistung einen Anspruch auf die Gegenleistung entsprechend § 326 Abs. 2 BGB – ihr folgte auch die Rechtsprechung zum alten Recht.[172] Dieser Anspruch entfällt allerdings analog § 254 BGB in dem Umfang, in dem der Schuldner für die Unmöglichkeit verantwortlich ist.[173] Daneben wird dem so gekürzten Anspruch auf die Gegenleistung der Schadensersatzanspruch des Gläubigers der unmöglich gewordenen Leistung (§§ 280 Abs. 1, 3, 283 BGB) gegenübergestellt, wobei auch der Verschuldensanteil dieser Partei im Rahmen des Mitverschuldens berücksichtigt wird. Im Ergebnis werden diese beiden, jeweils gekürzten Ansprüche dann miteinander verrechnet.

---

170 PWW/*Medicus*, § 326 Rn. 15.

171 *Lorenz/Riehm*, Rn 350 ff.; *Stoppel*, Jura 2003, 224, 227.

172 So z.B. *OLG Frankfurt a.M.* NJW-RR 1995, 435.

173 Analog, weil der Kaufpreisanspruch kein Schadensersatzanspruch ist. *Stoppel*, Jura 2003, 224, 227, will nicht § 254 BGB anwenden, sondern er entnimmt § 326 Abs. 2 BGB eine Beschränkung des Erhalts des Gegenleistungsanspruchs auf den Teil, der dem Verschuldensanteil des Gläubigers der Leistung entspricht.

Gegen diese Ansicht spricht, dass § 326 Abs. 1 BGB das vollständige Erlöschen des Gegenleistungsanspruchs anordnet, soweit eben nicht die Ausnahmeregel des § 326 Abs. 2 BGB eingreift.

Nach wohl **herrschender Lehre**[174] zum neuen Recht geht auch in den Fällen beiderseits zu vertretender Unmöglichkeit der Anspruch des Schuldners der unmöglich gewordenen Leistung auf die Gegenleistung gemäß § 326 Abs. 1 BGB unter. Um die Härte dieses Ergebnisses zu vermeiden, soll aber beiden Parteien jeweils ein Schadensersatzanspruch gegen die jeweils andere zustehen. Dieser kann sich für den Gläubiger der Leistung aus §§ 280 Abs. 1, 3, 283 BGB oder für den Schuldner aus §§ 280 Abs. 1, 241 BGB wegen Verletzung einer Rücksichtnahmepflicht ergeben (der Schaden des Schuldners liegt gerade darin, dass er seinen Gegenleistungsanspruch nach § 326 Abs. 1 BGB vollständig verliert). In allen Fällen ist das Mitverschulden gem. § 254 BGB zu bedenken. Abschließend werden die so ermittelten Ansprüche der Parteien miteinander saldiert. Für diese Lehre spricht, dass sie die jeweiligen Anspruchspositionen zunächst sauber voneinander trennt und dabei nicht auf eine Analogie zu § 254 BGB angewiesen ist.

3. Lösung

Folgt man der **ersten Ansicht**, behält der Verkäufer der Vase analog § 326 Abs. 2 BGB seinen Anspruch auf den Kaufpreis. Der Anspruch wird aber analog § 254 Abs. 1 BGB um den Verschuldensanteil des Verkäufers von $^2/_3$ gekürzt. Dem Käufer steht seinerseits ein Anspruch auf Schadensersatz aus §§ 280 Abs. 1, 3, 283 BGB zu, der um das eigene Mitverschulden von $^1/_3$ gekürzt wird.

Die **Lehre** versagt dem Verkäufer gem. § 326 Abs. 1 BGB den Anspruch auf den Kaufpreis. Sie billigt dem Käufer einen Schadensersatzanspruch aus §§ 280 Abs. 1, 3, 283 BGB zu, dem Verkäufer gemäß §§ 280 Abs. 1, 241 Abs. 2 BGB. Bei beiden Ansprüchen ist das Mitverschulden gem. § 254 BGB zu berücksichtigen.

Die **Rechtsprechung** geht vom Schadensersatzanspruch des Käufers aus §§ 280 Abs. 1, 283 BGB aus, da der Käufer in geringerem Maße für die Unmöglichkeit der Leistung verantwortlich ist. Den Schadensersatzanspruch kürzt die Rechtsprechung allerdings gem. § 254 BGB um den Mitverschuldensanteil des Käufers in Höhe von $^1/_3$.

IV. Erfüllungsort bei Nacherfüllung und Umfang der Nacherfüllungspflicht

Literatur: *Jaensch*, Übungsklausur: Gewährleistungsrecht – Ein- und Ausbaukosten mangelhafter Fliesen, JuS 2009, 131; *Lorenz*, Die Reichweite der kaufrechtlichen Nacherfüllungspflicht durch Neulieferung, NJW 2009, 1633; *Thürmann*, Der Ersatzanspruch des Käufers für Aus- und Einbaukosten einer mangelhaften Kaufsache, NJW 2006, 3457; *Unberath/Cziupka*, Der Leistungsort der Nacherfüllung, JZ 2008, 764.

---

174 Palandt/*Grüneberg*, § 326 Rn. 15; MünchKomm/*Ernst*, § 326 Rn. 79; *Joussen*, Schuldrecht AT, Rn. 440; *Looschelders*, Schuldrecht AT, Rn. 730; *Medicus/Lorenz*, Schuldrecht I, Rn. 448.

1. Grundfälle

a) (nach *BGH* NJW 2008, 2837): K kauft im Baumarkt des V Parkettstäbe, um damit seinen Wohnzimmerboden neu zu belegen. Einige Wochen nachdem er die Stäbe verlegt hat, bemerkt er, dass diese irreparabel beschädigt sind, weil sich die Echtholzschicht von dem billigen Trägerholz ablöst. Er verlangt von V die Lieferung neuer, mangelfreier Parkettstäbe, sowie den Ausbau der alten Stäbe, deren Abtransport und den Einbau des neu gelieferten Parketts. V erkennt an, dass die Stäbe mangelhaft waren, liefert neue und bezahlt den Ausbau und die Entsorgung der alten Stäbe. Die Bezahlung der Neuverlegung lehnt er jedoch ab. Er sei als reiner Händler nicht zur Verlegung verpflichtet – weder im Rahmen seiner primären Erfüllungs- noch seiner Nacherfüllungspflicht.

b) (nach *BGH* NJW 2009, 1660): Baustoffhändler V verkauft dem K Bodenfliesen, deren Oberflächen nicht ordentlich poliert worden sind. Es zeigen sich bei entsprechendem Lichteinfall gut wahrnehmbare Schattierungen. K lässt diese Fliesen in Bad und Küche verlegen. Kurz darauf bemerkt er den Fehler. Mit Hilfe eines Sachverständigen stellt er fest, dass die Mangelbeseitigung nur durch einen Komplettaustausch der Fliesen erfolgen könne. V verweigert die Übernahme der hierfür erforderlichen Kosten von € 5.800.

2. Problemlage

Wenn ein Käufer eine mangelhafte Kaufsache bestimmungsgemäß weiterverarbeitet, einbaut oder in ähnlicher Weise mit ihr verfährt, ist fraglich, welche Pflichten den zur Nacherfüllung verpflichteten Verkäufer treffen. Dies hängt von der Reichweite des § 439 Abs. 1 BGB ab, der den Verkäufer zur „Lieferung einer mangelfreien Sache" verpflichtet.

Unstreitig muss der Verkäufer eine neue, mangelfreie Sache leisten und die hierfür anfallenden Kosten tragen (§ 439 Abs. 2 BGB). Leistet der Verkäufer die mangelfreie Sache, so kann er die Rückgabe der mangelhaften Sache verlangen (§§ 439 Abs. 4, 346 Abs. 1 BGB).

Doch folgt daraus auch eine Rücknahmepflicht? Im sog. **„Dachziegelfall"** (*BGH* NJW 1983, 1479) hatte der BGH zum alten Recht entschieden, dass im Falle mangelhafter Ziegel der Käufer die Tragung der Kosten für das Aufbringen der mangelfreien Ziegel sowie auch das Abdecken der (mangelhaften, in casu nur provisorisch verlegten) Dachziegel verlangen kann. Begründet wird diese Entscheidung mit einem Gleichschluss. Aus dem Rückgaberecht des Käufers folge eine Rücknahmepflicht des Verkäufers. Der Erfüllungsort der Rücknahmepflicht liege am Ort der vertragsgemäßen Belegenheit der Sache. Daher müsse der Verkäufer die Dachziegel beim Käufer wieder abdecken.

Daraus folgt: Der Erfüllungs-/Leistungsort der Nacherfüllungspflicht richtet sich nach § 269 BGB. Sofern sich nichts anderes ergibt, ist die Nacherfüllungspflicht am Wohnsitz des Schuldners zu erfüllen. Demnach müsste der Käufer ggf. die Rücksendung der Sache an den Schuldner veranlassen, damit sie dort nachgebessert werden kann. Indessen steht § 269 Abs. 1 BGB unter dem Vorbehalt, dass sich aus der Natur des Schuldverhältnisses nichts anderes ergibt. Wie sich aus dem Dachziegelfall ergibt, wird bei Kaufverträgen nach noch herrschender Meinung davon ausgegangen, dass die Nacherfüllungspflicht dort zu erfüllen ist, wo sich die Sache vertragsgemäß befindet. Das gilt auch dann, wenn die Primärpflicht eine Holschuld war; auch in diesen Fällen muss der Käufer die Sache nicht selbst zurückbringen![175]

Schwierig wird die rechtliche Beurteilung, wenn die Kaufsache von Anfang an dafür vorgesehen war, eingebaut und verarbeitet zu werden (Fliesen, Dachziegel, Parkett, Leitungen etc.) und sich der Mangel erst nach erfolgtem Einbau herausstellt. Dann ist dem Käufer mit der bloßen Lieferung einer neuen, mangelfreien Sache nicht geholfen. In manchen Fällen können die Kosten für den Ausbau der alten Sache und den Einbau der neuen Sache, die hierfür erforderlichen Materialien, Arbeitsstunden etc. den reinen Materialwert der Kaufsache übersteigen. Der Käufer hat dann ein verständliches wirtschaftliches Interesse daran, auch diese Kosten ersetzt zu bekommen, die ihm bei sofortiger Lieferung einer mangelfreien Sache nicht, oder jedenfalls nicht in dieser Höhe, entstanden wären. Umgekehrt ist der Einwand des Verkäufers zunächst plausibel, dass die Parteien gerade keinen auf Einbau der Sache und Herbeiführung eines Erfolgs gerichteten Vertrag geschlossen haben und dass ihn daher die Einbaukosten mit den Kosten einer Leistung belasten würden, die er ursprünglich nicht geschuldet hatte.

Wie weit reicht also die Nacherfüllungspflicht in diesen Fällen? Umfasst sie auch den Ausbau der mangelhaften Sache und den Einbau der nachgelieferten Sache?

In seiner Entscheidung vom 15. 7. 2008 („**Parkettstäbe**") setzt der *BGH* zur Lösung des Problems jetzt bei dem Charakter der Nacherfüllungspflicht an. Die Nacherfüllungspflicht deckt sich laut BGH mit den ursprünglichen Erfüllungspflichten hinsichtlich der vom Verkäufer geschuldeten Leistungen. Die Ersatzlieferung erfordert eine vollständige Wiederholung derjenigen Leistungen, zu denen der Verkäufer nach § 433 Abs. 1 S. 1 und 2 BGB verpflichtet ist. Der Verkäufer schuldet im Rahmen der Nacherfüllung nicht weniger, aber auch nicht mehr als im Rahmen seiner primären Erfüllungspflicht.[176] Bei Anwendung dieses Prinzips auf Fälle der vorliegenden Art kommt der BGH zu dem Ergebnis, dass der Einbau der nachgelieferten Sache, bzw. die entsprechende Kostentragung, vom Verkäufer nicht verlangt werden kann, wenn dies auch im Rahmen der primären Erfüllung nicht verlangt werden konnte (anders in Fällen des § 434 Abs. 2 BGB). Diese Überlegung hat auch systematische Gründe auf ihrer Seite. Müsste der Verkäufer auch die Einbaukosten tragen, wären die Unterschiede zwischen Nacherfüllungsanspruch und Schadensersatzanspruch fast nivelliert. Der Schadensersatzanspruch nach §§ 437 Nr. 3, 280 Abs. 1, 3, 281 ff. BGB setzt aber ein Vertretenmüssen des Verkäufers voraus. Eine Schadensersatzhaftung wird regelmäßig daran scheitern, dass sich der Verkäufer erfolgreich entlasten kann, § 280 Abs. 1 S. 2 BGB. Ihn selbst trifft regelmäßig kein Fahrlässigkeitsvorwurf hinsichtlich des Mangels an der Kaufsache. Selbst ein professioneller, gewerblicher Händler ist gegenüber seinen Kunden nicht verpflichtet, sämtliche Waren, die er von Lieferanten erhält, auf mögliche Mängel zu überprüfen. Erfüllungsgehilfe des Verkäufers ist der Hersteller ebenfalls nicht, was eine Zurechnung gem. § 278 BGB ausscheiden lässt.[177] Die Verursachung des konkreten Mangels jedoch wird in den allermeisten Fällen in die Sphäre des Produzenten fallen und daher allenfalls auf dessen Verschulden zurückzuführen sein.

Auch das OLG Köln hat im „**Fliesenfall**" (*OLG Köln* NJW-RR 2006, 677) entschieden, dass bei der Lieferung mangelhafter und bereits verlegter Bodenfliesen der Ver-

---

[175] Palandt/*Weidenkaff*, § 439 Rn. 3a.

[176] So *BGH* NJW 2008, 2837 f.

[177] *BGH* NJW 2008, 2837, 2840; anders: *Schroeter*, JZ 2010, 495.

käufer zwar die Kosten für Neulieferung, Entfernung und Rücknahme der alten Fliesen zu tragen habe, nicht jedoch die Kosten der Neuverlegung. Für eine Kostentragungspflicht hinsichtlich der Einbaukosten (die dem OLG Köln zufolge aus §§ 280, 281 oder 284 BGB folgen könnte) fehle es an einem Verschulden des Verkäufers. Dieser sei an dem Mangel schuldlos, und ihn treffe auch keine Pflicht zur Überprüfung der Lieferungen von seinem Lieferanten. Ansonsten könne sich ein Anspruch auf Zahlung des Einbaus der Fliesen nur noch unter dem Gesichtspunkt der Verweigerung der Nacherfüllung ergeben. Voraussetzung hierfür wäre dann allerdings, dass der Anspruch auf Nacherfüllung auch die Verlegung der nachzuliefernden Fliesen umfassen würde. Dies verneinte das OLG Köln (im Gegensatz zu *OLG Karlsruhe* MDR 2005, 135). Seit der oben bereits vorgestellten Entscheidung des BGH (*BGH* NJW 2008, 2837, 2838) ist also höchstrichterlich klargestellt, dass sich der Umfang des Nacherfüllungsanspruchs an demjenigen des primären Erfüllungsanspruchs orientiert. Wenn primär keine Verlegung geschuldet war, ist sie auch im Rahmen des Nacherfüllungsanspruchs nicht geschuldet. **Daraus folgt: Einbaukosten sind vom Verkäufer grundsätzlich nicht zu tragen!**

Wie sieht es mit den **Ausbaukosten** aus? Im Dachziegelfall hat der BGH den Rücknahmeanspruch des Käufers bejaht. Folglich musste der Verkäufer die mangelhaften Fliesen wieder vom Dach des Käufers abdecken.

Das deckt sich mit der ganz herrschenden Meinung.[178] Danach kann der Käufer in dem Fall der Nacherfüllung durch Lieferung einer mangelfreien Sache von dem Verkäufer grundsätzlich den Ausbau der mangelhaften Kaufsache aus einer anderen Sache, in die sie bestimmungsgemäß eingebaut worden ist, verlangen, und dementsprechend auch – im Wege des Schadensersatzes nach §§ 280 Abs. 1, 3, 281 BGB – die Erstattung der Kosten hierfür verlangen, wenn der Verkäufer dieser Pflicht nicht nachkommt. Nach einer anderen Ansicht in der Literatur steht dem Käufer ein solcher Anspruch dagegen nicht zu.[179]

Aber: Nach Maßgabe des Beschlusses des BGH vom 14.1.2009 kann auch der Anspruch auf Ausbau der mangelhaften Sache ggf. ausgeschlossen sein. Der zugrundeliegende Fall betraf einen Einbau, bei dem die Kaufsache wesentlicher Bestandteil einer käufereigenen Sache geworden war. Der BGH hat die Pflicht zur Lieferung mangelfreier Fliesen und zum Ausbau der mangelhaft verlegten Fliesen unter Hinweis auf § 439 Abs. 3 BGB abgelehnt. Die Nacherfüllung sei insoweit mit unverhältnismäßigen Kosten verbunden. Demnach kann also § 439 Abs. 3 BGB den grundsätzlich gegebenen Anspruch auf Ausbau sperren. Besteht insoweit keine Ausbaupflicht, muss der Verkäufer auch nicht die dafür anfallenden Kosten tragen. Im Hinblick auf die **Vereinbarkeit des deutschen Rechts mit dem Europarecht** hat der BGH in seinem Beschluss[180] allerdings dem EuGH u.a. die Frage zur Entscheidung vorgelegt, ob es mit Art. 3 der Verbrauchsgüterkaufrichtlinie vereinbar ist, wenn der Käufer im Falle eines Verbrauchsgüterkaufs auf den Ausbaukosten sitzen bleibt bzw. ob es europarechtlich geboten ist, dass der Verkäufer die mangelhafte Leistung vollständig beseitigt und die Ausbaukosten trägt. Eine Entscheidung des

---

[178] *OLG Karlsruhe* ZGS 2004, 432; *OLG Köln* NJW-RR 2006, 677; Bamberger/Roth/*Faust*, § 439 Rn. 32; *Lorenz*, ZGS 2004, 408; *Schneider/Katerndahl*, NJW 2007, 2215; *Schneider*, ZGS 2008, 177; *Terrahe*, VersR 2004, 680; *Witt*, ZGS 2008, 369.

[179] *Ayad/Hesse*, BB 2008, 1926; *Katzenstein*, ZGS 2009, 29; Staudinger/*Matusche-Beckmann*, § 439 Rn. 21; *Skamel*, NJW 2008, 2820, 2822; *Thürmann*, NJW 2006, 3457, 3460.

[180] *BGH* NJW 2009, 1660.

EuGH zu dieser Frage liegt noch nicht vor. In einem Parallelfall hat der Generalanwalt in seinen Schlussanträgen zu einer Vorlage des AG Schorndorf eine grundsätzliche Pflicht des Verkäufers zur Tragung der Kosten des Ausbaus der mangelhaften Sache abgelehnt.[181] Er begründet dies unter anderem mit der Tatsache, dass „Arbeit oder Kosten wie die in Rede stehenden nicht nur Folge der Vertragswidrigkeit der Güter sind, sondern auch aus einer in der Haftungssphäre des Verbrauchers liegenden Handlung resultieren – in diesem Fall dem Einbau der mangelhaften Fliesen in den Boden –, und die Haftung des Verkäufers für solche Kosten in der Regel von einem Konzept der Kausalität, der Zurechenbarkeit oder möglicherweise des Verschuldens abhängt und dadurch begründet wird." Fehle es an dieser Zurechenbarkeit oder dem entsprechenden Verschulden, verpflichte auch die Richtlinie den Verkäufer nicht zur Tragung der Ausbaukosten.

3. Lösung

a) Der BGH hat unter Anwendung der oben dargestellten Grundsätze entschieden, dass V im Rahmen seiner Nacherfüllungspflicht nicht verpflichtet ist, die Kosten der Neuverlegung der Parkettstäbe zu tragen. Dieser Anspruch ergibt sich nicht direkt aus § 439 Abs. 2 BGB. Aber auch unter dem Gesichtspunkt des Schadensersatzes statt der Leistung aus §§ 437 Nr. 3, 280, 281 BGB könne die Neuverlegung nicht verlangt werden. Dies scheine nur unter dem Gesichtspunkt einer Verletzung der Nacherfüllungspflicht denkbar. Da V als Händler jedoch im Rahmen seiner primären Erfüllungspflicht keine Pflicht zum Einbau habe, könne er auch im Rahmen der Nacherfüllung nicht zum Einbau der Parkettstäbe verpflichtet sein. Außerdem fehle es an dem gem. § 280 BGB erforderlichen Verschulden des V, der die Mangelhaftigkeit der Parkettstäbe nicht zu vertreten habe. Im Ergebnis muss K daher die Kosten der Neuverlegung selbst tragen.

b) Diese Konstellation entspricht derjenigen, die der BGH mit Beschluss vom 14. 1. 2009 dem EuGH zur Vorabentscheidung vorgelegt hat. In seinem Vorlagebeschluss stellt der BGH fest, dass dem K nach deutschem Recht ein Anspruch auf Ersatz der Ausbaukosten weder aus §§ 434 Abs. 1 S. 2 Nr. 2, 437 Nr. 3, 280 Abs. 1 und 3, 281 Abs. 1 BGB wegen schuldhafter Lieferung mangelhafter Fliesen noch aus §§ 434 Abs. 1 S. 2 Nr. 2, 437 Nr. 1, 439 Abs. 1 Fall 2, 280 Abs. 1 und 3, 281 Abs. 1 und 2 BGB wegen Verletzung einer Nachlieferungspflicht zustehe. Ein Anspruch auf Ersatz der Ausbaukosten könne sich allenfalls dann ergeben, wenn die in Rede stehende Verbrauchsgüterkauf-Richtlinie eine andere, europarechtskonforme Auslegung des nationalen deutschen Rechts erforderlich machte. Die Entscheidung hierüber steht aus – der Generalanwalt beim EuGH hat einen Anspruch allerdings europarechtlich für nicht geboten erachtet. Sollte der Gerichtshof diesem Antrag folgen, bliebe es dabei, dass die Ausbaukosten vom Verkäufer nicht verlangt werden können.

---

[181] Schlussanträge des Generalanwalts Mazak, v. 18. 5. 2010, Rs. C-87/09 (*Ingrid Putz ./. Medianess Electronics GmbH*), BeckRS 2010, 90584. Das vom BGH eingereichte Vorabentscheidungssuchen ist unter der Rs. C–65/09 anhängig.

V. Kostenersatz bei Nacherfüllung und Widerruf – Bezüge zum Europarecht

Literatur: *Coester-Waltjen*, Der europäische Hintergrund des deutschen Verbraucherschutzes, Jura 2004, 609; *Eichelberger*, Ersatzpflicht der Hinsendekosten durch den Verkäufer bei Widerruf eines Fernabsatzvertrages, VuR 2008, 167; *Gsell*, Nutzungsentschädigung bei kaufrechtlicher Nacherfüllung?, NJW 2003, 1969; *dies.*, Grenzen der Nutzungsentschädigung bei Rückgabe einer mangelhaften Kaufsache, JuS 2006, 203; *Hilbig*, Erstattungsfähigkeit von Hinsendekosten bei Widerruf eines Fernabsatzgeschäfts, MMR 2009, 300; *Zerres*, Stand des europäischen Verbrauchervertragsrechts, JA 2002, 166.

1. Grundfälle

a) (nach *BGH* NJW 2009, 427): Verbraucher K kauft bei Versandhändler V einen Herd für € 600. Nach 15 Monaten bemerkt K ein Ablösen der Emailleschicht im Inneren des Backofens. K teilt dies dem V mit, der das Gerät binnen weniger Tage gegen ein neues austauscht. Das alte Gerät gibt K an V zurück. Für die Nutzung des alten Gerätes während der 15 Monate verlangt V von K die Zahlung von € 80 Nutzungsersatz. Dies entspreche der üblichen Vorgehensweise und sei angemessen, da K nunmehr ein neues Gerät bekommen habe, was erwarten lasse, dass er das Gerät insgesamt länger in Gebrauch halten könne. Wie ist die Rechtslage?

b) (nach *BGH* NJW 2009, 66): Versandhändler B verlangt in seinen AGB von allen Kunden grundsätzlich € 5 Versandkosten für die Zusendung der Waren, und zwar auch dann, wenn die Kunden ordnungsgemäß von Ihrem Widerrufsrecht Gebrauch gemacht haben. Verbraucherschützer halten dies für europarechtswidrig. Zu Recht?

2. Problemlage

Erfolgt die **Nacherfüllung** in Gestalt der Lieferung einer neuen Sache, so gilt hinsichtlich der bisher erbrachten Leistungen § 439 Abs. 4 BGB: Der Verkäufer kann vom Käufer Rückgewähr der mangelhaften Sache nach den §§ 346–348 BGB verlangen. In § 346 Abs. 1 BGB a.E. heißt es, im Falle des Rücktritts seien „die gezogenen Nutzungen herauszugeben". Zu den Nutzungen gehören nach § 100 BGB auch die Gebrauchsvorteile einer Sache. Diese Anordnung des Gesetzgebers klingt eindeutig und unmissverständlich. Problematisch ist indessen das Verhältnis dieser Vorschriften zur Verbrauchsgüterkaufrichtlinie der EU.[182] In Art. 3 dieser Richtlinie heißt es in Absatz 3, dass der Verbraucher bei Vertragswidrigkeit des Verbrauchsgutes vom Verkäufer die unentgeltliche Nachbesserung oder Ersatzlieferung verlangen könne. Diese Nachlieferung müsse für den Verbraucher ohne erhebliche Unannehmlichkeiten erfolgen. Um die Klärung herbeizuführen, wie dieser Artikel hinsichtlich des Nutzungsersatzes bei Nachlieferung auszulegen sei, hat der BGH sich im Wege einer Vorabentscheidung an den EuGH gewandt. Daraufhin hat der EuGH klargestellt, dass diese Regelung der Richtlinie jeder „nationalen Regelung entgegensteht, die dem Verkäufer, wenn er ein vertragswidriges Verbrauchsgut geliefert hat, gestattet, vom Verbraucher Wertersatz für die Nutzung des vertragswidrigen Verbrauchsgutes bis zu dessen Austausch durch ein neues Verbrauchsgut zu verlangen".[183]

---

182 ABl.EG Nr. L 171 vom 7. 7. 1999, S. 12 ff.

183 *EuGH*, Urt. v. 17.4.2008, Rs. C-404/06 (*Quelle AG ./. Bundesverband der Verbraucherzentralen und Verbraucherverbände*), Slg. 2008, I-02685 = EuZW 2008, 310.

Als Konsequenz daraus hatte der BGH entschieden, dass § 439 Abs. 4 BGB im Wege einer richtlinienkonformen Rechtsfortbildung durch teleologische Reduktion in einer mit Art. 3 der Richtlinie zu vereinbarenden Weise auszulegen sei. Im Ergebnis führte die richtlinienkonforme Rechtsfortbildung dazu, dass beim Verbrauchsgüterkauf der Käufer an den Verkäufer in Fällen der Neulieferung keinen Nutzungsersatz zu leisten brauchte. Der **Gesetzgeber** hat das Problem inzwischen erkannt und mit Wirkung vom 16. 12. 2008 in § 474 Abs. 2 S. 1 BGB n.F. einen Anspruch auf Ersatz von Nutzungen bzw. Wertersatz aus § 439 Abs. 4 BGB im Bereich des Verbrauchsgüterkaufes ausgeschlossen.

Bedenken Sie immer, dass dies nur in Fällen des Verbrauchsgüterkaufes gilt. Liegt kein solcher vor, gilt die Richtlinie nicht, § 474 BGB gilt nicht, und der Verkäufer kann entsprechend §§ 439 Abs. 4 i.V.m. 346 Abs. 1 BGB vom Käufer auch nach der Gesetzesänderung durchaus Nutzungsersatz für die zurückgegebene Sache bei Neulieferung verlangen. Außerdem gilt § 474 Abs. 2 S. 1 BGB nicht für die Rückabwicklung nach Rücktritt.[184]

Ein anderes Problem stellt sich bei der Frage, welche Kosten ein Verbraucher tragen muss, der im Rahmen eines **Fernabsatzgeschäfts** von seinem **Widerrufsrecht** Gebrauch gemacht hat.

Was die Kosten der *Rücksendung* der Ware angeht, so dürfen sie dem Verbraucher vertraglich nur auferlegt werden, wenn der Preis der zurückzusendenden Ware € 40 übersteigt, § 357 Abs. 2 S. 3 BGB. Bezüglich der Kosten für die *ursprüngliche Zusendung* der Waren war die Frage bisher noch ungeklärt. In dem *BGH* NJW 2009, 66 zugrunde liegenden Verfahren klagte eine Verbraucherschutzorganisation gegen einen Versandhändler, welcher in seinen AGB von seinen Kunden auch dann die Versandkostenpauschale verlangte, wenn diese wirksam widerrufen hatten. LG und OLG teilten die Rechtsauffassung der Verbraucherschützer. Zwar ergebe sich der Anspruch nicht direkt aus dem deutschen Recht: Unter ausdrücklichem Verweis auf eine europarechtskonforme Auslegung verurteilten sie jedoch den Händler zur Unterlassung, woraufhin dieser die Angelegenheit vor den BGH brachte. Der VIII. Senat des BGH war der Auffassung, aus dem nationalen deutschen Recht ergebe sich kein direkter Anspruch auf den Ersatz der Versendungskosten. Ein Anspruch aus §§ 312 d Abs. 1 S. 2, 356 Abs. 1, 357 Abs. 1 S. 1, 346 BGB scheide aus. Die Zusendungskosten würden nicht von der Rückgewährpflicht nach § 346 BGB erfasst, weil reine Vertragskosten im Rahmen der Rückgewähr nicht als Schadenspositionen ausgeglichen werden könnten.

Was jedoch die Auslegung der Fernabsatzrichtlinie anbetrifft, so stellte der BGH beim EuGH einen Antrag auf Vorabentscheidung zu der Frage, ob „die Bestimmungen des Artikels 6 Abs. 1, S. 2 und Abs. 2 der Richtlinie 97/7/EG des Europäischen Parlaments und des Rates vom 20. 5. 1997 über den Verbraucherschutz bei Vertragsabschlüssen im Fernabsatz dahin auszulegen (seien), dass sie einer nationalen Regelung entgegenstehen, nach der die Kosten der Zusendung der Waren auch dann dem Verbraucher auferlegt werden können, wenn er den Vertrag widerrufen hat."

Der EuGH hat mit Urteil vom 15. 4. 2010 die Vorlagefrage des BGH bejaht, so dass der Verbraucher nicht mit den Versendungskosten belastet werden darf.[185] Er beruft

---

[184] Dazu *Lieder*, JURA 2010, 612.

[185] *EuGH*, Urt. v. 15. 4. 2010, Rs. C-511/08 (*Handelsgesellschaft Heinrich Heine GmbH ./. Verbraucherzentrale NRW e.V.*), ZIP 2010, 839.

sich hierbei auf das in Art. 6 Abs. 1 der Richtlinie klar zum Ausdruck gebrachte Prinzip, dass die Rücksendung bei Widerruf für den Verbraucher zu keiner finanziellen Belastung oder Strafzahlung führen dürfe. Ferner statuiere Art. 6 Abs. 2 S. 1 der Richtlinie den Grundsatz der „vollständigen und kostenlosen Erstattung“, von dem es genau eine – ebenfalls klar genannte – Ausnahme gebe, nämlich die unmittelbaren Kosten der Rücksendung der Waren. Eine Belastung mit den Versendungskosten entspreche weder Systematik noch Zweck der Richtlinie und des Widerrufrechts. Der BGH hat diese Rechtsprechung nunmehr im Wege der richtlinienkonformen Auslegung übernommen.[186]

3. Lösung

a) Nach der richtlinienkonformen Rechtsfortbildung des BGH und jetzt auch nach der Gesetzesänderung in § 474 BGB kann V von K keinen Nutzungsersatz verlangen, da es sich bei dem Vertrag zwischen dem Verbraucher K und dem Unternehmer V um einen Verbrauchsgüterkauf handelt.

b) Der EuGH hat eine Belastung des Verbrauchers mit den Hinsendekosten für europarechtswidrig erklärt. Der BGH hat für die Versendungsfälle auch die deutschen Regelungen in §§ 312 d Abs. 1 S. 2, 356 Abs. 1, 357 Abs. 1 S. 1, 346 BGB richtlinienkonform fortgebildet mit dem Ergebnis, dass ein Verbraucher die Kosten der Hinsendung nicht zu tragen braucht.

VI. Gefahrtragung beim Versendungskauf

Literatur: *Lettl*, Übungsklausur: Schwierigkeiten beim Versendungskauf, JuS 2004, 314; *Oetker*, Versendungskauf, Frachtrecht und Drittschadensliquidation, JuS 2001, 833; *Wertenbruch*, Gefahrtragung beim Versendungskauf nach neuem Schuldrecht, JuS 2003, 625.

1. Grundfall

Unternehmer K kauft bei Büro-Möbelhändler V einen Aktenschrank. Er bittet V, den Aktenschrank in seine Büroräume zu liefern. V übergibt den Schrank der Möbelspedition M zur Auslieferung an K. Auf dem Weg zu K kommt es ohne Verschulden des Fahrers zu einem Unfall, bei dem der Schrank zerstört wird. V verlangt von K Bezahlung.

a) Der Fahrer der Spedition ist für den Unfall verantwortlich.

b) V lässt den Schrank von eigenen Angestellten ausliefern. Sonst wie im Ausgangsfall.

c) V lässt den Schrank von eigenen Angestellten ausliefern. Die Angestellten verursachen den Verkehrsunfall schuldhaft.

---

[186] *BGH* NJW 2010, 2651, 2652, Tz. 14.

2. Problemlage

§ 447 BGB regelt den Übergang der Preisgefahr beim Versendungskauf. Unter Preisgefahr versteht man das Risiko des Käufers, den vollen Kaufpreis zahlen zu müssen, obwohl er die Sache nicht oder nicht mangelfrei erhält, und umgekehrt aus Sicht des Verkäufers das Risiko, den Kaufpreisanspruch (teilweise) zu verlieren, weil er die Sache nicht oder nicht mangelfrei leisten kann.[187] Wenn ein Verkäufer auf Verlangen des Käufers eine Ware an einen anderen Ort als den Erfüllungsort bringen lässt, dann geht die Gefahr des Untergangs der Sache bereits im Augenblick der Übergabe an die Transportperson auf den Käufer über. Daher ist der Käufer auch dann weiter zur Zahlung verpflichtet, wenn die Ware auf dem Weg zwischen Erfüllungsort und dem vom Käufer angegebenen Bestimmungsort untergeht.

Für die Prüfung ist die richtige systematische Einordnung des § 447 BGB wichtig.

§ 447 BGB bezeichnet einerseits den Zeitpunkt des Gefahrübergangs, der bei § 434 BGB für die Mangelhaftigkeit der Sache maßgeblich ist. Andererseits handelt es sich mit Blick auf Fälle der Unmöglichkeit um eine Ausnahme zu § 326 Abs. 1 BGB. Geht die Sache auf dem Transportweg unter, so wird dem Verkäufer die Übergabe und Übereignung unmöglich. Seine Leistungspflicht erlischt nach § 275 Abs. 1 BGB. In der Konsequenz erlischt sodann auch der Kaufpreisanspruch gemäß § 326 Abs. 1 S. 1 BGB. Eben diese Rechtsfolge wird ausgehebelt, wenn die Gefahr bei Eintritt der Unmöglichkeit bereits nach § 447 BGB auf den Käufer übergegangen war. § 447 BGB steht im systematischen Kontext mit § 446 BGB: Dort ist nur die Gefahr des zufälligen Untergangs geregelt. Zufällig ist der Untergang nur, wenn er weder vom Käufer noch Verkäufer zu vertreten ist. Hat der Käufer den Untergang zu vertreten, bleibt der Zahlungsanspruch ohnehin nach § 326 Abs. 2 Alt. 1 BGB erhalten. Auf § 447 BGB kommt es jedenfalls in Unmöglichkeitsfällen streng genommen nicht an; gleichwohl ist § 447 BGB die spezielle Vorschrift. Hat der Verkäufer den Untergang zu vertreten, so bleibt es bei der Grundregel des § 326 Abs. 1 BGB. Außerdem haftet der Verkäufer nach §§ 280 Abs. 1, 3, 283 BGB.

Hinsichtlich des Anwendungsbereichs der Norm ist Folgendes zu berücksichtigen:

1. Gem. § 474 Abs. 2 Alt. 2 BGB findet § 447 BGB keine Anwendung bei Verbrauchsgüterkäufen.
2. Die Norm ist nur auf Schickschulden anzuwenden. Haben die Parteien ursprünglich eine Holschuld vereinbart, so passt § 447 BGB nur dann, wenn der Käufer nachträglich um Versendung bittet und sich der Verkäufer dazu bereit erklärt; dann liegt darin die Änderung der Hol- in eine Schickschuld. Haben die Parteien eine Bringschuld vereinbart, so trägt der Verkäufer nach allgemeinen Regeln das Risiko des Untergangs der Sache bis zu dem Zeitpunkt, zu dem er dem Käufer die Sache in annahmeverzugsbegründender Weise anbietet.

Nach ganz h.M.[188] ist die Formulierung des Gesetzes „nach einem anderen Ort“ so zu verstehen, dass auch Versendungen innerhalb derselben Gemeinde erfasst werden (sog. Platzkauf). Andernfalls wäre beispielsweise die Versendung von Dorf A nach Dorf B über eine Strecke von einem km erfasst, die Versendung über 15 km von

[187] Bamberger/Roth/*Faust*, § 446 Rn. 11 ff.
[188] Palandt/*Weidenkaff*, § 447 Rn. 12.

München-Süd nach München-Nord hingegen nicht. Das entspräche weder dem gesetzgeberischen Willen noch wäre es sachgerecht.

Die Norm findet nach der umstrittenen Rechtsprechung und nach Teilen der Literatur auch dann Anwendung, wenn sich der Verkäufer keiner Spedition oder Transportperson bedient, sondern die Ware selbst bzw. mit eigenen Angestellten zum Käufer transportiert.[189] Es ist allerdings umstritten, ob ein etwaiges Verschulden der Angestellten dem Verkäufer über § 278 BGB zurechenbar ist.[190]

§ 447 BGB ist nur anwendbar, wenn ein „Verlangen des Käufers" gegenüber dem Verkäufer vorliegt. Das Verlangen liegt in der Regel in der vertraglichen Liefervereinbarung mit dem Verkäufer. Deswegen werden auch Käufe im Versandhandel nach h.M. erfasst, auch wenn hier der Verkäufer schon von sich aus mit der Versendung wirbt, so dass man kaum von einem „Verlangen des Käufers" sprechen kann.[191] Entscheidend ist im Ergebnis das Einverständnis des Käufers mit der Versendung.[192] Handelt der Verkäufer eigenmächtig, so haftet er für den Untergang der Sache beim Transport.

3. Lösung

Anspruchsgrundlage ist § 433 Abs. 2 BGB. Die Zahlungspflicht ist nicht nach § 326 Abs. 1 S. 1 BGB erloschen, wenn die Gefahr bereits auf K übergangen war. Bei dem Geschäft zwischen den Unternehmern K und V handelt es sich nicht um einen Verbrauchsgüterkauf, § 447 BGB ist mithin anwendbar. Die Lieferung des Schrankes erfolgte auf „Verlangen des Käufers" an einen anderen Ort (Büroräume des K) als den Leistungs-/Erfüllungsort (Sitz des Verkäufers). Die Übergabe des Schrankes an die Spedition ist ordnungsgemäß erfolgt. Mit der Übergabe ist die Preisgefahr auf den Käufer übergegangen, d.h. dieser muss den vollen Kaufpreis an den V bezahlen, obwohl der Schrank zerstört wurde.

a) Auf das Verschulden des Spediteurs kommt es nicht an. Die Preisgefahr ist mit der Übergabe auf den K übergegangen. Es handelt sich gleichwohl um einen zufälligen Untergang, weil das Verschulden des Spediteurs dem V nicht über § 278 BGB zuzurechnen ist. V war gerade nicht zum ordnungsgemäßen Transport verpflichtet (keine Bringschuld!).

b) § 447 BGB gilt auch beim Transport durch eigene Angestellte.

c) Fraglich ist, ob das Verschulden der Angestellten dem V nach § 278 Alt. 2 BGB zurechenbar ist. Hätte sich V fremder Spediteure bedient, so wäre § 278 BGB nicht einschlägig, weil die Transportpersonen keine Erfüllungsgehilfen des V sind. Indessen geht die h.M. davon aus, beim Selbsttransport habe der Verkäufer für eigenes Verschulden gemäß § 276 BGB, für Verschulden seiner Leute gemäß § 278 BGB einzu-

---

189 RGZ 96, 258, 259; Bamberger/Roth/*Faust*, § 447 Rn. 9; nur für die Anwendung auf eigene Leute, jedoch nicht auf den Verkäufer selbst: MünchKomm/*Westermann*, § 447 Rn. 17; a.A.: Palandt/*Weidenkaff* § 447 Rn.12; *Wertenbruch*, JuS 2003, 625, 626.

190 Für eine Zurechnung: MünchKomm/*Westermann*, § 447 Rn. 24; a.A. *Medicus/Petersen*, Rn. 275.

191 *BGH* NJW 2003, 3341, 3342.

192 *Looschelders*, Schuldrecht BT, Rn. 193.

stehen, weil er im Umgang mit der verkauften Sache die verkehrserforderliche Sorgfalt an den Tag legen müsse, solange er die Sache in seiner Obhut habe.[193]

Daher ist V das Verschulden seiner Angestellten nach § 278 BGB zuzurechnen. Es fehlt an einem zufälligen Untergang der Sache. Daher bleibt es bei der Grundregel des § 326 Abs. 1 BGB. Der Kaufpreisanspruch ist erloschen.

§ 3. Probleme einzelner Vertragstypen

I. Akzessorietät der Bürgschaft

Literatur: *Coester-Waltjen*, Die Bürgschaft, Jura 2001, 742; *Kellermann*, Die Verjährungseinrede des Bürgen, JA 2003, 444; *Riehm*, Aktuelle Fälle zum Bürgschaftsrecht, JuS 2000, 138, 241, 343; *Schmolke*, Grundfälle zum Bürgschaftsrecht, JuS 2009, 585, 679, 784; *Schreiber*, Die Verteidigungsmittel des Bürgen, Jura 2007, 730.

1. Grundfälle

Mit schriftlichem Vertrag verbürgt sich A gegenüber der Bank B für ein Darlehen über € 10.000, welches C von B erhalten hat. C kann nur € 4.000 zurückzahlen. B möchte daraufhin den Bürgen A in Anspruch nehmen.

a) Es stellt sich heraus, dass der Kreditvertrag zwischen C und B unwirksam ist.

b) B verlangt von A neben den noch offenen € 6.000 zur Tilgung der Verpflichtungen aus dem Darlehen insgesamt € 2.000 an aufgelaufenen Verzugszinsen.

2. Problemlage

In den §§ 765 ff. regelt das BGB den Bürgschaftsvertrag. Gem. § 765 Abs. 1 BGB verpflichtet sich der Bürge gegenüber dem Gläubiger eines Dritten für die Erfüllung der Verbindlichkeit des Dritten (Hauptschuldner) einzustehen. Es handelt sich um einen einseitig (nur den Bürgen) verpflichtenden Vertrag. Parteien des Bürgschaftsvertrages sind nur der Bürge und der Gläubiger, nicht der Hauptschuldner. Für die Erteilung der Bürgschaftserklärung durch den Bürgen schreibt § 766 S. 1 BGB die **Schriftform** vor (Ausnahme: § 350 HGB). Mangelt es an diesem Formerfordernis, ist der Bürgschaftsvertrag gem. § 125 S. 1 BGB nichtig. Beachten Sie, dass das Schriftformerfordernis ausdrücklich nur für die Verpflichtungserklärung des Bürgen gilt. Das Schriftformerfordernis erfüllt eine Übereilungs- und Warnfunktion im Interesse des Bürgen. Der Gläubiger kann dagegen auch formlos die Annahme der Bürgschaftsverpflichtung erklären!

Ein „Klassiker" zu § 766 BGB ist die Erteilung der Bürgschaftserklärung durch Fax:

Diese Erklärung ist nicht wirksam, weil a) der Faxausdruck nicht die eigenhändige Unterschrift des Bürgen trägt (vgl. § 126 BGB) und b) das Original dem Bürgen nicht zugegangen ist (keine „Erteilung").[194]

---

193 MünchKomm/*Westermann*, § 447 Rn. 16 f.
194 Palandt/*Sprau*, § 766 Rn. 4.

Der Gläubiger hat nach § 765 BGB einen eigenen, selbständigen Anspruch gegen den Bürgen. Diese Bürgschaftsschuld ist indessen akzessorisch zur Hauptschuld. Das ergibt sich bereits aus § 765 BGB („für die Erfüllung der Verbindlichkeit des Dritten“) sowie aus § 767 Abs. 1 S. 1 BGB („für die Verpflichtung ist der Bestand der Hauptverbindlichkeit maßgebend“).

Unter **Akzessorietät** versteht man die Abhängigkeit der Bürgenpflichten von der Forderung des Gläubigers gegen den Hauptschuldner hinsichtlich Bestand, Umfang und Inhalt. Allgemein kann man bei der Akzessorietät unterscheiden nach **Entstehungsakzessorietät** (die Bürgschaft entsteht erst mit dem Entstehen der Hauptforderung), **Einredenakzessorietät** (gem. § 768 Abs. 1 S. 1 BGB kann der Bürge die dem Hauptschuldner zustehenden Einreden geltend machen), **Übertragungsakzessorietät** (gem. § 401 Abs. 1 BGB geht mit Abtretung der Hauptforderung die Bürgschaft automatisch mit über) und **Umfangsakzessorietät** (gem. § 767 Abs. 1 S. 1 und 2 BGB ist für den Umfang der Bürgenpflicht der Umfang der jeweiligen Hauptverbindlichkeit maßgebend). In der Praxis (und in Klausurfällen) wird regelmäßig eine **„selbstschuldnerische Bürgschaft“** vereinbart. Die gesetzliche Grundlage hierfür ist § 773 Abs. 1 Nr. 1 BGB, der es zulässt, dass der Bürge sich als Selbstschuldner verbürgt. Bei einer selbstschuldnerischen Bürgschaft verzichtet der Bürge auf die Einrede aus § 771 S. 1 BGB, die es ihm erlauben würde, die Befriedigung des Gläubigers zu verweigern, solange dieser nicht erfolglos im Wege der Zwangsvollstreckung gegen den Hauptschuldner vorgegangen ist. Bei der selbstschuldnerischen Bürgschaft haftet der Bürge daher ab Fälligkeit der Hauptschuld und kann vom Gläubiger unmittelbar in Anspruch genommen werden.[195]

3. Lösung

Da C von seiner Rückzahlungspflicht in Höhe von € 10.000 bereits € 4.000 gezahlt hat, beträgt seine Restschuld gegenüber B noch € 6.000. Wegen der Umfangsakzessorietät der Bürgschaftsverpflichtung des A gemäß § 767 Abs. 1 S. 1 BGB ist A nur in Höhe von € 6.000 zu Zahlung an B verpflichtet.

a) Ist die Hauptschuld nicht wirksam entstanden, entsteht auch die Bürgenschuld nicht (Entstehungsakzessorietät).

b) Hier ist zu klären, ob die aufgelaufenen Zinsen von der Bürgschaftsverpflichtung umfasst sind. Maßgebend ist § 767 Abs. 1 S. 2 BGB. Nach dem Grundsatz der Umfangsakzessorietät ist der Umfang der Hauptverbindlichkeit auch verbindlich, soweit dieser sich durch den Verzug des Schuldners geändert hat. Das gilt insbesondere für die geschuldeten Verzugszinsen. Der Bürge muss demnach auch die Folgen des Verzugs des Hauptschuldners tragen (gerade darin liegt auch eine besondere Gefährlichkeit der Bürgschaft begründet!). Anders wäre dies nur, wenn die Parteien ausdrücklich eine sog. Höchstbetragsbürgschaft vereinbart hätten.

---

[195] PWW/*Brödermann*, § 773 Rn. 2.

II. Unberechtigte Untervermietung

Literatur: *Gebauer*, Zur Haftung des Mieters bei unbefugter Untervermietung, Jura 1998, 128; *Mutter*, Die unberechtigte Untervermietung und ihre bereicherungsrechtliche Behandlung, MDR 1993, 303.

1. Grundfall

Vermieter V hat dem M Büroräume mit vier getrennten Büros für € 1.000 vermietet. M vermietet eines der Büros an den U, ohne zuvor die für eine Untervermietung vertraglich erforderliche Zustimmung des V einzuholen. M und U vereinbaren eine monatliche Untermiete in Höhe von € 250. Nach drei Monaten erfährt der V von dem Vorgang und verlangt von M die bisher von U bezahlten € 750 heraus.

2. Problemlage

In § 540 Abs. 1 BGB ist geregelt, dass der Mieter die Mietsache ohne Zustimmung des Vermieters nicht weiter vermieten bzw. untervermieten darf. Das gilt gemäß § 553 Abs. 1 BGB auch für die Wohnraummiete. Allerdings hat der Mieter von Wohnraum im Falle eines berechtigten Interesses an der Untervermietung einen Anspruch auf die Zustimmung des Vermieters. Bei der Miete von Räumen, die keine Wohnungen sind, steht dem Hauptmieter gem. § 540 Abs. 1 a.E. BGB lediglich ein außerordentliches Kündigungsrecht zu, wenn der Vermieter die Zustimmung zur Untervermietung verweigert.

Umstritten ist die Frage, ob, und wenn ja, in welcher Höhe der Vermieter von seinem Mieter, der ohne Zustimmung untervermietet, die erlangte Untermiete heraus verlangen kann.

Die **Rechtsprechung** lehnt einen Anspruch des Vermieters grundsätzlich ab.[196] Vertragliche (§ 280 Abs. 1 BGB) oder gesetzliche Schadensersatzansprüche scheitern demnach jedenfalls am Fehlen eines Schadens des Vermieters: Er steht nicht schlechter, da er nicht in eigener Person hätte untervermieten können; außerdem kann er weiterhin die volle Miete von seinem Mieter verlangen.

Im Einzelnen hat der BGH mehrere weitere Ansprüche in Betracht gezogen, aber allesamt verneint:

Für einen Anspruch aus **§ 816 Abs. 1 BGB** fehle es an einer Verfügung über die Mietsache. Eine Untervermietung stellt als bloß schuldrechtliche Gebrauchsüberlassung keine Verfügung i.S.d. § 816 Abs. 1 BGB dar.

Eine **analoge Anwendung von § 816 Abs. 1 BGB** komme nicht in Betracht. Der Mieter erziele nichts, was der Vermieter nach der Vermietung der Mietsache an den Mieter noch selbst hätte erzielen können – schließlich scheidet eine Untervermietung durch den Vermieter selbst kraft Natur der Sache aus. Davon abgesehen erwirbt der Untermieter gegenüber dem Vermieter kein Recht zum Besitz, so dass die Untervermietung in die Rechtspositionen des Vermieters nicht eingreife.

---

[196] *BGH* NJW 1996, 838, 840.

Für einen Anspruch aus Eingriffskondiktion gem. **§ 812 Abs. 1 S. 1 Alt. 2 BGB** fehlt es nach Auffassung des BGH an einer Erlangung des Mietzinses vom Untermieter durch den Mieter auf Kosten des Vermieters. Diesem entgeht durch die Untervermietung nichts, dessen er sich nicht schon ohnehin durch die Vermietung an den Mieter entledigt hätte.

Ein Anspruch aus angemaßter Geschäftsführung gem. **§§ 687 Abs. 2 S. 1, 681 Abs. 2, 667 BGB** scheitert daran, dass der Mieter mit der Untervermietung kein objektiv fremdes Geschäft vornimmt. Er übt lediglich das ihm überlassene Gebrauchsrecht in einer unzulässigen, da vertragswidrigen Art und Weise aus.

Die ganz **überwiegende Ansicht im Schrifttum** hält demgegenüber die Voraussetzungen einer Eingriffskondiktion für gegeben. Sie erkennt in der Erzielung der Untermiete durch den Mieter (im Gegensatz zum BGH) einen Eingriff in ein dem Vermieter zugewiesenes Recht. Differenziert wird lediglich bei der Frage, in welcher Höhe der Mieter die erzielte Untermiete herauszugeben habe:

Teilweise wird die Ansicht vertreten, der Mieter habe das herauszugeben, was üblicherweise im Verkehr als sogenannter „Untermietzuschlag" vom Vermieter verlangt werden könne,[197] denn die Gestattung einer möglichen Untermiete gegen einen angemessenen Untermietzuschlag sei das dem Vermieter zugewiesene Recht, in welches der Mieter eingreife.

Andere Autoren unterscheiden im Hinblick auf die Gutgläubigkeit des Mieters. Sie wollen den gutgläubigen Mieter, also denjenigen, der annahm, er dürfe jederzeit und ohne Nachfrage beim Vermieter untervermieten, lediglich zur Zahlung eines angemessenen Zuschlags verpflichten. Ein bösgläubiger Mieter, der in voller Kenntnis des Zustimmungserfordernisses untervermiete, sei zur Auskehrung der gesamten Untermiete verpflichtet.[198]

3. Lösung

Nach der Lösung des **BGH** steht V **kein Anspruch** gegen M auf Zahlung oder Herausgabe der erlangten Untermiete zu.

Nach den in der **Literatur** vertretenen Auffassungen hat V gemäß § 812 Abs. 1 S. 1 Alt. 2 BGB jedenfalls einen Anspruch auf den verkehrs- und ortsüblichen „Untermietzuschlag", nach teilweise vertretener Auffassung muss er sogar die gesamte Untermiete auskehren, da er wegen der ausdrücklichen vertraglichen Vereinbarung das Zustimmungserfordernis kannte und mithin diesbezüglich nicht gutgläubig war.

§ 4. Probleme gesetzlicher Schuldverhältnisse

I. Herausgabe des Erlangten bei § 816 Abs. 1 S. 1 BGB

Literatur: *Bayreuther/Arnold*, Der praktische Fall – Rückabwicklung einer rechtsgrundlosen Verfügung durch einen minderjährigen Nichtberechtigten, JuS 2003, 769; *Ebert*, Das Recht auf den Eingriffserwerb, ZIP 2002, 2296; *Kupisch*, Befreiungswert und Verfügungswert – Zur

197 Erman/Westermann/*Buck-Heeb*, § 812 Rn. 71.

198 *Larenz/Canaris*, II/2, § 69 I 2 a, S. 173.

Rechtsfolge des § 816 I 1 BGB, Festschrift für Niederländer, 1991, 305; *Nippe*, Übungsklausur Zivilrecht – Schicksal einer Uhr, Jura 1994, 44.

1. Grundfall

A verleiht sein Fahrrad an B. Das Rad hat einen Wert von € 200. B veräußert das Fahrrad an den gutgläubigen C für € 250. Kann A von B € 200 oder € 250 verlangen?

2. Problemlage

Nach § 816 Abs. 1 S. 1 BGB ist der Nichtberechtigte dem Berechtigten gegenüber zur Herausgabe des durch die Verfügung Erlangten verpflichtet. Damit ist das Entgelt aus dem der Verfügung zugrunde liegenden Verpflichtungsgeschäft gemeint,[199] selbst wenn dieses eben streng genommen gar nicht aus der Verfügung über eine fremde Sache, also der Übereignung der Sache herrührt. Genaugenommen stammt die Kaufpreisforderung aus dem Abschluss des Kaufvertrages.[200] Immerhin wird durch die Übereignung der Kaufpreisanspruch aber erst einredefrei, so dass eine gewisse Verknüpfung der beiden Geschäfte besteht.

Fraglich ist hier, ob diese Herausgabepflicht durch den Wert des unberechtigt veräußerten Gegenstandes begrenzt wird, m.a.W. ob der Berechtigte von dem Nichtberechtigten auch den Mehrerlös abschöpfen darf, den dieser – z.B. durch geschickte Verhandlungsführung – bei der Weiterveräußerung erzielt (sog. *commodum ex negotiatione cum re*).

Nach **einer Ansicht** ist der Herausgabeanspruch aus § 816 Abs. 1 S. 1 BGB auf den objektiven Wert des weiterveräußerten Gegenstandes begrenzt, da ein Bereicherungsanspruch nicht dazu führen dürfe, dem Entreicherten mehr zu verschaffen, als ihm entzogen wurde.[201] Sinn und Zweck des Bereicherungsrechts sei es nicht, von fremder Geschäftstüchtigkeit zu profitieren. Einen auf der Geschäftstüchtigkeit des Nichtberechtigten beruhenden Mehrerlös soll der Eigentümer nur vom Bösgläubigen gemäß § 687 Abs. 2 BGB (i.V.m. §§ 681 S. 2, 667 BGB) wegen Geschäftsanmaßung heraus verlangen können.

Rechtstechnisch lässt sich diese Begrenzung nach der vor allem von *Medicus* vertretenen Auffassung dadurch herbeiführen, dass man die Befreiung von der Forderung aus dem Kaufvertrag mit dem Dritten als dasjenige versteht, was vom Nichtberechtigten durch die erfolgreiche Abwicklung des Vertrages „erlangt" wurde. Da man diese Befreiung nicht herausgeben könne, wird gem. § 818 Abs. 2 BGB Wertersatz geschuldet, dessen Höhe sich nach dem Wert des veräußerten Gegenstandes richtet.[202]

Die **herrschende Meinung** lehnt eine derartige, auf den objektiven Wert der Sache begrenzte Herausgabepflicht ab.[203] Nach dieser Meinung ist der erlangte rechtsgeschäftliche Gegenwert vollständig herauszugeben. Der eindeutige Wortlaut des § 816 Abs. 1

---

199 *Brox/Walker*, Schuldrecht BT, § 38 Rn. 22.
200 *Medicus/Petersen*, Rn. 723.
201 *Medicus/Lorenz*, Schuldrecht II, Rn. 1197.
202 Zum gesamten Problem sehr anschaulich: *Medicus/Petersen*, Rn. 720 ff.
203 BGHZ 29, 157, 160; Palandt/*Sprau*, § 816 Rn. 20; Jauernig/*Stadler*, § 816 Rn. 9.

S. 1 BGB erlaube kein anderes Ergebnis, denn „durch die Verfügung erlangt" sei nun einmal das, was der Nichtberechtigte für die Sache des Berechtigten von dem gutgläubigen Dritten erlangt habe, und zwar ganz unabhängig von dem tatsächlichen Wert der Sache. Der unberechtigt Verfügende werde dadurch nicht schlechter gestellt als vor der Verfügung, so dass er nicht schutzbedürftig sei. Zu bedenken sind überdies mögliche Beweisschwierigkeiten hinsichtlich des „tatsächlichen Wertes" einer Sache in einem marktwirtschaftlichen System freier Preisbildung. Was der Nichtberechtigte hingegen aus einem Geschäft erlangt hat, steht zweifelsfrei fest. Auf die Frage, ob der Nichtberechtigte gut- oder bösgläubig war, kommt es nach der herrschenden Meinung nicht an. Er muss immer das tatsächlich Erlangte herausgeben.

Bedenken Sie in der Klausur, dass dieses Problem nur dann auftritt, wenn der Vertragspartner des Nichtberechtigten gutgläubig war und gem. §§ 932 ff. BGB an der Sache Eigentum erwerben konnte; oder wenn der Berechtigte die Verfügung genehmigt. War der Dritte bösgläubig oder war die Sache i.S.d. § 935 BGB abhanden gekommen, erwirbt der Dritte kein Eigentum; der Berechtigte kann von ihm gem. § 985 BGB die Sache herausverlangen. In einem solchen Fall müssen sich der Nichtberechtigte und der Dritte über das Entgelt auseinandersetzen. Konnte der Nichtberechtigte dem Dritten nicht wirksam Eigentum verschaffen, so war ihm die Erfüllung seiner kaufvertraglichen Pflicht zur Übergabe und Übereignung (anfänglich) unmöglich, vgl. sodann § 311a Abs. 2 BGB.

3. Lösung

Nach der Auffassung der herrschenden Meinung kann A bei B den Gewinn abschöpfen und den gesamten Verkaufserlös in Höhe von € 250 aus § 816 Abs. 1 S. 1 BGB herausverlangen.

II. Anwendbarkeit des § 819 Abs. 1 BGB bei Kenntnis des Minderjährigen

Literatur: *Hombrecher,* Die verschärfte Haftung Minderjähriger nach § 819 I BGB – Der Flugreisefall, Jura 2004, 250; *Medicus,* Die verschärfte Haftung des Bereicherungsschuldners, JuS 1993, 705; *Müller,* Die Bösgläubigkeit des Minderjährigen im Fall des § 819 BGB, JuS 1995, L 81.

1. Grundfall (nach BGHZ 55, 128)

Dem 17-jährigen Gymnasiasten G gelingt es im Frankfurter Flughafen, unbemerkt durch die Kontrollen in eine Maschine der Lufthansa nach New York zu kommen. Seine Eltern wissen von der Aktion nichts. In New York wird der „Schwarzflug" entdeckt und G nach Deutschland zurücktransportiert. Die Lufthansa verlangt von G Zahlung des Entgelts für den Flug von Frankfurt nach New York.

2. Problemlage

Die verschärfte Haftung des § 819 Abs. 1 BGB knüpft an die positive Kenntnis vom Mangel des rechtlichen Grundes an. Sie verweist auf § 818 Abs. 4 BGB und führt zu einer Schadensersatzhaftung des Bösgläubigen nach „allgemeinen Vorschriften“, d.h. nach § 292 BGB, der wiederum auf §§ 989, 990 BGB verweist. Der Bösgläubige haftet mithin auf Schadensersatz, wenn er das Erlangte nicht herausgeben kann. Damit ist implizit bereits entschieden, dass sich der i.S.d. § 819 BGB bösgläubige Bereicherungsschuldner (erst recht) nicht auf § 818 Abs. 3 BGB berufen kann. Sehr umstritten ist, ob und unter welchen Voraussetzungen auch Minderjährige, die diese positive Kenntnis vom Mangel des Rechtsgrundes haben, nach § 819 Abs. 1 BGB verschärft haften sollen.

Ein **Teil des Schrifttums** lässt die verschärfte Haftung nach § 819 Abs. 1 BGB erst dann eingreifen, wenn der gesetzliche Vertreter des Minderjährigen den Mangel des rechtlichen Grundes kennt, da anderenfalls der Minderjährigenschutz der §§ 104 ff. BGB weitgehend vereitelt würde.[204]

Eine **andere Auffassung** bejaht die verschärfte Haftung des Minderjährigen, wenn dieser deliktsfähig i.S. der §§ 827–829 BGB ist, insbesondere die zur Erkenntnis der Verantwortlichkeit erforderliche Einsichtsfähigkeit hat; darauf hat auch der BGH im Originalfall abgestellt.[205] Der **BGH** wendet § 828 BGB analog an, wenn der Minderjährige den Bereicherungsgegenstand durch vorsätzlich unerlaubte Handlung erlangt hat.

Die **h.L.** differenziert zwischen Leistungs- und Eingriffskondiktion:[206] Im Fall der Leistungskondiktion soll es wegen des Minderjährigenschutzes der §§ 104 ff. BGB auf die Kenntnis des gesetzlichen Vertreters ankommen, während bei der Eingriffskondiktion als deliktsähnlichem Tatbestand die Einsichtsfähigkeit analog §§ 827–829 BGB maßgebend sein soll. Diese Differenzierung überzeugt, weil sie sachgerecht zwischen der auf die Abwicklung von gescheiterten Güterbeziehungen abzielenden Leistungskondiktion und der auf Eingriff in geschützte Rechtspositionen ausgerichteten Eingriffskondiktion unterscheidet.

3. Lösung

In Betracht kommt ein Anspruch der Lufthansa nach § 812 Abs. 1 S. 1 Alt. 1 BGB.

G müsste dann etwas erlangt haben. Darunter versteht man gewöhnlich jeden Vermögensvorteil. Der BGH hat hier bereits bei „etwas erlangt“ geprüft, ob der Minderjährige bereichert ist, weil er keinerlei Aufwendungen erspart hat. Die Reise stellte sich für G als Luxusaufwendung dar. Der BGH entscheidet die Frage, indem er vergleichend feststellt, ein Minderjähriger, der unberechtigt Geld erhalten habe, um damit den Flug zu bezahlen, könne sich dem „Geldgeber“ gegenüber wegen § 819 Abs. 1 BGB auch nicht auf seine Entreicherung berufen. Faktisch schließt der BGH dadurch aus der Tatsache, dass sich der Anspruchsgegner nicht auf einen Bereicherungswegfall hätte berufen können, auf das Vorliegen einer Bereicherung.[207] Systematisch passender und gleichermaßen vertretbar wäre es, die Frage der Entreicherung unter § 818 Abs. 3 BGB zu prüfen und als „etwas erlangt“ schlicht die Beförderungsleistung anzuerkennen.

---

204 Erman/Westermann/*Westermann*, § 819 Rn. 6.

205 Für den Flugreisefall zustimmend Soergel/*Mühl/Hadding*, § 819 Rn. 6.

206 Palandt/*Sprau*, § 819 Rn. 4; *Medicus/Petersen*, Rn. 176; MünchKomm/*Schwab*, § 819 Rn. 7 f.; generell auch Soergel/*Mühl/Hadding*, § 819 Rn. 6.

207 Zu dieser Vorgehensweise sehr kritisch: *Medicus/Petersen*, Rn. 176.

Es bleibt dann zu entscheiden, ob der Erlangung des Vorteils eine Leistung der Lufthansa zugrunde liegt. Das ließe sich bejahen mit dem Argument, die Lufthansa wolle an alle in das Flugzeug eingestiegenen Passagiere die Beförderungsleistung erbringen (sozusagen ein genereller Leistungswille). Vorzugswürdig erscheint es demgegenüber, hier eher von einer Nichtleistungskondiktion auszugehen. Die Lufthansa will ja nur an diejenigen Passagiere leisten, die ordnungsgemäß ein Ticket gelöst haben. Nach dem äußeren Erscheinungsbild liegt eher ein Eingriff des G denn eine Leistung der Lufthansa vor.

Dann könnte sich der Anspruch also nur aus § 812 Abs. 1 S. 1. Alt. 2 BGB ergeben. Die entscheidende Frage ist dann, ob sich G auf § 818 Abs. 3 BGB berufen kann. Der BGH lässt G voll haften, da er als 17-jähriger voll deliktsfähig gewesen sei.

Stellt man stets auf die Kenntnis der gesetzlichen Vertreter ab, so käme § 819 Abs. 1 BGB nach dieser Ansicht nicht zur Anwendung, da die Eltern des G als dessen gesetzliche Vertreter von dem „Schwarzflug" nichts wussten. Fragt man nach der Einsichtsfähigkeit des G, so ist die Haftung nach § 819 Abs. 1 BGB ausgelöst. Bei einem 17-jährigen Gymnasiasten ist eine derartige Einsicht in seine Verantwortlichkeit gegeben. Er kann sich danach nicht auf § 818 Abs. 3 BGB berufen. Die h.L. müsste eine verschärfte Haftung des G nach § 819 Abs. 1 BGB bejahen, sofern man den Vorgang der Eingriffskondiktion zuweist.

§ 5. Grundzüge des Sachenrechts

I. Übereignung gem. §§ 929–931 BGB

Literatur: *Baur/Stürner*, Sachenrecht, § 51; *Frahm/Würdinger*, Der Eigentumserwerb an Kraftfahrzeugen, JuS 2008, 14; *Hoeren/Neurauter*, Anfängerklausur-Zivilrecht: Eigentum an den Pfandflaschen, JuS 2010, 412.

1. Grundfälle

Nach welchen Regeln richtet sich jeweils der Eigentumswechsel?

a) A verkauft an B eine Zierpflanze und übergibt sie ihm.

b) C veräußert seinen Pkw an D, der sich den Wagen vorher schon von C geliehen hatte.

c) Bauunternehmer E übereignet seiner Bank zur Sicherung eines Darlehens eine Planierraupe, mit der er aber weiterhin arbeiten will.

d) F hat sein Notebook an seinen Kommilitonen G verliehen, der damit eine Hausarbeit schreiben will. Als F von H ein gutes Kaufangebot erhält, veräußert er das Notebook an den H.

2. Problemlage

Die Übereignung beweglicher Sachen erfolgt gem. § 929 S. 1 BGB durch Einigung und Übergabe. Für die Einigung gelten die allgemeinen rechtsgeschäftlichen Regeln. Die Übergabe richtet sich nach § 854 Abs. 1 BGB.

Bei § 929 S. 1 BGB handelt es sich nur um die Grundform der Eigentumsübertragung. Da in bestimmten Fällen die Übergabe der Sache nicht zweckmäßig ist, enthalten die §§ 930, 931 BGB eine Regelung für bestimmte *Übergabesurrogate.* **Wichtig:** Die §§ 930, 931 BGB ersetzen nur das Erfordernis der unmittelbaren Besitzverschaffung für die Übergabe! Das Einigungserfordernis ergibt sich weiterhin aus § 929 S. 1 BGB. Davon zu unterscheiden ist das Erfordernis, dass die Einigung noch im Zeitpunkt der Übergabe vorliegen muss (bzw. bei Vollzug des Übergabesurrogats), das sog. Einigsein.

3. Lösung

Die Beispielsfälle geben einen Überblick über die verschiedenen Möglichkeiten des Eigentumserwerbs an beweglichen Sachen. Im **Fall a)** vollzieht sich die Eigentumsübertragung gem. § 929 S. 1 BGB. Da der Erwerber im **Fall b)** bereits im Besitz der Sache ist, genügt die Einigung über den Eigentumsübergang im Wege einer sog. *„brevi manu traditio"* (§ 929 S. 2 BGB: Übergabe „Kurzer Hand").

Fall c) gibt ein Beispiel der Übereignung durch *Besitzkonstitut* gem. §§ 930, 868 BGB. Nach § 929 S. 1 BGB müsste nämlich E die Raupe an die Bank übergeben und sie von dieser zurückmieten, um damit arbeiten zu können. Hier bringt § 930 BGB für beide Seiten eine Vereinfachung: E behält sogleich die Maschine und vereinbart mit der Bank ein Besitzmittlungsverhältnis (sog. Besitzkonstitut). Als Besitzmittlungsverhältnis nennt § 868 BGB z. B. Miete und Pacht. Beachten Sie, dass diese Aufzählung nicht abschließend ist. Es kommen vielmehr alle Rechtsverhältnisse in Betracht, bei denen bezüglich einer konkreten Sache Rechte und Pflichten der Beteiligten bestehen und der unmittelbare Besitzer sein zeitliches Besitzrecht und den Herausgabeanspruch des mittelbaren Besitzers anerkennt.[208] Dem Erwerber wird somit mittelbarer Besitz verschafft.

Im Fall c) ist nun umstritten, ob der Sicherungsübereignung ein ausreichendes Besitzmittlungsverhältnis i.S.d. § 868 BGB zugrunde liegt. Probleme ergeben sich wegen des Erfordernisses, ein *konkretes* Besitzkonstitut zu vereinbaren. Die Vereinbarung, lediglich künftig für den Erwerber besitzen zu wollen (*abstraktes* Besitzkonstitut), genügt den Anforderungen des § 868 BGB nicht.[209] Bei der Sicherungsübereignung stellt sich das Problem, dass der Sicherungsgeber (hier: Bauunternehmer E) die Sache weiterhin so benutzen will, als sei er noch Eigentümer. Erst im Sicherungsfall, d.h. wenn der Sicherungsgeber seinen Verpflichtungen nicht nachkommt und eine Verwertung der Sache durch den Sicherungsnehmer (hier: die Bank) erfolgt, wird die wahre Eigentümerstellung sichtbar.[210] Bei der Sicherungsübereignung vereinbaren die Beteiligten regelmäßig keinen Leih- oder Verwahrungsvertrag. Mögliches Besitzkonstitut kann dann nur die sog. Sicherungsabrede sein. Bei der Sicherungsabrede handelt es sich um einen schuldrechtlichen Vertrag, der meistens zeitgleich mit dem Darlehen geschlossen wird und nach den allgemeinen Regeln auszulegen ist.

Die h.M. stellt an den Inhalt der Sicherungsabrede geringe Anforderungen. So soll die Sicherungsabrede als Besitzkonstitut nach § 868 BGB anzusehen sein, wenn darin

---

208 Palandt/*Bassenge,* § 868 Rn. 6; *Wolf/Wellenhofer,* § 4 Rn. 23.

209 H.M., *BGH* NJW 1979, 2308; Palandt/*Bassenge,* § 930 Rn. 8; a.A. Bamberger/Roth/*Kindl,* § 930 Rn. 5.

210 *Baur/Stürner,* § 51 Rn. 22.

eine allgemeine Bezugnahme auf den Übereignungstatbestand („Übereignung zur Sicherheit") erfolgt.

Wichtig: Denken Sie wieder in Modulen! Bei einer Eigentumsübertragung, bei der der unmittelbare Besitz beim Veräußerer belassen werden soll, ersetzt die Vereinbarung eines Besitzmittlungsverhältnisses **nur** die Übergabe. Hier müssen Sie jetzt das Modul „Besitzmittlungsverhältnis" abspulen. Ihre Schachtelprüfung könnte demnach folgendermaßen aussehen:

Übereignung nach §§ 929 S. 1, 930 BGB

1. Einigung über den Eigentumsübergang i.S. des § 929 S. 1 BGB
2. Übergabesurrogat i.S. des § 930 BGB
   a) Besitzmittlungsverhältnis i.S. des § 868 BGB
   b) Besitzmittlungswille (Anerkennung des abgeleiteten Besitzrechts vom Oberbesitzer und dessen Herausgabeanspruch)
   c) Herausgabeanspruch des mittelbaren Besitzers
3. Einigsein
4. Berechtigung des Veräußerers

Problematisch können insbesondere Fälle werden, in denen der unmittelbare Besitzer den Besitzmittlungswillen aufgibt und die Sache an einen Dritten veräußert. Diese Konstellation finden Sie im 8. Fall näher dargelegt.

Ein anderes Problem ist darüber hinaus die Anerkennung mehrerer Oberbesitzer als mittelbare Besitzer (sog. mittelbarer Nebenbesitz).[211]

Auch im **Fall d)** vereinfacht § 931 BGB als *weiteres Übergabesurrogat* die Eigentumsübertragung. Um zu vermeiden, dass G das Notebook an F zurückgeben muss, damit dieser sie anschließend sofort an H weitergibt, überträgt F dem H gem. § 870 BGB seinen Anspruch aus § 604 BGB auf Rückgabe des Notebooks. In diesem Fall würde sich Ihr Klausurschema folgendermaßen darstellen:

Übereignung nach §§ 929 S. 1, 931 BGB

1. Einigung über den Eigentumsübergang i.S. des § 929 S. 1 BGB
2. Übergabesurrogat i.S. des § 931 BGB (Abtretung des Herausgabeanspruchs)
3. Einigsein
4. Berechtigung des Veräußerers

II. Eigentumserwerb vom Nichteigentümer

Literatur: *Zeranski*, Prinzipien und Systematik des gutgläubigen Erwerbs beweglicher Sachen, JuS 2002, 340.

1. Grundfälle

a) N veräußert (d.h. verkauft und überträgt) ein Fahrrad des E an K, indem er es ihm übergibt. K hält N für den Eigentümer.

b) E leiht dem K ein Fahrrad. N gibt sich glaubhaft als Eigentümer des Fahrrads aus und übereignet es an K. Tatsächlicher Eigentümer ist wiederum der E.

---

211 Dazu *Medicus/Petersen*, Bürgerliches Recht, Rn. 558 ff.

c) N veräußert unter Vereinbarung eines Besitzmittlungsverhältnisses, z.B. Leihe (vgl. § 868 BGB), das Fahrrad des Eigentümers E an K. Einige Tage nach der Vereinbarung übergibt N das Rad dem weiterhin gutgläubigen K.

d) N hat das Fahrrad dem D geliehen und veräußert unter Abtretung des Herausgabeanspruchs (§§ 870, 868, 604 Abs. 1 BGB) an K. Das Rad steht im Eigentum des E. Nach der Abtretung übergibt der D dem K das Rad.

e) N hatte das Fahrrad von E gestohlen und veräußert es an den gutgläubigen K.

2. Problemlage

Die Übertragung des Eigentums an einer beweglichen Sache ist an vier Voraussetzungen geknüpft: der Veräußerer ist „Eigentümer"; die Sache wird „übergeben", die „Einigung" über den Eigentumswechsel und zum Zeitpunkt der Übergabe muss die Einigung noch „wirksam" sein. Das Merkmal der Übergabe kann fehlen und durch die Übergabesurrogate nach §§ 929 S. 2, 930, 931 BGB ersetzt werden. Fehlt es am Tatbestandsmerkmal der Eigentümerstellung, so kann ausnahmsweise der Veräußerer gem. § 185 Abs. 1 BGB zur Übereignung ermächtigt sein, oder es greifen die Gutglaubensvorschriften der §§ 932 ff. BGB ein und ermöglichen den Eigentumserwerb des Erwerbers. Die Vorschriften über den Gutglaubenserwerb korrespondieren jeweils mit den unterschiedlichen Erwerbsformen. § 932 Abs. 1 S. 1 BGB gilt für § 929 S. 1 BGB, § 932 Abs. 1 S. 2 BGB nimmt auf § 929 S. 2 BGB Bezug, § 933 BGB ist für einen Eigentumsübergang in der Form des § 930 BGB relevant und § 934 BGB greift in Fällen des § 931 BGB.

Ausgeschlossen ist der Erwerb bei Unredlichkeit des Erwerbers (vgl. die Legaldefinition des § 932 Abs. 2 BGB). Dem Erwerber schadet grobe Fahrlässigkeit. In Klausuren ist häufig problematisch, welche Erkundigungspflichten und sonstige Sorgfaltsanforderungen an den Erwerber zu stellen sind.

Außerdem findet kein gutgläubiger Erwerb statt, sofern die Sache abhanden gekommen ist (§ 935 BGB). Abhandenkommen meint den Verlust des unmittelbaren Besitzes, nicht des bloß mittelbaren Besitzes!

3. Lösung

Im **Fall a)** ist § 929 S. 1 BGB einschlägig. Hier ermöglicht die Regelung des § 932 Abs. 1 S. 1 BGB den Eigentumserwerb durch K.

Im **Fall b)** findet sich die einschlägige Regelung in § 932 Abs. 1 S. 2 BGB. Es liegt eine Übereignung *brevi manu* vor, da K bereits in unmittelbarem Besitz des Fahrrads ist. Der Erwerb scheitert an § 932 Abs. 1 S. 2 BGB. Nur wenn N dem K das Fahrrad geliehen und dann veräußert hätte, wäre ein redlicher Erwerb möglich gewesen.

Im **Fall c)** richtet sich die Übereignung nach §§ 930, 933 BGB. K wird erst Eigentümer, wenn N ihm den unmittelbaren Besitz verschafft und K in diesem Zeitpunkt noch redlich ist (§ 933 BGB).

Im **Fall d)** liegt ein Fall des § 931 BGB vor. Die Möglichkeiten gutgläubigen Erwerbs sind differenziert zu beurteilen. K erwirbt mit der Abtretung des bestehenden Herausgabeanspruchs das Eigentum nach § 934 Alt. 1 BGB. Ist N nicht der mittelbare Besitzer oder besteht der Herausgabeanspruch überhaupt nicht, muss K von D den Besitz erlangen (§ 934 Alt. 2 BGB). Dabei genügt anders als bei § 933 BGB auch der mittelbare Besitz.

Merke: Der Erwerber muss den Besitz gerade vom Veräußerer erhalten; der Veräußerer muss seinen gesamten Besitz aufgeben.

Im **Fall e)** liegt ein Fall des § 935 BGB vor. Die Möglichkeit des gutgläubigen Erwerbs ist ausgeschlossen. Das Fahrrad wurde dem E gestohlen und ist ihm daher nach der Legaldefinition des § 935 BGB abhanden gekommen.

III. Besitzdienerschaft und Abhandenkommen

Literatur: *K. Schmidt*, Abhandenkommen bei Weggabe durch angestellte Besitzdiener? „Handelsrechtliches" versus „besitzrechtliches" Denken im Umgang mit §§ 855, 935 BGB, FS Seiler, S. 597 ff.; *Witt*, Die Rechtsfigur des Besitzdieners im Widerstreit zwischen Bestands- und Verkehrsschutz, AcP 201 (2001), 165 ff.

1. Grundfall

Die Haushälterin H verkauft in Abwesenheit des Hausherrn A eine Ming-Vase an den Besucher B. B hält die H für die Eigentümerin. Hat er Eigentum erworben?

2. Problemlage

Der unmittelbare Besitz erfordert die tatsächliche Sachherrschaft. Das ergibt sich aus § 854 BGB. Trotz seiner „tatsächlichen Gewalt über eine Sache" betrachtet das Gesetz den *Besitzdiener* gem. § 855 BGB *nicht als Besitzer*, da er diese Gewalt für einen anderen ausübt. Eine Besitzdienerschaft setzt eine Weisungsabhängigkeit voraus; der Besitzdiener muss dem Besitzer derart untergeordnet sein, dass er die Weisungen schlechthin befolgen muss und dieser notfalls selbst eingreifen darf.[212]

Welche Rechtsfolge ergibt sich, wenn der Besitzdiener eine Sache ohne den Willen seines Besitzherrn an einen Dritten weitergibt? In diesen Fällen sind insbesondere die Voraussetzungen des § 935 BGB problematisch. Abhandenkommen bedeutet den unfreiwilligen Verlust des unmittelbaren Besitzes.[213] Ist der Besitzdiener selbst nicht Besitzer, so begründet die Weggabe durch den Besitzdiener grundsätzlich einen Verlust des unmittelbaren Besitzes für den Besitzherrn, denn dieser ist ja der alleinige unmittelbare Besitzer.

Ob dies auch dann gilt, wenn der Besitzdiener gar nicht als solcher erkennbar war, ist allerdings umstritten. Die h.M. bejaht auch insoweit ein Abhandenkommen der Sache bei einer Veruntreuung der Sache durch den Besitzdiener. Folge ist, dass der

---

212 MünchKomm/*Joost*, § 855 Rn. 3; Jauernig/*Jauernig*, § 855 Rn. 1; *Baur/Stürner*, § 7 Rn. 64; *Prütting*, § 9 Rn. 66.

213 Palandt/*Bassenge*, § 935 Rn. 3; *Baur/Stürner*, § 52 Rn. 37 ff.

gutgläubige Erwerb an § 935 Abs. 1 BGB scheitert.[214] Eine andere Ansicht lehnt dagegen ein Abhandenkommen der Sache in dem Fall ab, wenn der Besitzdiener nach außen wie ein Besitzmittler auftritt.[215] Gegen diese Ansicht spricht, dass es beim gutgläubigen Erwerb nach § 932 Abs. 2 BGB auf die Eigentümerposition ankommt. Die Gutgläubigkeit bezogen auf ein Besitzrecht wird hingegen nicht geschützt. Gegen einen solchen Schutz würde auch der Sinn und Zweck der Besitzdienerschaft sprechen. Das Gesetz sieht den Besitzdiener nicht als Besitzer an, damit diesem eine Berufung auf die Besitzschutzrechte insbesondere gegenüber dem wahren Besitzer verwehrt bleibt (z.B. dem Lagerangestellten ggü. dem Eigentümer). Um solche unsachgemäßen Ergebnisse zu vermeiden, die mit der bloß untergeordneten Position des Besitzdieners verbunden sind, erklärt das Gesetz ihn nicht zum Besitzer. Es kommt daher bei der Frage des Abhandenkommens auf den Willen des tatsächlichen Besitzers an. Eine Ausweitung des Schutzes des Rechtsverkehrs scheint vor diesem Hintergrund nicht geboten, da dies eine Schwächung des gerade durch § 855 BGB bewirkten Schutzes des Besitzherrn bedeutete.

3. Lösung

Im Beispielsfall war die H nur *Besitzdienerin* i.S.d. § 855 BGB. Sie gab die Vase ohne den Willen des Besitzers A weiter. Während die freiwillige Besitzaufgabe durch den Besitzmittler kein Abhandenkommen der Sache für den mittelbaren Besitzer bedeutet (vgl. § 935 Abs. 1 S. 2 BGB), beendet die Fortgabe einer Sache durch den Besitzdiener gegen den Willen des Besitzherrn dessen Besitz. In einem solchen Fall kommt dem Eigentümer der unmittelbare Besitz abhanden. Danach steht im Beispielsfall § 935 Abs. 1 BGB einem Gutglaubenserwerb des B entgegen, so dass A Eigentümer der Vase geblieben ist.

IV. Vindikationsanspruch und Besitzberechtigung

Literatur: *Bayerle*, Trennungs- und Abstraktionsprinzip in der Fallbearbeitung, JuS 2009, 1079; *Fröde*, Übungsklausur Zivilrecht: Mobiliarsachenrecht, JuS 2008, 232; *Seidel*, Zurückbehaltungsrecht als Recht zum Besitz i.S.d. § 986 BGB, JZ 1993, 180.

1. Grundfall

V vermietet eines seiner Autos an M. Dieser verleiht den Wagen an seine Frau. M verreist. Während seiner Abwesenheit läuft die Mietzeit ab. V verlangt von F den Mietwagen heraus.

2. Problemlage

Einer der bedeutendsten dinglichen Ansprüche ist der Herausgabeanspruch des Eigentümers (§ 985 BGB). Diese *„rei vindicatio"* gilt etwa auch zugunsten des Nieß-

---

[214] *Baur/Stürner*, § 52 Rn. 39; *Prütting*, § 10 Rn. 76; Westermann/*Gursky*, Sachenrecht, § 49 I 6; *Witt*, AcP 201 (2001), 165, 169.

[215] *K. Schmidt*, FS Seiler, 2000, S. 579 ff.; Soergel/*Mühl*, § 855 Rn. 8; i.E. auch MünchKomm/*Joost*, § 855 Rn. 23.

brauchers (§ 1065 BGB) oder des Pfandgläubigers (§ 1227 BGB), also überall dort, wo zum Inhalt des dinglichen Rechts der Besitz an der Sache gehört. Der Inhalt des Anspruchs ist auf die Einräumung des Besitzes an der Sache gerichtet, gleichgültig, ob es sich um eine bewegliche oder unbewegliche (dann: Räumungsanspruch) Sache handelt.

Konkurrierende Herausgabeansprüche aus einem Schuldverhältnis (hier: § 546 Abs. 1 BGB) verdrängen die Vindikation nicht. Anspruchsberechtigter ist der Eigentümer. Bei Sachverhalten mit Veräußerungsketten ist die Eigentümerstellung mittels eines historischen Prüfungsaufbaus zu ermitteln, d.h. in der Abfolge der Geschehnisse die Entwicklung der Eigentumslage zu prüfen („Ursprünglich war E Eigentümer. Er könnte sein Eigentum aber durch ... verloren haben".). Anspruchsgegner ist der jeweilige unmittelbare oder mittelbare Besitzer. Diese Passivlegitimation entfällt mit dem Verlust des Besitzes, gleichgültig ob verschuldet oder unverschuldet.

Der Anspruch ist nicht begründet, wenn der Besitzer ein Recht zum Besitz hat. Ein Recht zum Besitz i.S.d. § 986 Abs. 1 S. 1 BGB kann sich aus einem beschränkt dinglichen Recht ergeben (§§ 1036 Abs. 1, 1093 Abs. 1, 1205 BGB) oder aus einem besitzbezogenen Schuldverhältnis wie Vorbehaltskauf (§§ 433 Abs. 1 S. 1, 449, 158 BGB), Miete (§ 535 S. 1 BGB), Pacht (§ 581 Abs. 1 S. 1 BGB), Leihe (§ 598 BGB) u.ä. Das Recht zum Besitz kann sich gemäß § 986 Abs. 2 S. 1 BGB auch von dem mittelbaren Besitzer ableiten, wenn dieser gegenüber dem Eigentümer zum Besitz berechtigt ist, z.B. bei berechtigter Untervermietung. Ist der mittelbare Besitzer nicht zur Besitzüberlassung an den unmittelbaren Besitzer berechtigt, so gilt § 986 Abs. 1 S. 2 BGB.

3. Lösung

V ist Eigentümer, F unmittelbare Besitzerin. Problematisch ist allein, ob dem Herausgabebegehren des V ein Recht zum Besitz der F entgegensteht (§ 986 Abs. 1 S. 1 BGB). Ein eigenes Besitzrecht (§ 986 Abs. 1 S. 1 Alt. 1 BGB) hat F gegenüber V nicht. Sie leitet ihren Besitz aber von M ab (§ 598 BGB). Solange dieser dem V gegenüber zum Besitz berechtigt ist (§ 986 Abs. 1 S. 1 Alt. 2 BGB, beachte aber auch § 986 Abs. 1 S. 2 BGB: unerlaubte Untermiete!) kann F die Herausgabe verweigern. Das Besitzrecht des M aus §§ 535 S. 1, 536 BGB ist aber durch Zeitablauf erloschen. Daher kann sich F nicht mehr auf ein Besitzrecht gegenüber M berufen. V kann den Wagen unmittelbar von F gemäß § 985 BGB heraus verlangen.

Themenübersicht zu den Fällen (3. Teil)

1. Fall: Das unfreiwillige Sonderangebot (Anfechtung, Kaufrecht, Herausgabe- und Rückgewähransprüche)

2. Fall: Der junge Schäferhund (Grundlagen des Vertragsschlusses, Auslegung)

3. Fall: Toilettenpapier in der Schule (Zusammenhang Auslegung/Anfechtung)

4. Fall: Das Lehrbuch der BWL (Anspruchsaufbau)

5. Fall: Die Winterreifen (Kaufrecht, Verknüpfung mit Fragen der Geschäftsfähigkeit, Anspruchsaufbau, Schachtelstrukturen)

6. Fall: Die unwirksame Schönheitsreparaturklausel (Geschäftsführung ohne Auftrag, Bereicherungsrecht)

7. Fall: Der Kauf des BGB-Kommentars (Mehrpersonenbeziehungen, Regress)

8. Fall: Das Fernglas auf der Reise (Anspruchshäufung, Mehrpersonenbeziehungen, Eigentumsverhältnisse)

Themenübersicht: Grundwissen/ausgewählte Klausurkonstellationen (4. Teil)

§ 1. Probleme des Vertragsschlusses

I. Erklärungsbewusstsein
II. Falsa demonstratio non nocet
III. Schweigen als Willenserklärung
IV. Unentgeltlicher Erwerb eines Grundstücks durch einen beschränkt Geschäftsfähigen
V. Gefälligkeitsverhältnis und Vertrag
VI. Abgrenzung zwischen Stellvertretung und Botenschaft
VII. Geschäft für denjenigen, den es angeht
VIII. Handeln unter fremdem Namen
IX. Missbräuchliche Blankettausfüllung
X. Duldungs- und Anscheinsvollmacht
XI. Irrtümer
XII. Begriff des „Dritten" in § 123 Abs. 2 S. 1 BGB

§ 2. Ausgewählte Probleme des Leistungsstörungsrechts

I. Nachlieferung und Stückkauf
II. Abgrenzung von Schadensersatz statt der Leistung und Schadensersatz neben der Leistung
III. Beiderseits zu vertretende Unmöglichkeit
IV. Erfüllungsort bei Nacherfüllung und Umfang der Nacherfüllungspflicht
V. Kostenersatz bei Nacherfüllung und Widerruf – Bezüge zum Europarecht
VI. Gefahrtragung beim Versendungskauf

§ 3. Probleme einzelner Vertragstypen

I. Akzessorietät der Bürgschaft
II. Unberechtigte Untervermietung

§ 4. Probleme gesetzlicher Schuldverhältnisse

I. Herausgabe des Erlangten bei § 816 Abs. 1 S. 1 BGB
II. Anwendbarkeit des § 819 Abs. 1 BGB bei Kenntnis des Minderjährigen

§ 5. Grundzüge des Sachenrechts

I. Übereignung gem. §§ 929–931 BGB
II. Eigentumserwerb vom Nichteigentümer
III. Besitzdienerschaft und Abhandenkommen
IV. Vindikationsanspruch und Besitzberechtigung

Sachverzeichnis

(Die angegebenen Fundstellen beziehen sich auf die Seitenzahlen.)